ESPAÑA
y su civilización

ESPAÑA

y su civilización 3ª ed.

Francisco Ugarte
Revised by Michael Ugarte
University of Missouri at Columbia

Random House New York

This book was developed for Random House by Eirik Børve, Inc.

Credits for photographs appear in position, with the
following exceptions: *pages 1, 65, 103, and 203*, Walter
D. Hartsough; *page 153, Las meninas*, Museo del Prado.

First Edition

9 8 7 6 5 4 3

Library of Congress Cataloging in Publication Data

Ugarte, Francisco.
    España y su civilización.

    Includes index.
    1. Spanish language—Readers—Spain—
Civilization.   2. Spain—Civilization—Addresses,
essays, lectures.   I. Ugarte, Michael, 1949-   .
II. Title.
PC4127.C5U34   1983   468.6'421   83-2942
ISBN 0-394-33127-3

Manufactured in the United States of America

Text and cover design by Donna Davis

Cover photograph by Kent Reno/Jeroboam, Inc.

Map by Polly Christensen

Prefacio

Veinte años tenía yo cuando murió mi padre, Francisco Ugarte, autor de la primera edición de *España y su civilización,* un libro de texto para estudiantes norteamericanos de segundo o tercer año de español. Ocurrió unos días antes de empezar mi último año de universidad. Me acuerdo muy bien de ese año de 1969—una temporada de guerras en tierras remotas, manifestaciones estudiantiles y estudios sobre lengua, literatura e historia española. *España y su civilización* me sirvió como libro de consulta, no sólo en los aspectos académicos, sino como guía espiritual. Para mí, representaba la capacidad del ser humano de crear obras de valor eterno. Además, este pequeño texto, escrito principalmente para los no familiarizados con la cultura española, era para mí una muestra tangible de energía intelectual y una declaración contra la indiferencia y el aburrimiento, cosas que mi padre aborrecía.

Por tanto, esta edición póstuma, el libro que ustedes ahora tienen en las manos, es un homenaje a todo lo que representaba mi padre. Francisco Ugarte fue, ante todo, un maestro tanto en el sentido artístico como en el pedagógico. ¡Cuántos antiguos estudiantes de español de Dartmouth College dirían lo mismo!; ¡cuántas veces me lo comentaron cuando volvían a Hanover después de una larga ausencia! La civilización española, en manos de mi padre, se convertía en algo vivo, lleno de energía, algo frente a lo cual uno no podía dejar de reaccionar. Me acuerdo de esas conferencias que daba, con sus adornos retóricos, sus gestos vibrantes y elegantes; y más que nada me acuerdo de las caras de los oyentes, en su mayoría jóvenes estudiantes norteamericanos, que se quedaban mirando con la boca abierta, totalmente absortos en lo que decía. Una vez, mientras él hablaba de la Guerra Civil, oí que alguien lloraba. En la primera edición de *España y su civilización* se puede captar bien esa energía y pasión de Francisco Ugarte; esperemos que la segunda siga conmoviendo al estudiante.

España y su civilización tiene una historia personal digna de mención. Significó para mi padre la creación de un recurso necesario para aplicar sus métodos pedagógicos basados en el diálogo y en la formación espiritual del estudiante, a la manera de Francisco Giner de los Ríos, una figura que admiraba sobremanera. Y para mí, *España y su civilización* fue el primer libro de texto de español. Cuando tenía diez años, lo leía con mi padre: él corrigiéndome la pronunciación (no siempre con paciencia) y haciéndome preguntas sobre la gramática. Cuando llegué a los dieciséis años, me planeó un programa de lecturas, basándose en este libro de texto e incluyendo en la lista algunas de las obras discutidas. Bien me acuerdo de nuestras animadas conversaciones provocadas por mis lecturas: la decadencia española, el *Quijote,* Velázquez, el fracaso del liberalismo, Goya, Galdós, las dudas existenciales de Unamuno, el 98, la Guerra Civil, Franco—¡si viviera mi padre para ver con sus propios ojos la democracia actual! Yo, con mis opiniones extremadas e ingenuas, me quedaba pasmado al oír sus explicaciones, planteamientos que me producían dudas. Y al empezar mis estudios de literatura hispánica en la universidad, me llevé conmigo *España y su civilización* y volví a leerla cuando una fecha, un dato, un problema me confundían. Y continué así consultando este libro durante mis estudios graduados y hasta la fecha.

Hace un par de años, empecé seriamente el proyecto que tenía postergado desde la muerte de mi padre: la nueva edición de *España y su civilización*. Aquellos que conocen la antigua edición verán algo muy distinto en apariencia, casi irreconocible. Pero si lo leen cuidadosamente—o se comparan la nueva edición con la primera (si todavía queda alguna en sus bibliotecas)— se darán cuenta, espero, de que no han cambiado los elementos esenciales que dieron a esta obra su valor pedagógico: la autenticidad y el vigor intelectual. En los capítulos nuevos y en las reescrituras de ciertos párrafos, he intentado conservar estas cualidades esenciales de la vida y obra de Francisco Ugarte.

La apariencia, en cambio, se ha alterado mucho. Conforme a las nuevas prácticas de enseñanza de lenguas, he intentado aumentar la accesibilidad del libro, hacer que la comprensión de la civilización española sea apta para un nivel más amplio de enseñanza. No existe hasta la fecha un libro de civilización para los estudiantes de segundo año de español (o nivel intermedio). *España y su civilización* es un texto sumamente apropiado para tal público porque está escrito de una manera vivaz y apasionada. Siguiendo esta dirección pedagógica, también hemos incluido una nueva serie de fotos con notas explicativas que añaden información a lo que se explica en el texto.

En cuanto a los capítulos nuevos sobre la España actual, he hecho un esfuerzo por reproducir el estilo vigoroso de mi padre y presentar las situaciones políticas y culturales de una manera que no le hubiera ofendido, aunque quizás hubiera mostrado su desacuerdo. En ciertos momentos las ideas del hijo dominan, y del padre no queda más que la sombra. Pero estos momentos son escasos, y el autor principal de *España y su civilización* sigue siendo Francisco Ugarte.

I would like to express my appreciation to all the people who assisted me in the completion of this new edition of *España y su civilización*. Prof. Edward Mullen of the University of Missouri and Eirik Børve of EBI both advised and encouraged me in the initial stages of the project. Teresa Prados, whose sensitivity to cultural and linguistic problems was invaluable, and Gustavo Medina are responsible for most of the work on the exercises. I would also like to thank Naldo Lombardi for a perceptive reading.

The staff at EBI is due a special note of gratitude, particularly Thalia Dorwick and Mary McVey Gill. Their insights into pedagogical matters as well as their penetrating comments on the material itself made for major improvements.

M. U.

Índice

I

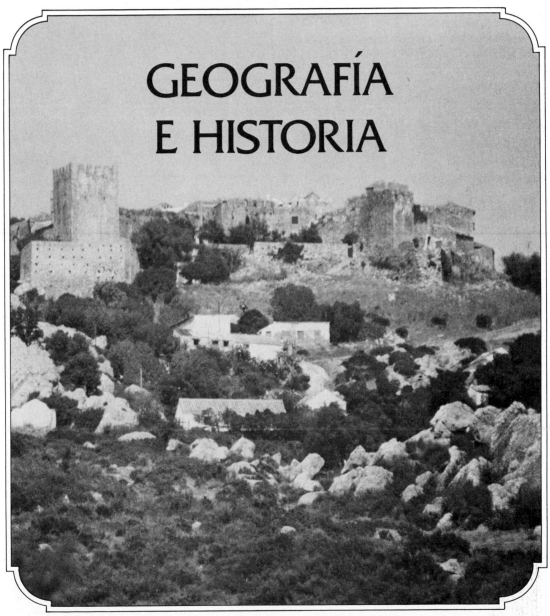

GEOGRAFÍA
E HISTORIA

1

La geografía y el pueblo de España

La geografía

España, una nación situada al sudoeste de Europa forma, juntamente con Portugal, la Península Ibérica. España es un país de contrastes y enigmas tanto en su geografía como en el carácter de su pueblo. Los picos° de sus montañas se elevan a más de 9.000 pies sobre el nivel del mar y, al mismo tiempo, hay extensas mesetas pardas y monótonas. En algunos lugares hace un frío intensísimo y en otros un calor infernal. En el noroeste llueve mucho, pero en el sur cae muy poca lluvia. Entre el norte y el sur de España hay una enorme diferencia, y aun entre las mismas regiones del norte hay contrastes impresionantes. Existen regiones, por ejemplo, donde se habla otra lengua además del castellano que, por ser el idioma oficial de España, es llamado español.

peaks

Las Islas Canarias forman un archipiélago de siete islas en el Océano Atlántico, frente a la costa de África. Las mayores son la isla de Tenerife, que se ve en la foto, y la Gran Canaria. Todas las islas son muy montañosas y de naturaleza volcánica. Su suelo tiene una flora muy rica; produce los más delicados frutos tropicales y las más curiosas variedades de vegetación alpina. (*Courtesy of Spanish National Tourist Bureau*)

Variedad de las regiones

Las regiones ahora se llaman «nacionalidades» debido a las peculiaridades históricas, culturales y geográficas de cada una. En el norte están Galicia, Asturias, el País Vasco y Navarra; en el este Cataluña, Aragón y Valencia; en el oeste Extremadura. Castilla, en el centro del país, está dividida en dos: la Nueva y la Vieja. Andalucía comprende° todo el sur de España. Cada región tiene varias provincias. Fuera de la Península, en el mar Mediterráneo, están las Islas Baleares: Mallorca, Menorca, Ibiza y Formentera. En el Atlántico, frente a la costa africana, quedan las Islas Canarias.

    Para comprender mejor este mosaico regional o nacional, vamos a hacer un viaje imaginario por las regiones españolas. Empezamos nuestra excursión en Cataluña donde están los Pirineos y la Costa Brava. Aquí abundan las playas y las atracciones turísticas. Bajo un cielo azul transparente, especialmente en el verano, y un mar en casi perpetua calma, el agua de la llamada Costa Brava es tibia° y acariciadora°.

    Cataluña es como una nación dentro de otra nación. En Cataluña se habla catalán, una lengua romance que no es dialecto. Los catalanes se destacan° en la industria y en el comercio. Barcelona, primera ciudad de Cataluña, es uno de los centros bancarios de

comprises

*tepid, lukewarm /
caressing*

se… excel

España. En Cataluña notaremos más prosperidad que en las otras regiones españolas, con excepción del País Vasco. Esto se debe a su riqueza° agrícola, industrial y comercial. Los catalanes siempre desearon que el gobierno central les concediera° cierta autonomía.

wealth
cede, give

De Cataluña pasamos, en nuestro viaje, al antiguo reino° de Valencia formado por las provincias de Castellón, Valencia y Alicante. En esta zona agrícola se encuentra la tierra más fértil de toda España. Aquí está la famosa huerta° de Valencia donde se cultivan las exquisitas° naranjas valencianas. Pero nos parece estar ahora en otro país. En primer lugar, el pueblo aquí habla valenciano, que es un dialecto derivado del catalán y del castellano. También la historia de Valencia es diferente de la de° Cataluña. Se ve aquí una poderosa influencia árabe.

kingdom

irrigated, fertile land
delicious

de... from that of

Abandonando la región de Valencia, entramos en Murcia. Aquí empieza la pintoresca región de Andalucía. Situada en el sur de la península, es la parte de España que muestra más influencia árabe, cosa que se ve en la arquitectura y en la gente. Además del mejor jerez° del mundo, ha producido muchísimos poetas, toreros, músicos y artistas. Los andaluces son ingeniosos° y espontáneos, especialmente en su manera de hablar; tienen un comentario gracioso° y pintoresco para cualquier situación.

sherry
witty, clever

funny, charming

El invierno y la primavera andaluces son benignos como en la Florida de los Estados Unidos. Pero en verano toda Andalucía, con excepción de las montañas, es como un horno.° Sólo los andaluces lo pueden soportar° con la sonrisa en los labios y el sudor en la frente.

oven
endure

Torremolinos, en Andalucía, es muy visitada por turistas de todos los países de Europa. Está en la Costa del Sol, a ocho millas al oeste de Málaga. *(Walter D. Hartsough)*

Ahora cambiamos de dirección y volvemos hacia el norte: entramos en Castilla. Castilla es el corazón de España, no sólo por su situación geográfica en el centro del país, sino también por su predominio político sobre las demás regiones. Esto ha creado mucho resentimiento entre algunos habitantes de otras partes de España, especialmente los de Cataluña y el País Vasco.

En Castilla notamos que hay un clima seco y continental. No hay tanta nieve, pero el frío del invierno y los frecuentes vientos hacen de sus habitantes gente seria, resistente y estoica. En justa compensación, el sol de Castilla también brilla° en invierno. En *shines* verano, el sol es fuerte pero el calor es seco. Dice el refrán popular que en Madrid, la capital, hay "seis meses de invierno y seis de infierno".

La vasta meseta castellana ofrece, si se contempla desde sus altas montañas, una majestuosa belleza. Estas llanuras° son *plains* secas, sin más árboles que algunos álamos° o pinos solitarios. *poplars* Siempre el contraste español: llanura que descansa en la tierra y montañas que miran al cielo.

Continuamos nuestro viaje hacia el norte hasta llegar a la Costa Cantábrica, las regiones del País Vasco, Asturias y Galicia. En brusco contraste con el plácido ambiente mediterráneo, el mar Cantábrico es frío y tempestuoso. A lo largo de° toda esta *A... Along* costa, las montañas y peñas° se elevan hacia el cielo. Con los tres *cliffs* primeros elementos de la naturaleza—mar, cielo y montaña—las regiones norteñas quieren inundar nuestros sentidos con una orgía de paisaje. Tal riqueza pictórica no nos abandona desde el País Vasco hasta Galicia.

El País Vasco es una región enigmática; no se conoce el origen de la lengua ni de la raza vascas. Los vascos tienen fama de ser independientes y, a veces, intransigentes.° Comen, beben y tra- *uncompromising* bajan mucho. Pamplona, situada en la región vecina de Navarra, una región muy parecida al País Vasco, es la ciudad de la famosa fiesta de San Fermín. En esta celebración nacional de Navarra, los pamploneses corren valientemente por las calles perseguidos por toros bravos.° *fighting*

Pasamos ahora del País Vasco—a través de Santander, el trozo de Castilla que tiene salida al mar—a Asturias, región de montañas y de importantes batallas históricas. En Asturias hace mucho frío en invierno, especialmente en las montañas. Asturias es muy conocida por sus minas de carbón.° Muchos asturianos de *coal* la montaña hablan el viejo dialecto (bable), que viene del latín y del castellano.

Finalmente llegamos al noroeste de España, a Galicia. En Galicia llueve tanto como en Irlanda y, por eso, el color del paisaje

Esta mujer es de San-
tander, una ciudad en
el Golfo de Vizcaya,
donde la pesca es una
industria muy impor-
tante. (*Charles Marden
Fitch / Taurus Photos*)

gallego es verde, siempre verde. Los pastos° y las vacas son abun-   *pastures*
dantes. Aquí se habla gallego, idioma que se parece mucho al
portugués. Se dice que los gallegos son por naturaleza melancóli-
cos, quizás por la lluvia abundante. En los pueblos gallegos hay
una atmósfera de misterio y antigüedad. Es la tierra de la gaita° y   *bagpipes*
el pote gallego°, elementos culturales que son casi tan extraños   pote... *Galician stew*
para un castellano como para un americano.

Las montañas

Ahora que hemos recorrido las regiones de España, detengámonos°   *let's pause*
un momento a considerar otras características geográficas. España es el país más montañoso de Europa, excepto Suiza. Pero, al
mismo tiempo, la parte central de la Península es una meseta que
se eleva a unos 2.000 pies sobre el nivel del mar. Excepto en las
altas sierras, la meseta es plana° como la palma de la mano. La   *flat*
geografía física de España es siempre un contraste: montañas de
nieves perpetuas y anchas° llanuras interminables.   *broad*
    Los Pirineos forman un muro formidable que separa a España
del resto de Europa. Las vías más importantes de comunicación
fronteriza entre España y Francia son los dos estrechos pasillos
que están a los extremos oeste y este de la cordillera. Las dos

ciudades fronterizas son Irún, sobre el mar Cantábrico, y Port-Bou, sobre el Mediterráneo. La Sierra de Gredos y la de Guadarrama, en el centro de España y un poco al norte de Madrid, interrumpen las llanuras de Castilla. En el sur de la península, en la provincia de Granada, está la Sierra Nevada, de donde tomó su nombre la Sierra Nevada de California.

Los ríos

Detengámonos ahora a contemplar los ríos, porque los ríos dan carácter a una nación. Son sus arterias vitales. No podríamos concebir° a España sin su Ebro, el río más largo de todos. Nace en las montañas de la Costa Cantábrica, en el norte de España, y desemboca° en el Mediterráneo, al sur de Cataluña. El segundo río en importancia está en el sur: el Guadalquivir, el único río navegable de España. En árabe significa "río grande". El Guadalquivir pasa por toda Andalucía, desde las montañas de la Sierra Morena hasta la costa Atlántica. Hablar del Guadalquivir es hablar de Sevilla, su puerto principal.

Hay otros ríos de relativa importancia, aunque ninguno de ellos es navegable porque llevan poca agua debido a la escasez° de lluvias. El Tajo, que pasa por Toledo, es el río castellano de las arenas de oro. Nace en España pero sus aguas corren hacia la vecina Portugal para desembocar en Lisboa, la capital de esa **nación.**

conceive of

it ends

scarcity

La ciudad de Sevilla está a orillas del río Guadalquivir. Aquí se ve la famosa Torre del Oro. (*Mary McVey Gill*)

El pueblo español

Por los ríos, las montañas y las regiones de España hemos andado, y hemos observado una serie de contrastes geográficos y culturales que nos hacen dudar de la unidad política y social de esta nación. ¿España: una, y grande? o ¿España: mil, y pequeñas? ¿Podemos generalizar sobre el tema de la psicología colectiva o el carácter nacional de España? Para nosotros, la nación española es un juego peligroso debido° a las enormes diferencias que existen entre una región y otra. La mayoría de los españoles sienten tanto amor y orgullo por su "patria chica" como por su patria nacional. Estas pequeñas naciones dentro de una nación, o sea las regiones, tienen sus propias historias y costumbres.

   Los casos de Cataluña y del País Vasco son los más típicos. Los catalanes y los vascos han deseado siempre un cierto grado° de independencia política o autonomía administrativa y económica. En la época medieval disfrutaron° de libertades y privilegios. Pero los perdieron en el proceso de centralización castellano. La lucha separatista de estas regiones ha sido un problema tan grande para España como lo es Irlanda con respecto a Inglaterra. La violencia **separatista sigue en España hasta hoy día.**

due

degree

they enjoyed

Abuelo y nieto en una calle andaluza.
(© 1969 Burk Uzzle / Magnum Photos)

Sin embargo,° siempre ha habido y habrá ciertas tendencias nacionales que predominan en el carácter del pueblo. Es muy interesante estudiar estas tendencias.

Sin... However

El individualismo

Se dice que los españoles son, ante todo,° muy individualistas, casi podríamos decir anarquistas. No son reservados sino sumamente expresivos, tanto en palabras como en gestos; no son hipócritas. Para vivir, necesitan expresar sus sentimientos interiores y sus pasiones de una manera espontánea, sin cálculo ni control.

ante... above all

Cosas tan sencillas como el placer de la conversación entre amigos, el ir a tomar el sol y dar un paseo lento por la calle o por la carretera, el sentarse al aire libre° en la terraza de un café (simplemente por el placer de ver pasar a la gente) constituyen el principal recreo° de la mayoría de los españoles.

al... in the open air

recreation

El individualismo hace que el español se rebele contra todo intento° de someterlo° a los deberes y obligaciones de la vida social y colectiva. Como consecuencia, el personalismo es otro fenómeno español. Para resolver cualquier problema o negocio, los españoles buscan el contacto personal. En la política, el líder lo es todo. El caudillismo° es un producto típico español, extendido a todo el mundo hispanoamericano. La masa sigue más a la persona que a la idea abstracta.

attempt / subject him

dictatorship by a caudillo, or charismatic leader

Los españoles desprecian° el detalle excesivo y la exactitud del reloj. Su espíritu es improvisador y aventurero. Admiran el valor. Los españoles creen que han venido a este mundo sólo para vivir su vida propia.

do not value, scorn

El ritmo de la vida

El ritmo de la vida en España es más lento que en los Estados Unidos. Para muchos de la clase media, la vida es más contemplativa que activa. Dice el refrán, "no por mucho madrugar amanece más temprano"°.

no... "No matter how early you get up, dawn comes at the same time."

Las horas de trabajo en las ciudades suelen ser de nueve a una y de tres a siete. Pero en las oficinas del Estado solamente se trabaja de nueve a dos. Pocas veces se puede recibir un servicio del Estado antes de las once de la mañana. Los españoles de las ciudades comen a las dos y cenan a las diez de la noche. Los teatros y cines empiezan las funciones de la noche a las diez y media o a las once. A veces comienzan más tarde de la hora anunciada; en general, la puntualidad no es muy importante en España.

En Barcelona, se hablan catalán y castellano. Los barceloneses tienen un refrán sobre su querida ciudad: "Barcelona es bona si la bossa sona" (Barcelona es buena si la bolsa suena [es decir, si uno tiene dinero]). (*Charles Marden Fitch / Taurus Photos*)

La cortesía y el patriotismo

Es proverbial la cortesía española. El saludo expresivo y el abrazo amistoso de los españoles es algo instintivo y espontáneo. En cambio, a un español le parece frío e indiferente el saludo de los anglosajones.

El español ama con pasión la tierra donde nació, pero no es tan patriota como, por ejemplo, el francés. Reconoce públicamente sus defectos y debilidades. Ya lo ha dicho un poeta español:

> Oyendo hablar a un hombre, fácil es
> acertar° dónde vio la luz del sol;
> si os alaba° a Inglaterra, será inglés;
> si os habla mal de Prusia, es un francés;
> y si habla mal de España, es español.

to ascertain
praises

Quizás con estas palabras tengamos que volver a la característica nacional que, al fin de cuentas,° es la más importante: el regionalismo. Quizás el español habla mal de España porque no se considera español, o porque se permite hablar mal de algo que quiere mucho. Pero si alguien que no es español critica a España, ¿qué contestan los españoles? Será mejor no oír.

al... in the end, finally

Vocabulario

A. Sustituya lo que está en letra itálica con una expresión de la lista que tenga un significado semejante.

variado   imaginar

abarcan   falta

hay muchas   hipócritas

intolerable   entregarse

tempestuoso

1. España es un país *de contrastes* tanto en la geografía como en el carácter de la gente.

2. Portugal y España *componen* la Península Ibérica.

3. En Cataluña *abundan* playas y atracciones turísticas.

4. En Andalucía en el verano hace un calor casi *insoportable*.

5. El mar Cantábrico es frío y *turbulento*.

6. Es difícil *concebir* a España sin el río Ebro.

7. Hay pocos ríos navegables debido a la *escasez* de lluvia.

8. Dicen que los españoles no son *falsos*.

9. Al español "típico" no le gusta *someterse* a las obligaciones de la vida colectiva.

B. Complete las siguientes oraciones con la expresión que le parezca más adecuada de las tres que se dan.

1. En Galicia _____ tanta lluvia como en Irlanda.   [cae / sale / conoce]

2. El río Tajo _____ en Lisboa.   [desemboca / embellece / interrumpe]

3. Andalucía es la parte de España que muestra más _____ árabe. [influencia / gente / petróleo]

4. Un abrazo amistoso en España es casi _____.   [frío / impersonal / instintivo]

5. La mayoría de los españoles sienten tanto _____ por su región como por la patria nacional.   [orgullo / desdén / celo]

6. El paisaje _____ es verde.   [gallego / mallorquino / castellano]

7. Los catalanes y los vascos siempre han deseado más _____ administrativa y económica.   [centralización / autonomía / cortesía]

Comprensión

Complete las siguientes frases con una frase o expresión de la lista.

1. Las costas este y sur de España son bañadas por . . .

2. El País Vasco es una región . . .

3. Por Sevilla pasa . . .

4. Por Toledo pasa . . .

5. Una meseta elevada . . .

6. En Castilla encontramos . . .

a. el mar Mediterráneo

b. el Tajo

c. forma la parte central de la Península Ibérica

d. de lengua y raza cuyo origen se desconoce

e. el Guadalquivir

f. un clima seco y continental

Preguntas y opiniones

1. ¿Cree Ud. que hay un español "típico"? ¿Existe el norteamericano "típico"?

2. ¿Cómo es el clima de España? ¿Cree Ud. que hay mucha variedad? ¿En qué clima de España preferiría Ud. vivir?

3. Debido a los contrastes en la geografía y el carácter del pueblo, ¿cuáles serían las dificultades de gobernar la Península Ibérica?

4. El regionalismo se puede ver como algo que enriquece o empobrece la trama (*fabric*) social de España. ¿Qué piensa Ud. sobre esto? Defienda su opinión con algunos ejemplos.

5. El caudillismo es un producto típico español. ¿Cree Ud. que ese fenómeno también ocurre en los Estados Unidos? Si piensa que sí, mencione algunos ejemplos.

6. Dicen que los Pirineos forman un muro entre España y el resto de Europa. ¿Cuáles son las dificultades políticas o sociales que surgen de esta situación geográfica?

Actividades

1. Mirando el mapa de España en la página 2, describa la geografía del país. ¿Cuántos ríos hay? ¿Cómo se llaman? ¿y las sierras? ¿Cuáles son las ciudades principales? ¿Cuántas provincias hay?

2. Suponga que usted y un amigo (o una amiga) suyo(a) planean ir a España. Quieren conocer el país y solamente tienen dos semanas para hacerlo. Haga un itinerario que describa brevemente los lugares donde van a ir. Tome en cuenta la variedad climática y cultural de España y describa la ropa y otros artículos que van a llevar en el viaje.

Espana desde sus primeros dias hasta la Reconquista

Cronología

Año 1469   Unidad de España bajo los Reyes Católicos
Año 1492   Conquista de Granada por los Reyes Cató-
                  licos y fin de la dominación árabe en
                  España; descubrimiento de América

España es un páis con una larga historia. En la remota Edad Media,° era la nación más civilizada de Europa. Cristianos, árabes y judíos coexistían y colaboraban en una gran empresa° de cultura y de civilización. España era entonces el eslabón° entre las culturas de Oriente y de Occidente. En el siglo XVI, España creó el primer estado y el primer imperio moderno. Después de la derrota° de la *Armada Invencible,* la nación cayó en una gran decadencia material y perdió su poder militar y político. Por varias circunstancias, la historia de España es muy diferente de la del resto de Europa. Por eso, el carácter y el estilo de vida de los españoles son también muy peculiares.°

La Península Ibérica tiene unas 2.700 millas de costas y siempre ha sido vulnerable a las invasiones extranjeras. Por eso, los habitantes de la Península son el fruto° de numerosas mezclas° de diferentes razas y pueblos que invadieron España. Esta diversidad racial se refleja en los españoles de hoy.

Ha sido muy discutida la etimología de la palabra *España.* Fueron los griegos los que emplearon por primera vez el nombre de *Spania,* transformada luego en *Hispania* por los romanos. Se cree que deriva de una palabra de la lengua celta, *span.* Tiene la misma raíz que le palabra inglesa *span,* "palmo". La razón quizás sea que España es la entrada al Mediterráneo. O también podría ser por la meseta central, llana como la palma de la mano. *Iberia* quiere decir "país de los iberos" y deriva de la raíz *ib* que significa "río". Por eso se da el nombre de *Ebro* al mayor río de la Península.

Los iberos

Los griegos nos dan la primera indicación de que los primeros pobladores de la Península Ibérica fueron los iberos. Se sabe que ya estaban allí en el siglo VI a.C. Pero no hay duda de que los iberos vivían en España desde mucho antes. Era un pueblo feroz e individualista, guerrero y arrogante, religioso, noble y algo perezoso. Constituía una raza de gente baja y morena, que también vivía en Inglaterra, Irlanda, Francia y otros lugares de Europa.

¿De dónde procedían° los iberos? ¿Serían los antepasados de los vascos de hoy? Las investigaciones científicas más modernas han demostrado que existe alguna conexión entre el pueblo vasco ac-

Edad… Middle Ages
enterprise, undertaking
link

defeat

unique, special

product / mixtures

originate

tual y los iberos de la prehistoria. Esta opinión está basada principalmente en ciertas relaciones entre el vascuence (euskera), o lengua de los vascos de hoy, y la lengua que hablaban los iberos. Eso se ve especialmente en los nombres de ciudades, ríos y montañas.

Los celtas

En el siglo VI a.C., llegaron a la Península Ibérica los celtas. Era éste un pueblo de gente rubia que procedía del norte y del centro de Europa. Todavía se nota hoy en España la influencia celta, principalmente en Galicia. Los gallegos se parecen a los irlandeses—también de origen celta—en ciertas características físicas y culturales, como la gaita, por ejemplo.

Iberos y celtas se fundieron°—primera mezcla de razas—para *se... mixed* formar el pueblo celtíbero. Era un conglomerado de tribus primitivas semisalvajes, desorganizadas y belicosas.° Eran valientes en *warlike* la lucha y despreciaban la muerte.

Los fenicios y los griegos

Los fenicios fueron los primeros en establecer relaciones comerciales con la Península, hacia el siglo XI a.C. Era un pueblo semita, marinero y comerciante. Los fenicios fundaron Cádiz, la ciudad más antigua de España. También establecieron colonias permanentes en Málaga y en otros puertos del Mediterráneo con el fin° de *end, goal* explotar sus riquezas. Los fenicios eran de naturaleza pacífica y no iniciaron ninguna guerra contra los celtíberos. Se dedicaban solamente al comercio, y enseñaron a los españoles el uso de la moneda, el alfabeto y el arte de trabajar los metales y hacer tejidos.° *cloth, fabric*

Hacia el siglo VII a.C., también los griegos establecieron colonias mercantiles en los puertos del Mediterráneo. Desarrollaron° el *They developed* cultivo de la uva y del olivo, y fundaron escuelas y academias.

Los cartagineses° *Carthaginians*

Antes de las guerras púnicas,[1] Cartago era una colonia fenicia situada en el norte de África. Pronto se convirtió en la metrópoli

---

[1]*Las tres guerras púnicas entre romanos y cartagineses duraron más de un siglo. Fue una lucha por la supremacía del mediterráneo que terminó con la victoria total de Roma en el siglo II a.C.*

comercial e industrial más formidable del mundo de entonces. Tenía más de un millón de habitantes. En el siglo VI a.C., los fenicios fueron atacados por los celtíberos y pidieron ayuda a los cartagineses. Pero cuando los cartagineses llegaron a España se hicieron dueños de la Península.

Un poderoso ejército cartaginés desembarcó° en España en el siglo III a.C. Pronto conquistó todo el país. Aníbal era el caudillo cartaginés. Desde los trece años, Aníbal había vivido en España. Juró° odio eterno a los romanos. Con soldados cartagineses y celtíberos, y una formidable caravana de elefantes (los tanques de la Edad Antigua) Aníbal cruzó los Pirineos y los Alpes; estuvo a punto de ocupar Roma, pero se durmió sobre sus laureles.° Fue Roma la que, finalmente, destruyó e incendió° Cartago en el año 146 a.C.

landed

He swore

se… rested on his laurels
burned

Los romanos

Mientras Aníbal luchaba en Italia, los romanos invadieron España en el año 218 a.C. Tardaron° doce años en expulsar a los cartagineses. Roma dominó en la Península durante seis siglos. Pero los poderosos ejércitos romanos tardaron doscientos años en someter a las valerosas tribus celtíberas.

It took them

La ciudad de Numancia es el símbolo inmortal de la resistencia del pueblo celtíbero en su lucha a muerte contra Roma. Estaba en

Templo romano en Barcelona. (*Courtesy of Spanish National Tourist Bureau*)

Trajano fue uno de los cuatro emperadores romanos nacidos en España; los otros fueron Adriano, Marco Aurelio y Teodosio el Grande. Trajano dio a Roma su máxima expansión territorial. (*Alinari-SCALA / E.P.A.*)

llamas° cuando el general romano Escipión pudo finalmente entrar. Pero no encontró un solo numantino vivo porque, después de la derrota, se habían suicidado todos.   *flames*

Los celtíberos mezclaron su ya mezclada sangre con la de los invasores romanos. Desde entonces, sólo hubo un pueblo: los hispanorromanos. La lengua, las leyes y las costumbres romanas fueron en parte adoptadas en la Península. España se romanizó. Ya no era una colonia, sino una parte integrante y orgullosa de Roma. Los españoles no eran vasallos° sino ciudadanos romanos que disfrutaban de todos los derechos inherentes a la soberanía°. Cuatro españoles llegaron a ser emperadores romanos: Trajano, Adriano, Marco Aurelio y Teodosio el Grande. Séneca, el gran filósofo estoico, y otras ilustres figuras de la cultura romana, eran españoles. Así es como España se convirtió en un país latino.   *vassals, subjects*
sovereignty

Los bárbaros

Después de cuatro siglos de paz romana, España fue invadida, en el año 400, por los pueblos bárbaros del norte. Los bárbaros aprovecharon° la decadencia del Imperio Romano para inundar los dulces campos del sur. Los pueblos bárbaros estaban compuestos por varias tribus germánicas que se dedicaban a hacer la guerra y   *took advantage of*

que sólo respetaban el derecho de conquista: la ley de la selva. En España, los godos° o visigodos se convirtieron en los amos.   *Goths*

Pronto terminó la conquista para dar lugar a una nueva mezcla de sangre, esta vez entre hispanorromanos y visigodos. España, además de ser latina, y además de lo que había sido antes, llegó a ser también germánica. Por primera vez se estableció cierta unidad política y religiosa, y se creó la monarquía visigótica aristocrática. En el siglo VI, los visigodos se convirtieron al cristianismo.

El feudalismo fue inaugurado en España por los visigodos, pero nunca alcanzó° un desarrollo tan amplio° como en otros pueblos de   *achieved / broad*
Europa. En general, los visigodos no crearon una civilización nueva. Se limitaron a adaptar las instituciones romanas a sus necesidades.

Los árabes

En el siglo VII, en Arabia, surgió° un hombre (Mahoma) que dio   *appeared*
origen a la religión islámica y unificó las tribus árabes. Pronto esas tribus que habían sido nómadas, llegaron a formar el pueblo más poderoso del mundo civilizado de entonces. El símbolo islámico de la Media Luna fue el mayor rival de la Cruz cristiana. El dominio árabe se extendió a ciertas partes de Europa. En el siglo X, bajo la dominación árabe, España estaba a la cabeza de la cultura europea.

La historia tiene sus paralelismos. De la misma manera que el Imperio Romano se debilitó° en sus últimos días, cediendo el paso°   *weakened / cediendo…*
a los bárbaros del norte, así la monarquía visigótica sucumbió al   *opening the way*
primer ataque de los guerreros árabes.

Además, la monarquía visigótica no era hereditaria sino electiva entre los nobles. Las sucesiones al trono eran casi siempre violentas. Los aspirantes a la corona° visigótica se mataban unos a   *crown*
otros. De los treinta y dos reyes visigóticos que reinaron en España, diez de ellos fueron asesinados por los aspirantes al trono.

La leyenda de don Rodrigo, el último rey godo, relata la perdición de la España visigótica. Dicen las viejas crónicas° que una   *chronicles*
preciosa doncella°, que se llamaba Florinda la Cava, se bañaba en   *damsel, maiden*
las orillas del río Tajo. La vio el rey Rodrigo desde una ventana de su palacio de Toledo, se enamoró de ella inmediatamente y la hizo su querida° (no se sabe si por fuerza o con consentimiento de ella).   *mistress*
Pero cometió la indiscreción de no pedir permiso a su padre, que era el poderoso conde° don Julián, gobernador de Ceuta en el Es-   *count*
trecho de Gibraltar. Cuando don Julián se enteró° de esta relación   *se… found out*
ilícita, juró vengarse. Las llaves de las puertas de España estaban a su disposición, y las abrió para que los moros invadieran la Península.

El Alcázar de Segovia se construyó como protección contra reinos enemigos. Aquí habitaron los Reyes Católicos por mucho tiempo. (© *1980 Peter Menzel*)

En el año 711 los árabes invadieron toda España, con excepción del País Vasco y un rincón de Asturias. En la Península permanecieron° ocho largos siglos, muchas veces guerreando con los españoles pero, con frecuencia, conviviendo° pacíficamente con ellos. Estos ocho siglos de vida en común han ejercido enorme influencia en el carácter nacional español, en la literatura y en el arte. El ingrediente árabe da una nota característica a la civilización española. La hace muy diferente de las de otros países europeos.

    they remained
    living together

Al principio, el gobierno político de la España musulmana no era independiente. Estaba constituido por emires° bajo la jurisdicción del califa°. Pero en el año 756, el Califato de Córdoba fue proclamado soberano° e independiente. Bajo la dirección de los califas cordobeses Abderramán II y Abderramán III, se inició° en España un período de máximo esplendor cultural, de 756 a 961. España tenía la flota° más poderosa del Mediterráneo. Córdoba, su capital, se convirtió en próspera metrópoli de la civilización de Europa. Árabes y judíos trabajaban juntos para dar al mundo importantes descubrimientos en el campo de la medicina, la botánica, las matemáticas y otras ciencias. Los árabes transmitieron al mundo occidental la filosofía y cultura de la antigua Grecia. Si no fuera por estos árabes hispánicos, quizás nunca habríamos conocido la filosofía de Aristóteles.

    emirs, princes
    caliph, head of a
    caliphate, or state /
    sovereign / se... was
    initiated

    fleet

Córdoba tenía toda la opulencia de un cuento de *Las mil y una noches.*[2] Dicen las crónicas que a una legua° de la ciudad, Abderramán III edificó la fabulosa ciudad-palacio de Medina-Azahra para su favorita. En su recinto° había un harén con 6.300 mujeres, 400 casas, 300 baños y 15.000 eunucos° y criados. Artesanos cristianos y árabes construyeron las paredes cubiertas de oro y mármoles° transparentes. Las tejas° de muchos tejados° eran de oro y plata. En 1010, feroces tribus bereberes° del norte de África invadieron el califato, destruyeron los palacios del califa, y mataron a sus ocupantes. Hoy casi no quedan restos de la opulencia de Medina-Azahra.

league (2.4–4.6 miles)
confines, enclosure
eunuchs
marble / tiles / roofs
Berber

Después del período de prosperidad y grandeza del califato, la España árabe se dividió en pequeños reinos débiles y desunidos llamados *taifas.* Granada fue el último reino moro; cayó en poder de las fuerzas cristianas en 1492.

La historia de ocho siglos de dominación árabe en España se caracteriza por su ejemplar° tolerancia. Cristianos, árabes y judíos vivieron y colaboraron juntos, a pesar de sus enormes diferencias religiosas y culturales. Los árabes demostraron ser muy tolerantes con los cristianos y con los judíos.

exemplary

La Reconquista

Los cristianos españoles que no cayeron bajo las armas del Islam se reunieron en Covadonga, en las montañas de Asturias. Nombraron rey a Pelayo, primer rey de la dinastía española. En 718, los cristianos ganaron en Covadonga la primera batalla contra los árabes. Después de esa victoria, la España cristiana comenzó las campañas° para rechazar° a los invasores árabes del suelo español. Esta larga lucha, conocida en la historia como *la Reconquista,* duró ocho siglos, aunque no era constante. Hubo muchos períodos de convivencia pacífica y amistosa.

campaigns / push back

Dos héroes nacionales son representativos de las guerras de la Reconquista. El primero, el apóstol Santiago, fue guía espiritual de la cruzada° española contra los moros. Santiago es el santo patrón de España. Según la antigua leyenda cristiana, el cuerpo de Santiago se descubrió milagrosamente° en lo que hoy es la ciudad de Santiago de Compostela.[3] El segundo héroe es Rodrigo Díaz de

crusade
miraculously

---

[2]*Las mil y una noches es una colección anónima de cuentos árabes.*

[3]*Según una antigua tradición cristiana, el apóstol Santiago había predicado (preached) el cristianismo en la España romana antes de morir mártir de su fe. La tradición dice que su cuerpo fue transportado milagrosamente a Santiago de Compostela, ciudad que se hizo famosa por las peregrinaciones (pilgrimages) internacionales en la Edad Media.*

Vivar, más conocido por *el Cid*, que en árabe significa «señor». El Cid, sinónimo de hombre viril y luchador, es una figura histórica real, inmortalizado en la literatura española, que formó un ejército y conquistó, en 1094, la ciudad de Valencia, que estaba en territorio árabe.

En 1469, Isabel, reina de Castilla, se casó con Fernando, rey de Aragón. Así se estableció la unidad de España bajo los Reyes Católicos. Del gran poderío° musulmán sólo quedó en España el reino de Granada. En el palacio de la Alhambra vivía lujosamente° Boabdil, el último rey moro. Los ejércitos de los Reyes Católicos entraron victoriosos en Granada en 1492. "Boabdil llora como un niño la pérdida de su Alhambra, que no ha sabido defender como un hombre", dice el romance° popular.

power
sumptuously

ballad

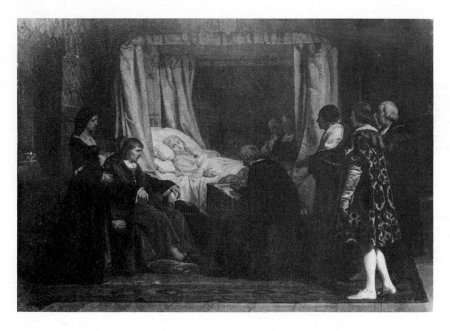

El Testamento de Isabel la Católica, cuadro de Eduardo Rosales, representa la reina castellana tan admirada y amada de los españoles. De suma inteligencia, gobernó durante la época de la unificación territorial de España y del descubrimiento de América. (*Museo del Arte Moderno, Madrid / MAS*)

Vocabulario

A. Sustituya lo que está en letra itálica con una expresión de la lista que tenga un significado semejante.

debatido   combinación

especial   transportado

dueños   belicoso

vivieron juntos   mataron

obra   unieron

1. Los cristianos, árabes y judíos colaboraban en una gran *empresa* de cultura y civilización.

2. Debido a las variadas circunstancias de la historia de España, el carácter español se considera muy *peculiar*.

3. La *mezcla* de diferentes pueblos y razas se refleja en los españoles de hoy.

4. El origen de la palabra "España" ha sido *discutido* durante varios siglos.

5. Los iberos se consideraban un pueblo *guerrero*.

6. Los romanos y los celtíberos se *fundieron* para formar el pueblo hispanorromano.

7. Los árabes fueron *amos* de España por ocho siglos.

8. Debajo del mando de los árabes, *convivieron* pacíficamente varios grupos muy diferentes.

9. Los bereberes *asesinaron* a todos los habitantes de Medina-Azahra.

10. Una leyenda cristiana dice que el cuerpo del apóstol Santiago fue milagrosamente *trasladado* a Galicia.

B. Complete las siguientes oraciones con la expresión que le parezca más adecuada de las tres que se dan.

1. El gobernador de Ceuta _____ de la deshonra de su hija y permitió que los moros invadieran España.   [se enteró / se enamoró / se fundió]

2. La meseta _____ de España fue llamada *Castilla* por los cristianos. [amistosa / próspera / central]

3. Los califas árabes _____ un período de esplendor cultural.   [habitaron / iniciaron / ocurrieron]

4. Bajo los árabes, España estaba _____ de la civilización y de la cultura de Europa.   [inaugurada / remota / a la cabeza]

5. Los herederos de la ＿＿＿＿＿＿ visigótica se mataban unos a otros. [doncella / corona / perdición]

6. El ＿＿＿＿＿＿ cartaginés viajó de España a Italia. [califa / ejército / símbolo]

7. Muchos ＿＿＿＿＿＿ personajes romanos eran españoles. [remotos / milagrosos / ilustres]

Preguntas y opiniones

1. ¿De dónde viene la palabra *España*?

2. ¿Cuáles son los grupos principales que dominaban España durante diferentes épocas? ¿Cuál cree Ud. que fue el más tolerante? ¿el más belicoso?

3. ¿Hay alguna conexión importante entre el pueblo vasco de hoy y los antiguos iberos? ¿Qué pruebas puede Ud. encontrar hoy día que nos indique que sí?

4. ¿Cuál fue la contribución de los fenicios a la cultura española? ¿y la de los griegos?

5. ¿Por qué los fenicios pidieron ayuda a los cartagineses? ¿Cuáles fueron los resultados?

6. ¿Qué simboliza la antigua ciudad de Numancia?

7. ¿Fue España considerado solamente como una colonia durante el Imperio Romano?

8. ¿Qué concepto político fue inaugurado por los visigodos en España? ¿Crearon ellos una nueva civilización en la Península?

9. ¿De qué manera contribuyeron los árabes a la cultura española? ¿Qué contribución cultural árabe considera Ud. que fue la más importante?

10. ¿Cree Ud. que los árabes intensificaron las diferencias entre las razas que vivían en la Península Ibérica?

11. ¿Cuál considera Ud. que fue la contribución más importante de los Reyes Católicos, Fernando e Isabel?

Actividad

Haga un informe oral o escrito sobre alguna de las culturas que dominaron España antes de la Reconquista. ¿Cuáles fueron las contribuciones de esta cultura?

3

La España imperial del siglo XVI

Cronología

Con los Reyes Católicos se puso fin a la Edad Media en España y comenzó el Renacimiento español. Mientras en el resto de Europa reinaba un sistema político feudal en el siglo XV, en España se logró la unidad territorial. Con ello se dio origen a la institución del estado moderno y se estableció el primer imperio colonial. Esto no fue muy difícil porque el feudalismo de la Edad Media nunca alcanzó tanto desarrollo en España como en otros países europeos.

La Inquisición y la expulsión de los judíos

Después de conseguir° la unidad territorial, los Reyes Católicos tenían un gran anhelo°: la unidad religiosa de España. La inmensa mayoría de los españoles era cristiana, pero había también muchos judíos y conversos que hasta entonces habían convivido con los cristianos. Los cristianos no habían absorbido el espíritu de tolerancia religiosa que dominaba en la España musulmana.   *attaining* / *desire*

Los judíos habían empezado a llegar a España, procedentes° del norte de África, antes de la era cristiana. La mayoría llegó hacia el siglo XI, durante la dominación árabe. Los Reyes Católicos querían castigar° a los que no practicaban dogmáticamente la religión cristiana. Establecieron, en 1481, el Tribunal de la Inquisición. Este tribunal tuvo a su cargo° la búsqueda y castigo de herejes° cristianos.   *coming from, originating* / *punish* / tuvo… *was charged with* / *heretics*

Pero esto no era bastante para los fines propuestos. Los Reyes Católicos ordenaron en 1492 la expulsión de España de todos los judíos no conversos. Esta acción inhumana se aplicó a 165.000 judíos. Unos 50.000 conversos se quedaron. Los judíos habían contribuido con su trabajo a la prosperidad del país. Dirigían° el comercio bancario, eran grandes médicos y ocupaban importantes puestos administrativos en el gobierno de la nación. Su expulsión fue una gran pérdida para España. Hoy hay muchos grupos de judíos españoles, llamados *sefarditas*, en el sur de Europa, en Turquía, en el norte de África, en Israel y en los Estados Unidos. No han vivido en España desde hace cinco siglos, pero todavía hablan en sus hogares la lengua española del siglo XV, que se llama *ladino*.   *They managed*

Los moriscos

Los moriscos eran los árabes que quedaron en España después de la Reconquista. Muchos de ellos continuaron practicando la religión mahometana, y otros se convirtieron al cristianismo más o menos a la fuerza.° Los moriscos se dedicaban a la agricultura y   a… *by force* trabajaban muy bien las tierras de los nobles cristianos. A principios del siglo XVII, también fueron expulsados de España por motivos religiosos. De España salieron unos 400.000 moriscos. La agricultura sufrió un terrible abandono.

España en América

El descubrimiento de América es el hecho más trascendental° de la historia de España. Después de realizar la unidad nacional bajo los Reyes Católicos, los españoles se lanzaron° a la fantástica empresa de descubrir y colonizar un inmenso continente desconocido. Pero el descubrimiento de América fue en gran parte obra de la casualidad.° Cristóbal Colón (1436?–1506?), un aventurero visionario, se presentó a la reina Isabel de Castilla, pidiéndole ayuda para un proyecto grandioso: una ruta nueva a la China. Isabel simpatizó con Colón, y España le dio tres carabelas°—la Pinta, la Niña y la Santa María—tripuladas° por 120 españoles. Partiendo de Palos de Moguer, en el sur de España, descubrieron el Nuevo Mundo el 12 de octubre de 1492. Fue un viaje de algo más de dos meses.

far-reaching, important

se... threw themselves

obra... the work of chance

vessels, ships
manned

Colón ocupó las nuevas tierras en nombre de los Reyes Católicos. En medio siglo de fiebre de conquistas,° los conquistadores españoles convirtieron a España en el primer° imperio del mundo. España sólo tenía entonces ocho millones de habitantes.

En... Halfway through a century of feverish conquest / leading

España en Italia

La política imperialista de los Reyes Católicos se dirigió° entonces a Italia. Francia y España habían luchado constantemente por la posesión de la península italiana. Venció España. Los ejércitos españoles ocuparon la parte meridional,° Sicilia y Cerdeña.° Más tarde, también Milán.

se... turned

southern / Sardinia

En 1525, los españoles hicieron prisionero al rey de Francia, Francisco I, en la batalla de Pavía, en el norte de Italia. El rey de Francia fue encerrado° en la Torre de los Lujanes de Madrid.

imprisoned

Carlos V (reinó de 1516–1555)

La hija de los Reyes Católicos, Juana la Loca, casada con Felipe el Hermoso, de la familia real de Habsburgo, subió al trono español en 1506. Pero Juana se volvió loca debido a la muerte de Felipe en 1506 y a la historia de enfermedad mental en la familia portuguesa

Carlos V de Alemania y I de España gobernó más territorios que ningún otro monarca de Europa. Ocupó la posición central en las luchas políticas y religiosas de la primera mitad del siglo XVI. Bajo Carlos V y su hijo Felipe II, España luchó durante cien años contra la Reforma protestante y contra los turcos. Este retrato es uno de los varios pintados por Ticiano, pintor favorito de la corte de Carlos V. (*Museo del Prado*)

de su madre. Su hijo Carlos V de Alemania y I de España fue el último bastión del Sagrado° Imperio Romano-Germánico. Fue el César español. Por ser nieto° de los Reyes Católicos, heredó la corona española con todas las vastas posesiones de América, Italia, Oceanía y el norte de África. Como hijo de Felipe el Hermoso, recibió lo que hoy es Holanda, Bélgica, Luxemburgo, Flandes, el Artois° y la provincia del Franco-Condado, al este de Francia. Todas estas tierras formaban parte del Imperio Español. Por eso se decía que "en los dominios de España no se ponía nunca el sol". Carlos V adoptó a España como su propia patria.

    Carlos V siguió la política imperialista y religiosa de sus abuelos, los Reyes Católicos. Éstos lucharon por la unidad religiosa de España y América. Carlos V luchó por la unidad religiosa de Europa. Podría haber sido tolerante con Martín Lutero, pero no comprendía la revolución religiosa que dominaba toda Europa en la

Holy
grandson

region in northern France

primera mitad del siglo XVI, bajo el nombre de la Reforma.° Políticamente, le hubiera convenido° ser tolerante, pero Carlos V era intransigente en cuestiones de fe. Prefirió luchar contra sus rivales: Francisco I de Francia, Enrique VIII de Inglaterra, los príncipes° protestantes de Alemania y los turcos.

Protestant Reformation
le… it would have been appropriate for him

princes

La conquista de México

El imperialismo de Carlos V se ve claramente en la conquista de México en 1519. El que llevó a cabo° esa conquista fue Hernán Cortés, uno de los grandes genios militares, y aventureros, de la historia.

llevó… carried out

En México no había un simple conglomerado de razas indias como en los Estados Unidos, sino un imperio, el azteca. Los aztecas tenían una gran civilización, comparable a las de Egipto y del Hindostán. Tenochtitlán, la capital imperial, hoy la moderna capital de México, era una ciudad monumental de más de trescientos mil habitantes.

HERNAN CORTES.
Marques del Valle, Capitan Genl. de N. España; nació en Medellin año de 1485, y murió en 1547, aunque le hicieron inmortal sus hazañas asombrosas, y su conquista del Imperio Mexicano.

Hernán Cortés nació en Medellín, en Extremadura. Fue un hidalgo pobre que se escapó de las manos del gobernador de Cuba, Diego Velázquez, y con diez naves, unos seiscientos españoles, diez cañones y doce caballos, conquistó el formidable Imperio Azteca de México. Murió pobre y abandonado en una pequeña finca cerca de Sevilla. Escribió cinco cartas a Carlos V que constituyen un valioso documento histórico de la conquista de México. *(Etching, Manuel S. Carmona, from* Retratos de españoles ilustres. *Courtesy of Hispanic Society of America)*

La conquista de los aztecas se logró con un ejército de sólo seiscientos hombres. Es un episodio que parece más leyenda que realidad histórica. Cortés fue perseguido por el gobernador de Cuba, Diego Velázquez. Se escapó de Velázquez con sus barcos y desembarcó en la ciudad mexicana de Veracruz. Diciendo a sus hombres, "A la conquista o a la muerte", hizo quemar todos sus barcos para que nadie pudiera regresar. Los españoles encontraron inestimable ayuda en Marina, una inteligentísima mujer india. Llevando siempre a Marina como intérprete y guía, Cortés empezó la marcha hacia el interior del imperio fabuloso. Tuvo que vencer enormes dificultades a través de un territorio desconocido, montañoso y selvático. Pero con la ayuda de Marina y de algunas tribus que se aliaron° con él para vencer a los aztecas entró triunfante en   se... *allied themselves* Tenochtitlán. Allí hizo prisionero al emperador Moctezuma y, más tarde, al caudillo Cuauhtémoc, sobrino° y sucesor de Moctezuma.   *nephew* Cuauhtémoc fue un noble y orgulloso representante de la raza azteca. Cuando cayó prisionero de los españoles, dijo a Cortés: "He hecho todo lo que he podido para defender a mi pueblo; ahora puedes matarme a puñaladas." "No temas—le contestó Cortés—   matarme... *stab me to* serás tratado con todo honor. Has defendido tu capital como un   *death* / No... *Do not fear* guerrero bravo."

Sin embargo, el tesorero real de España quería el oro azteca. Cortés quemó vivo a Cuauhtémoc porque no confesó dónde guardaba el tesoro. Cuando otro noble azteca, condenado al mismo tiempo a la hoguera,° se quejaba de tal tortura, dicen las crónicas   *fire, stake* que Cuauhtémoc le respondió: "¿Por qué te quejas? ¿Estoy yo acaso en un lecho° de flores?"   *bed*

Después de la conquista, México se transformó en el Virreinato°   *viceroyalty* de la Nueva España, y Cortés fue el primer gobernador o virrey.

La conquista del Perú

En el Perú existía otra civilización tan avanzada como la de México: el Imperio de los Incas, que se llamaban *hijos del sol.* Entre sus magníficas ciudades sobresalen° Machu Picchu y el Cuzco, la capi-   *stand out* tal imperial, llena de palacios construidos con enormes piedras talladas° geométricamente. Estas piedras se juntaron unas con   *carved* otras sin argamasa.°   *mortar*

El imperio era fabulosamente rico en oro y plata. Tenía un vasto sistema de carreteras que atravesaban la maciza° cordillera de los   *massive* Andes. Su territorio se extendía a las actuales repúblicas del Perú, Bolivia, Ecuador y Chile.

En 1524, otro gran conquistador y aventurero, Francisco Pizarro, con un puñado° de hombres audaces,° consiguió conquistar el Imperio Inca.

handful / bold

Logros del Imperio Español

Sería imposible negar las contribuciones y los logros españoles durante la época del Imperio. Después de haber descubierto el Nuevo Mundo durante el reinado de Isabel y Fernando, se descubrieron otras tierras y riquezas geográficas. En 1513, Vasco Nuñez de Balboa llegó a lo que hoy es Panamá. Con los sesenta y siete hombres que le quedaban de su expedición, avanzó por la tierra panameña hasta descubrir el Océano Pacífico. En 1519, bajo Carlos V, el portugués Fernando de Magallanes y el vasco Juan Sebastián Elcano hicieron su famoso viaje alrededor del mundo. Descubrieron las Islas Filipinas, las Islas Molucas y el Cabo de Buena Esperanza. Cabeza de Vaca, otro explorador, fue el primer hombre europeo que viajó a pie desde el Atlántico hasta el Pacífico. Caminó desde Florida, a través de los actuales estados de Alabama, Misisipí, Luisiana, Nuevo México y Arizona, hasta California.

Francisco Pizarro nació en Trujillo, en Extremadura. No recibió ninguna educación formal. Acompañó a Balboa en el descubrimiento del Océano Pacífico y, con un puñado de hombres, conquistó el Imperio Inca en el Perú. Fue asesinado por enemigos españoles. (*SCALA / E.P.A.*)

Fin del reinado de Carlos V

El oro que llegaba de América a España se gastaba en las interminables guerras religiosas de Europa. Carlos V llevaba a la famosa
infantería° española a guerrear por toda Europa. Gritaba: "¡Ade-   *infantry, army*
lante, mis bravos leones de España!" Pero "los bravos leones de
España" no hacían más que desangrarse° en batallas muy lejos de   *shed their blood*
su patria. España se empobrecía° con tanta guerra, y sus campos   *became impoverished*
quedaban abandonados. Pronto vendría la decadencia.

En 1555, cansado de medio siglo de guerras, Carlos V se retiró al
monasterio de Yuste, en Extremadura, a rezar y a preparar su
alma antes de morir. Abdicó en favor de su hijo, Felipe II, y murió
tres años más tarde.

Felipe II (reinó de 1555–1598)

Este rey es uno de los personajes más discutidos de la historia.
Para mucha gente, es el emperador más grande que ha tenido
España. Para otros, sólo fue un déspota fanático. En general, siguió
la política de su padre, de quien recibió personalmente las primeras lecciones de gobierno. Pero fue aún más fanático e intolerante
que su padre en materia religiosa. Su frase histórica, "prefiero no
reinar que reinar sobre herejes", resume su pensamiento.

Holanda, parte de la herencia de Carlos V, fue un gran problema

Situado al pie de la
Sierra de Guadarrama,
a unas treinta millas de
Madrid, el monasterio
de El Escorial domina
las llanuras de Castilla.
(© *Bernard Rouget-
Rapho / Photo
Researchers, Inc.*)

para España, y Felipe II era demasiado intolerante para resolverlo. El pueblo de Holanda era en su mayoría protestante y quería la independencia. Felipe II respondió con una política de obstinada represión. Envió a Holanda gobernadores como el duque de Alba, con instrucciones estrictas de no hacer ninguna concesión a los nacionalistas holandeses. Empleó siempre la fuerza de las armas para imponer sus deseos. Fue un inútil derramamiento de sangre° para España y una tiranía para Holanda. Después del reinado de Felipe II, los holandeses obtuvieron su independencia por el Tratado° de Westfalia de 1648.

derramamiento…
bloodshed

treaty

Felipe II continuó las guerras de su padre contra Francia. En 1557, los españoles vencieron en San Quintín, al norte de París. Para celebrar el acontecimiento,° Felipe II hizo construir el palacio-monasterio de El Escorial, cerca de Madrid, un inmenso e imponente edificio en la Sierra de Guadarrama. Más tarde adoptó una actitud más benévola con Francia, cuando el rey francés Enrique IV se convirtió al catolicismo.

event

La batalla de Lepanto

En 1553 cayó Constantinopla en poder de los turcos. El Mediterráneo quedó a merced de los piratas turcos que no permitían la navegación de ningún barco extranjero. España, el papa° y la República de Venecia organizaron una armada de doscientas naves para combatir la marina turca. Juan de Austria, hermano bastardo de Felipe II, fue el comandante. En 1571, la armada obtuvo una victoria trascendental frente al golfo de Lepanto, en Grecia. Murieron treinta mil turcos, se hicieron diez mil prisioneros, se rescataron quince mil cautivos cristianos,° se apresaron ciento treinta galeras turcas° y se hundieron cincuenta. La potencia naval turca fue destruida.

pope

se… 15,000 Christian prisoners were rescued /
   se… 130 Turkish ships were captured

La Armada Invencible

Felipe II aspiraba a ser rey de Inglaterra para convertir al catolicismo a los protestantes ingleses. Además, "distinguidos" piratas ingleses, como Sir Francis Drake y Sir John Hawkins, capturaban barcos españoles y saqueaban los puertos de América. Para llevar a cabo sus planes, Felipe II se casó con María Tudor de Inglaterra. Pero esta reina murió en 1558, sin haber podido tener un hijo que hubiera sido el heredero directo del trono de Inglaterra.

Isabel de Inglaterra, la hija de Enrique VIII y de Ana Bolena, era enemiga mortal de Felipe II. En 1587, Isabel mandó ejecutar° a la católica María Estuardo, reina de Escocia y de Francia, que simpatizaba con Felipe.

mandó… had…executed

La *Armada Invencible*, la gran flota que envió Felipe II a invadir a Inglaterra, se componía de 130 naves y unos 30.000 hombres. En parte debido a la habilidad de la flota inglesa, bajo Drake y Hawkins, y en parte debido a las tempestades, sólo la mitad de la *Armada* logró regresar. (*Snark International / E.P.A.*)

Con estos antecedentes,° Felipe II preparó la escuadra° más formidable de la historia, a la que llamó *Armada Invencible*. Se componía de ciento treinta barcos y de más de treinta mil hombres. El marqués de Santa Cruz era un excelente marino español que había organizado la Armada. Debía mandarla en la batalla, pero murió poco antes de la fecha señalada.° Para sustituirlo, fue nombrado el duque de Medina Sidonia, un viejo que no quería aceptar la responsabilidad "porque no entendía de las cosas del mar y, además, se mareaba°". Felipe II le contestó que no se preocupara porque "el verdadero almirante° de la Armada era el Señor°".

A causa de las tempestades,° de la mayor velocidad de las naves inglesas y de la absoluta incompetancia de Medina Sidonia, la Armada sufrió, en 1588, una derrota decisiva. Al enterarse,° Felipe II exclamó: "Yo envié mis naves a luchar contra los hombres, no contra los elementos" y continuó rezando en El Escorial. El Señor había sido derrotado, y la gran paradoja° fue que había sido derrotado por un almirante inglés ¡católico!

previous events /
squadron, fighting force

indicated, chosen

got seasick
admiral / the Lord
storms

Al... Upon finding this
out

paradox

El régimen político y social

En el siglo XVI, el rey, considerado de origen divino, era la autoridad absoluta. Por encima del° rey sólo estaba Dios. Un gran dra-

Por... Above the

maturgo del Siglo de Oro,° Calderón de la Barca, lo expresa en estos versos:

Al rey la hacienda y la vida
se ha de dar°; pero el honor
es patrimonio° del alma,
y el alma sólo es de Dios.

El Consejo° de Castilla se ocupaba del gobierno interior de la nación. Había un presidente y dieciséis consejeros, nombrados por el rey o por elección popular. También se compraban los cargos° o se nombraba a los miembros de ciertas familias.

El Consejo de Estado ayudaba al rey en los asuntos° de política exterior. Había también otros Consejos, como los de Hacienda,° Indias,° Inquisición y Guerra. Las típicas Cortes españolas eran un parlamento popular que tenía gran importancia; a partir del° siglo XVI, las Cortes se reunían pocas veces y no se atrevían° a votar contra los deseos del rey.

A la cabeza de la escala social estaba la aristocracia por derecho de sangre.° Los nobles tenían muchos privilegios. Algunos ni siquiera reconocían la autoridad del rey. Los Reyes Católicos pusieron fin a esta rebeldía, pero los nobles siguieron siendo una clase privilegiada.

El clero° de España fue siempre conservador y apoyaba° a la monarquía. Gozaba de gran prestigio social. Continuamente aumentaba el número de curas, monjas y frailes.° El clero constituía la quinta parte° de la población total de España.

Los caballeros y los hidalgos ("hijos de algo") eran nobles pobres y de categoría inferior a la de los aristócratas, pero estaban orgullosos de su sangre. En la burguesía,° que se dedicó al comercio y a la industria, predominaban los extranjeros. La máxima aspiración de los españoles de las clases altas era dedicarse a las armas° o a la Iglesia, no al trabajo.

Los últimos en la escala social eran los trabajadores manuales, llamados *villanos*. Algunos eran libres y otros vasallos de los nobles. Tenían que pagar la mayor parte de los impuestos.

La agricultura, la ganadería y la industria

España era un país agrícola, pero la agricultura no producía bastante para cubrir las necesidades nacionales. Además, las tierras estaban muy abandonadas porque faltaban brazos° para trabajarlas. La población de España disminuía° debido a la emigración al Nuevo Mundo. También las constantes guerras, las expulsiones de

Siglo… Golden Age (16th century)

Al… To the king fortune and honor must be given / heritage

Council

offices, posts

matters
treasury
the Indies (i.e., the Americas) / a… beginning with the / no… did not dare

heritage, birth

clergy / supported

curas… priests, nuns, and monks / la… one-fifth

bourgeoisie

a… to warfare

"arms" (i.e., workers)
decreased

judíos y moriscos y la pobreza fueron causas de la disminución de la población. Del siglo XV al XVI, la población se redujo de ocho a seis millones.

Más próspera era la cría° de ovejas, exportadas más tarde a Inglaterra. La producción y la exportación de lana° eran importantísimas, pero pronto fueron abandonadas. También había una importante industria de la seda° en Andalucía, Murcia y Toledo.   *raising*   *wool*   *silk*

En conclusión, se ha visto que durante el siglo XVI, España era el imperio más poderoso del mundo, bajo la dirección de los Reyes Católicos, Carlos V y Felipe II. Pero esta grandeza no dio paz ni bienestar° a los españoles. España se desangraba en guerras lejanas y abandonaba su propio territorio. Después de Felipe II, la grandeza se convirtió en la más desesperada decadencia.   *well-being*

Vocabulario

A. Sustituya lo que está en letra itálica con una expresión de la lista que tenga un significado semejante.

accidental   un puñado de

victoria   reemplazar

alcanzó   llevó a cabo

deseo   hicieron prisionero

derrota   se destacan

1. El feudalismo de la Edad Media nunca *tuvo* tanto desarrollo en España como en otros países europeos.

2. Los Reyes Católicos tenían un gran *anhelo*: la unidad religiosa de España.

3. Entre las ciudades del Imperio Inca *sobresalen* Machu Picchu y el Cuzco.

4. El descubrimiento de América fue en gran parte *por casualidad*.

5. En 1525, los españoles *tomaron preso* al rey de Francia, Francisco I.

6. Hernán Cortés *realizó* la conquista de México en 1519.

7. Con *unos cuantos* hombres audaces Pizarro conquistó el Imperio Inca.

8. Para celebrar el *éxito* de la Batalla de San Quintín, Felipe II hizo construir El Escorial.

9. En 1588, la "Armada Invencible" sufrió una *pérdida* muy importante.

10. Para *sustituir* al marqués de Santa Cruz en el mando de la Armada Invencible, fue nombrado el duque de Medina Sidonia.

B. Complete las siguientes oraciones con la expresión que le parezca más adecuada de las tres que se dan.

1. En 1481, se estableció el _____ de la Inquisición. [Comercio / Feudalismo / Tribunal]

2. Los judíos eran _____ del norte de África. [villanos / procedentes / reyes]

3. Cristóbal Colón era un aventurero _____. [desconocido / expulsado / visionario]

4. Carlos V _____ la corona española. [heredó / siguió / encerró]

5. Durante el _____ de Felipe II, la población de España se redujo mucho. [reino / reinado / política]

Comprensión

Complete las siguientes frases con una frase o expresión de la lista.

1. Debido a las interminables guerras religiosas, España…

2. Los árabes que quedaron en España después de la Reconquista eran…

3. Además de ayudar a descubrir el Nuevo Mundo, los Reyes Católicos establecieron…

4. Muchas personas consideran que Felipe II fue…

5. Los caballeros y los hidalgos eran…

6. Bajo la dirección de los Reyes Católicos, España se convirtió en…

a. un déspota fanático

b. se empobreció

c. moriscos

d. nobles pobres

e. el Tribunal de la Inquisición

f. un imperio poderoso

Preguntas y opiniones

1. Si Ud. no hubiera sido cristiano durante la Inquisición y vivía en España, ¿habría emigrado de España o se habría convertido al cristianismo? Si hubiera emigrado, ¿adónde habría ido?

2. ¿Cómo enriqueció a España el descubrimiento del Nuevo Mundo? ¿Cómo la empobreció?

3. ¿Por qué cree Ud. que emigraron tantas personas al Nuevo Mundo durante el siglo XV?

Actividad

Imagínese que Ud. es Marina, la guía india de Cortés, y que la llevan a España. Dé una descripción del país y haga un comentario de sus reacciones frente a lo que ve allí; por ejemplo, la religión, el gobierno, las costumbres, el orden social, etcétera.

❧ 4 ❧

La decadencia del Imperio Español: Siglos XVII al XIX

Cronología

1816	Encuentro de Bolívar y San Martín en Guayaquil
1833–1868	Reinado de Isabel II
1833–1840 } 1872–1876 }	Guerras Carlistas
1873–1874	Primera República española

Causas de la decadencia del Imperio Español

España fue la primera nación moderna que creó un imperio, pero también fue la primera que lo perdió. Bajo el punto de vista militar y político, se convirtió muy pronto en una nación de segundo orden.° Sin embargo, este cambio tuvo lugar solamente en el aspecto exterior y material. El estilo de vida de los españoles y su peculiar escala de valores no cambiaron en lo fundamental. — *de... second-rate*

El gran imperio de Carlos V y Felipe II en el siglo XVI decayó en tiempos de sus sucesores: Felipe III, Felipe IV y Carlos II. Estos fueron los tres últimos reyes de la Casa de Austria. Reinaron durante todo el siglo XVII. En la primera mitad de ese siglo, España estaba empobrecida debido a las guerras del siglo XVI. Cuando el pueblo sintió que no tenía nada nuevo que hacer, perdió la confianza en sí mismo, y vino la decadencia total. España fue el primer imperio de la edad moderna que fracasó.° — *failed*

Los reyes españoles del siglo XVII preferían los placeres de la vida contemplativa y ociosa° a las preocupaciones del buen gobierno de la nación. Abandonaron todo en manos de favoritos aristócratas irresponsables. En vez de gobernar, cazaban,° iban al teatro, daban fiestas y gastaban el tesoro de la nación. El resultado fue que España dejó de ser° la nación más poderosa de Europa. Después de muchos desastres militares, en el siglo XVII España perdió Holanda, Flandes, Luxemburgo, el Artois, el Rosellón,° el Franco-Condado, Portugal y algunas posesiones del norte de África. — *idle* — *they went hunting* — *dejó... stopped being* — *region in southern France*

La decadencia política fue acompañada por la depresión económica y la miseria° y el hambre del pueblo. El español típico del siglo XVII era representado en la novela picaresca° como un pobre muerto de hambre° que ocultaba° su miseria bajo el orgullo de ser un hidalgo. Pero tenía que hacer toda clase de picardías° para poder vivir. — *poverty* — *novela... rogue romance, story of a poor and low-born person / muerto... starving person / hid / tricks*

Como ya se ha dicho, las regiones de España difieren tanto unas de otras que parecen naciones distintas. En 1640, el pueblo catalán, especialmente los campesinos y segadores,° se sublevó° contra el absolutismo centralista de la Casa de Austria. Los catalanes querían separarse de España y formar una república independiente. Los franceses los apoyaban,° pero pronto se vio que lo que — *reapers / se... rose up* — *supported*

Francia quería era apoderarse° de Cataluña. La guerra civil ter-   *to seize*
minó en 1652 con el triunfo del rey de España, Felipe IV.

Felipe V y la Guerra de Sucesión

Los Habsburgos de la Casa de Austria reinaron en España de 1516
a 1700. El último, Carlos II el Hechizado,° era un enfermo mental   *Bewitched*
que murió sin sucesión. Entonces, las familias reales de Europa
iniciaron una lucha diplomática para heredar la rica corona de
España. Ganó Luis XIV de Francia. De esta manera, el primer
Borbón de España, nieto de Luis XIV, fue coronado rey de España
con el nombre de Felipe V. Reinó de 1700 a 1746. Los Borbones
continuaron reinando sucesivamente hasta 1931. El actual° rey de   *current*
España pertenece a la familia de Borbón.

"¡Ya no hay Pirineos!" declaró Luis XIV a causa de la victoria
diplomática de Francia, cuando Felipe V llegó a España. Francia y
España ya no estarían separadas; en adelante serían como dos
naciones hermanas. Pero esta victoria provocó la Guerra de Suce-
sión, que fue civil e internacional al mismo tiempo. De una parte°   De... *One one side*
estaba Felipe V; de la otra, el aspirante al trono, el archiduque
Carlos, hijo del emperador Leopoldo de Austria. Inglaterra y Holanda apoyaron a Carlos.

Felipe V, el primer
Borbón de España, era
nieto de Luis XIV de
Francia. (*Obra de van
Loo*, Museo del Prado,
Madrid / MAS)

La guerra duró de 1702 a 1713. Se luchó en Italia, en Flandes, en América y, principalmente, en España, donde los catalanes eran enemigos de Felipe V. Al fin se firmó la paz° de Utrecht en 1713. Todas las naciones reconocieron a Felipe V como rey de España. Pero los españoles perdieron sus posesiones en Italia y debieron ceder el Peñón de Gibraltar. Inglaterra ha ocupado desde entonces el Peñón, como llave del Mediterráneo, para proteger sus líneas de communicación con el resto del Imperio Británico. España ha luchado siempre por recuperar este pedazo de territorio, pero Inglaterra ha sido inflexible y no se lo ha devuelto° hasta la fecha.°

se… the peace treaty was signed

returned / hasta… *to this day*

El "despotismo ilustrado°"

enlightened

Los tres primeros Borbones, Felipe V, Fernando VI y Carlos III, reinaron en España de 1700 a 1788. En general, la decadencia nacional continuó, pero hubo síntomas de progreso industrial y comercial. El espíritu cívico y patriótico de los ministros de Carlos III mejoró la situación. El llamado "despotismo ilustrado" de los Borbones consistía en fomentar° el bienestar del país, pero sin dar al pueblo participación en el gobierno.

fostering

Carlos III (reinó de 1759−1788) amaba la paz, pero Inglaterra provocaba siempre a España con sus ataques de piratería contra el comercio español en América. Por este motivo, España ayudó financieramente al general Washington. Mandó armas a los Estados Unidos que ayudaron a ganar la batalla de Saratoga contra Inglaterra.

La agricultura, la industria y el comercio habían decaído lamentablemente durante el siglo XVII. Pero iniciaron su renacimiento en el siglo XVIII, a causa de la buena política económica del gobierno. Hasta entonces, los nobles y la Iglesia poseían la mayor parte de las tierras de España, y los pequeños propietarios° eran escasos. Los ministros ilustrados de Carlos III, como Gaspar Melchor de Jovellanos, dictaron leyes para conseguir una división más equitativa° de la tierra.

landowners

equitable

Como hemos visto, Castilla había sido siempre una monarquía absoluta de origen divino: "rey de España por la gracia de Dios". La más genuinamente española de las tradiciones democráticas de su historia era el parlamento popular conocido por las *Cortes*. Este parlamento se fundó en la Edad Media, pero perdió autoridad y prestigio bajo la tiranía de los reyes Habsburgos.

A fines del siglo XVIII llegaron a España las ideas liberales de la Revolución Francesa. También causó alguna impresión el ejemplo de los Estados Unidos, una república basada en el gobierno del pueblo. Los liberales españoles recogieron° estas ideas con entusiasmo. Al principio eran muy moderados y sólo querían una monarquía constitucional.

received, picked up

Fracaso° de Napoleón en España

Failure

Después del despotismo ilustrado de Carlos III siguió el despotismo cobarde° de Carlos IV (1788–1808). Este rey, débil y perezoso, puso las riendas° del gobierno en manos del ministro Manuel Godoy, protegido de la reina. Por razones egoístas, Godoy obedeció los mandatos° de Napoleón. Contra los intereses de España en esta ocasión, Napoleón obligó a Godoy a declarar la guerra a Inglaterra. El resultado fue que las tropas combinadas de Francia y España fueron vencidas por el almirante Nelson en la famosa batalla de Trafalgar, al sur de España, en 1805.

cowardly
reins

commands

Al año siguiente, Napoleón le prometió a Godoy un principado° si permitía que los ejércitos napoleónicos atravesaran España para invadir Portugal. No sospechaba el incauto° Godoy que lo que verdaderamente quería Napoleón era invadir España. De esta manera, el pueblo español fue traicionado° por Napoleón, por Godoy y por los reyes de España. Los ejércitos franceses invadieron la Península en 1808.

principality, title of prince

foolish

betrayed

Con novelescas° intrigas y engaños,° Napoleón tomó prisionero a Carlos IV y a su hijo Fernando VII. Estos "prisioneros" reales vivían cómoda y lujosamente° en Francia, mientras Napoleón invadía España.

fantastic / deceits, tricks

luxuriously

Napoleón proclamó rey de España a su hermano José, que reinó de 1808 a 1814 bajo la protección de las bayonetas napoleónicas. Los españoles, que creían que todos los franceses eran borrachos,° llamaban al rey *Pepe*° *Botellas.*

drunkards
nickname for José

La Guerra de la Independencia

Napoleón no tuvo en cuenta° una cosa: la dignidad del pueblo español. Creyó que podría jugar con el pueblo lo mismo que con los reyes. Algunos españoles de las clases altas, llamados *afrancesados,* apoyaban a Napoleón por adhesión a los ideales revolucionarios franceses o por razones políticas, pero el pueblo español se levantó en masa contra los invasores. No eran los reyes, no eran exclusivamente los ejércitos profesionales; era el pueblo desorganizado pero inspirado por una causa común: la expulsión de los invasores.

no… did not take into account

Los fusilamientos del tres de mayo, un cuadro de Francisco de Goya, representa la ejecución de unos campesinos españoles en 1808, durante la rebelión española contra las fuerzas de Napoleón. Una de las víctimas, con los brazos en cruz como Cristo, parece representar el espíritu del pueblo español. (*Museo del Prado / Courtesy of Spanish National Tourist Bureau*)

Esta desigual lucha duró de 1808 a 1814. Hombres, mujeres y hasta niños, con escasas armas, navajas,° palos y aceite hirviendo,° inventaron una nueva modalidad bélica.° Desde entonces, ha sido empleada por varios pueblos del mundo: la guerra de guerrillas. El ejército de Napoleón, numéricamente superior, ocupaba y saqueaba° las ciudades españolas. Pero nunca pudo dominar la tierra ocupada. De todas partes surgían emboscadas° que aniquilaban° poco a poco a las tropas de Napoleón. Esta guerra se conoce en España como la *Guerra de la Independencia.*

Mientras el pueblo español luchaba por su independencia, los reyes de España, desde su "prisión" en Francia, felicitaban° a Napoleón por sus victorias en España. In 1810, un nuevo parlamento fue elegido en Cádiz, en el sur de España, la única ciudad importante que no cayó en poder de los franceses. Este parlamento, conocido como las Cortes de Cádiz, proclamó en 1812 la primera constitución que tuvo España. Reconocía la monarquía constitucional, la soberanía del pueblo y otras ideas liberales. Hasta la palabra "liberal" tuvo su origen en esta constitución.

Al fin, el pueblo español expulsó° a las fuerzas de Napoleón de España, con la ayuda de un ejército inglés al mando del duque de Wellington.

Paradójicamente, después de la guerra el pueblo se mostraba

razors, knives / *aceite… boiling oil* / *modalidad… method of fighting*

plundered

ambushes / *annihilated, destroyed*

were congratulating

expelled

indiferente al liberalismo de las Cortes de Cádiz. En vez de castigar a Fernando VII por traidor, lo recibió como rey absoluto de España, gritando "¡Vivan las cadenas!°" Todo el reinado de Fernando VII (1814−1833) fue una monstruosa tiranía y una brutal represión contra los espíritus liberales de España. Sólo hubo un período de libertad (1820−1823), impuesto por el coronel Rafael del Riego. Pero Riego fue fusilado° y volvió la tiranía, que duró hasta la muerte de Fernando en 1833.

Vivan... Long live the chains (of absolutism)!

executed, shot

La independencia de la América española

Los años de la guerra contra Napoleón, las Cortes de Cádiz y la tiranía de Fernando VII coincidieron con el período en que la mayoría de las colonias americanas obtuvieron su independencia. Durante tres siglos, la América española había vivido bajo un régimen colonial. Los reyes absolutos de España eran también reyes absolutos de América. Los virreyes—gobernadores coloniales— gobernaban autocráticamente en nombre de la monarquía. Se mantuvo la unidad política de la América colonial en virtud de° la fuerza unitaria° de la monarquía española.

en... by virtue of
unifying

Las principales actividades de los españoles en América fueron la explotación de las ricas minas que producían fortunas para el Imperio, el desarrollo de la agricultura y la ganadería, y la conversión al catolicismo de grandes masas de indios. España mantenía el monopolio exclusivo del comercio de América y explotaba por igual a los indios y el oro que alimentaba las guerras religiosas españolas.

Entre tanto,° las órdenes religiosas, en particular jesuitas y franciscanos, se dedicaron infatigablemente° a la construcción de millares de iglesias y de catedrales. Estos clérigos se lanzaron a la conversión y educación de los indios con vigoroso espíritu misionero. Nueve universidades fueron fundadas en Hispanoamérica antes que la de Harvard; las más importantes fueron la Universidad de México (1553) y la Universidad de San Marcos de Lima (1576).

Entre... Meanwhile
tirelessly

Dos causas fundamentales impulsaron° la independencia de América. En primer lugar, la guerra victoriosa de las colonias norteamericanas demostró que si los pueblos de las Américas se unieran en una causa común, podrían obtener su independencia. Muchos hispanoamericanos cultos° pensaban: "Si los Estados Unidos del Norte han formado con éxito una nación unida e independiente, ¿por qué no puede hacer lo mismo el pueblo unido de la América española?" En segundo lugar, muchos patriotas educados

gave impetus to

educated

conocían muy bien los hechos y las ideas de la Revolución Francesa, que proclamaban al mundo los ideales de libertad, igualdad y fraternidad. Los espíritus liberales pensaban que era justo unirse para derribar° al tirano y formar un gobierno basado en el consentimiento del pueblo.   *overthrow*

Pero estas inspiradas ideas sólo estaban en la mente° de una pequeña minoría de americanos cultos. Cuando Napoleón invadió España en 1808, los hispanoamericanos no aprovecharon° la ocasión para separarse de España. Fueron leales a la causa del pueblo español, y enemigos de Napoleón. En vez de luchar por la independencia de América, formaron juntas de ciudadanos que estaban en contra de los virreyes españoles que se habían sometido dócilmente a Napoleón. Obedecían las órdenes de los reyes españoles Carlos IV y Fernando VII. En 1806, por ejemplo, cuando los ingleses ocuparon temporalmente la ciudad de Buenos Aires, los hispanoamericanos lucharon contra los invasores.   *minds*   no... *did not take advantage of*

La América del Sur

El 5 de julio de 1811 se proclamó en Caracas la primera República de la América española. El ejército español atacó a los patriotas. Así comenzó la gran epopeya° de la independencia de América.   *epic*

La guerra duró trece años, con alternativas de triunfos y fracasos. Simón Bolívar y José de San Martín, los dos grandes libertadores sudamericanos, tuvieron que vencer enormes dificultades. Sin armas suficientes, con un ejército dividido por las ambiciones personalistas de sus jefes, lucharon con tenacidad hasta alcanzar la victoria final porque tenían fe en el ideal de su causa. En 1822, las tropas norteñas de Bolívar se juntaron° triunfalmente con las sureñas de San Martín en la ciudad de Guayaquil, en Ecuador. Dos años después, los americanos independentistas ganaron la batalla final de Ayacucho, en el Perú.   se... *were joined*

México

México no tuvo caudillos militares como Bolívar y San Martín, sino dos modestos curas libertadores. En 1810, el Padre Miguel Hidalgo dirigió una pequeña revolución de indios, bajo el grito de "¡Viva la Virgen de Guadalupe[1] y viva la independencia!" Pronto fue ejecutado por orden del virrey. Pero otro sacerdote° patriota, el   *priest*

[1]*Según una antigua tradición católica, la Virgen María se apareció milagrosamente a Juan Diego, un humilde indio mexicano, en 1534, pocos años después de la conquista de México por Hernán Cortés. Desde entonces hasta el presente, Nuestra Señora de Guadalupe, representada en una imagen con rostro indio, es venerada por el pueblo mexicano como la Patrona de México.*

Simón Bolívar, uno de los héroes de la independencia sudamericana, nunca realizó su sueño: la unificación política de Sudamérica mediante la creación de una confederación de pueblos hispanoamericanos, similar a la Unión de los Estados Unidos de Norteamérica. (*Courtesy of OAS*)

Padre José María Morelos, continuó la revolución por todo el país. En 1815 fue ejecutado también.

Los virreyes seguían dominando la situación, hasta que Agustín de Iturbide logró derribar el gobierno del virrey y proclamar la independencia de México. Pero Iturbide era demasiado ambicioso. En 1822, se nombró a sí mismo emperador de México con el nombre de Agustín I. Sin embargo, su "imperio" terminó en 1824. Iturbide fue fusilado y se estableció un régimen republicano.

Las guerras carlistas

Después de la muerte de Fernando VII había en España dos facciones políticas. Los liberales moderados querían que heredara el trono su hija Isabel, una niña de tres años. Los absolutistas querían a don Carlos, hermano del rey. Subió al trono Isabel II (reinó de 1833–1868). Pero los absolutistas, llamados también *carlistas* y

Isabel II reinó de 1833 a 1868. Una cadena de errores catastróficos, guerras civiles, pronunciamientos militares, inestabilidad gubernamental, favoritismo arbitrario e indiferencia por los problemas de España fueron las lamentables realidades de la España de esta época. (*Painting by Ribera y Fieve. Courtesy of the Hispanic Society of America*)

tradicionalistas, provocaron dos crueles guerras civiles que duraron de 1833 a 1840 y de 1872 a 1876. Los obstinados carlistas perdieron las dos veces. El país se arruinó, y los españoles quedaron políticamente divididos. La guerra civil es el peor mal que puede sufrir una nación.

Isabel II y los "pronunciamientos"

El reinado de esta reina, considerada frívola e ignorante por muchos españoles, fue un caos de inestabilidad política y de decadencia nacional. En cuarenta y cinco años se promulgaron seis constituciones; hubo cuarenta y un gobiernos y quince levantamientos° militares. Estos levantamientos se llamaban "pronunciamientos". La política era personalista, y los generales eran los caudillos. Las armas fueron el árbitro de la situación, algunas veces a favor de los reaccionarios y otras de los llamados "liberales".

uprisings

La Primera República

En España entraban algunas ideas europeas del liberalismo del siglo XIX. Este movimiento era bien recibido por los elementos

liberales del ejército y de la clase media. Como resultado, el general Juan Prim y otros caudillos militares hicieron una revolución
en 1868. La reina fue expulsada de España. En su lugar, el general
Prim llevó a Amadeo de Saboya, hijo segundo del rey de Italia,
como rey constitucional. Amadeo era un hombre bueno y modesto.
Pero después de reinar sólo durante dos años tuvo que abdicar. No
podía dominar las intrigas y la división política de los españoles.

Entonces, las Cortes proclamaron por votación la Primera República española. No duró más que veintidós meses. En tan corto
período hubo cuatro presidentes. Todos fueron liberales, cultos,
bienintencionados y patriotas. Pero ninguno fue capaz,° en tan   *capable*
poco tiempo, de poner fin a la anarquía política que era general en
toda España.

Una vez más, el ejército tuvo poca paciencia y terminó con la
joven República en 1874 mediante° otro pronunciamiento militar.   *through*
Los generales proclamaron rey a Alfonso XII, hijo de Isabel II. La
Primera República fue ahogada° antes de tener tiempo de respirar.   *smothered*

Vocabulario

A. Sustituya lo que está en letra itálica con una expresión de la lista que tenga un
significado semejante.

acabar con	pelear
aniquilaban	sublevaron
continuaron reinando	tropas
de esta manera	trucos
miles	

1. El español pobre de siglo XVII tenía que hacer toda clase de *picardías* para
poder vivir.

2. *Así* fue coronado rey de España Felipe V.

3. Los Borbones *siguieron siendo reyes* hasta 1931.

4. En 1640 los catalanes se *levantaron* contra el absolutismo de la Casa de Austria.

5. Las *fuerzas* combinadas de Francia y de España perdieron la batalla de
Trafalgar.

6. En la Guerra de la Independencia las guerrillas españolas *mataban* a las tropas
de Napoleón.

7. En el Nuevo Mundo, los jesuitas y los franciscanos construyeron *millares* de iglesias y catedrales.

8. En vez de *luchar* por la independencia de América, muchos hispanoamericanos lucharon contra los virreyes que se sometían a Napoleón.

9. Los presidentes de la Primera República española no pudieron *poner fin a* la anarquía política.

B. Complete las siguientes oraciones con la expresión que le parezca más adecuada de las tres que se dan.

1. Los reyes españoles del siglo XVII vivían una vida _____.
   [ociosa / empobrecida / diplomática]

2. Durante el siglo XVII, un cambio _____ en el aspecto exterior y material del imperio español.   [fracasó / tuvo lugar / reinó]

3. España ha luchado mucho por recuperar el _____ de tierra que se llama el Peñón de Gibraltar.   [bienestar / pedazo / orden]

4. La agricultura, la industria y el comercio _____ durante el siglo XVII.   [decayeron / vencieron / mejoraron]

5. Carlos IV y Fernando VII vivían _____ en Francia mientras eran prisioneros.   [lujosamente / muertos de hambre / borrachos]

6. El ejército de Napoleón ocupaba y _____ las ciudades españolas.
   [sacaba / saqueaba / hervía]

7. La _____ fue una de las actividades principales de los españoles en América.   [fraternidad / rienda / ganadería]

8. Muchos hispanoamericanos fueron _____ a la causa del pueblo español.   [leales / reales / crueles]

9. La Primera República fue _____ antes que tuviera tiempo de respirar.   [ejecutada / ahogada / fusilada]

Preguntas y opiniones

1. ¿Cambió fundamentalmente el estilo de vida de los españoles durante el Imperio?

2. ¿Cómo era representado el español pobre del siglo XVII en la novela picaresca?

3. ¿Cree Ud. que la decadencia del Imperio Español fue inevitable? ¿Por qué sí o por qué no?

4. ¿Cómo es que el actual rey de España pertenece a la familia de Borbón?

5. ¿Qué era el "despotismo ilustrado"?

6. ¿Cómo afectaron a España la independencia de los Estados Unidos y las ideas liberales de Francia?

7. ¿Quién era Manuel Godoy?

8. Aunque hay muchas diferencias culturales entre los distintos pueblos de España, la gente se unió para luchar en la Guerra de la Independencia. ¿Por qué? ¿Cómo ganó la guerra?

9. Describa el gobierno de la América española bajo los virreyes. Cuando Napoleón invadió España en 1808, ¿aprovecharon los hispanoamericanos la ocasión para separarse de España?

10. ¿Quiénes fueron los dos grandes libertadores sudamericanos? ¿Cuándo ganó su independencia la América del Sur?

11. ¿Quiénes fueron los dos sacerdotes que empezaron la revolución mexicana?

12. ¿Qué es un "pronunciamiento"? ¿Cuánto tiempo duró la Primera República española?

Actividades

1. Debate: ¿Debía Gran Bretaña haber devuelto el Peñón de Gibraltar a España? ¿Por qué sí o por qué no? ¿Cómo hubiera cambiado esto las líneas de comunicación entre Gran Bretaña y la India o Australia?

2. Haga un informe oral o escrito sobre una de las figuras históricas mencionadas en este capítulo. ¿Qué papel tuvo en la historia de España o del mundo?

5

Desde Alfonso XII hasta la Guerra Civil

Cronología

| 1936 | Triunfo del Frente Popular en las elecciones y comienzo de la Guerra Civil |
| 1939 | Triunfo de los franquistas |

Los grandes inventos y descubrimientos científicos de los siglos XVIII y XIX tuvieron relativamente poca influencia en España hasta el siglo XX. Como hemos visto, el estilo de vida español respondía mejor a otra clase de valores tradicionales.

Después del brevísimo experimento republicano de 1873, la monarquía tradicional fue restaurada. Los reyes de la Casa de Borbón que reinaron en España durante esta época fueron Alfonso XII (1874–1885) y su hijo Alfonso XIII (1886–1931). El reinado de Alfonso XII es conocido en la historia como la Restauración.

Alfonso XII

El primer acto de la Restauración fue proclamar la constitución de 1876. Esta constitución era conservadora y moderada. Establecía la monarquía constitucional hereditaria y el régimen parlamentario con un Senado y un Congreso de Diputados. Reconocía la libertad de expresión y de asociación. El catolicismo era la religión oficial, pero se toleraban otras creencias. También se reconocía el matrimonio civil.

Se formaron dos partidos políticos: el Conservador, presidido° por Antonio Cánovas del Castillo, y el Liberal, dirigido° por Práxedes Mateo Sagasta. Había un acuerdo tácito° entre los dos partidos para alternarse en el gobierno y establecer una balanza de estabilidad y continuidad; esto se llamaba el "turno pacífico". No había gran diferencia entre un partido y otro. Lo importante era que ambos grupos tenían que mantener el régimen monárquico. *presided over / led / silent*

En casi todas las provincias había políticos locales, llamados *caciques,* cuya misión era comprar votos, falsificar los resultados de la votación y amenazar° con represalias° a los votantes. Estos delitos° políticos no eran castigados. Los caciques eran individuos sin escrúpulos que contaban con la protección de los políticos poderosos de Madrid. Mal podía funcionar una democracia en tales condiciones. *threaten / reprisals / crimes*

Alfonso XIII

Alfonso XIII nació pocos meses después de morir su padre, Alfonso XII. Su madre, María Cristina, fue reina regente° hasta 1902, cuando Alfonso XIII empezó a gobernar. Desde un principio mos- *reina… regent, ruler*

Alfonso XIII siguió una política conservadora, cuyo objetivo principal era mantener los privilegios de la monarquía. Murió en el destierro en 1941. (*Painting by Joaquín Sorolla y Bastida. Courtesy of the Hispanic Society of America*)

tró sus deseos de cambiar arbitrariamente los ministros, con poco respeto por las Cortes. De 1902 a 1923 hubo treinta y tres gobiernos diferentes.

El mayor problema de Alfonso XIII fue el Marruecos español. En 1906 se celebró una conferencia internacional en la ciudad de Algeciras. Allí decidieron que España y Francia compartirían° *would share* Marruecos. Pero el sector asignado a España era veinticinco veces más pequeño que el francés. Era un trozo de tierra árida y montañosa. Además, los marroquíes, bajo la dirección política y militar del viejo luchador Abd-el-Krim, querían su independencia. España tenía que mantener permanentemente en Marruecos un ejército sumamante° costoso, tanto en pesetas como en vidas *extremely* humanas. Muchos españoles protestaron violentamente contra la guerra marroquí. En 1909, se declaró una huelga general en Barcelona que hoy se conoce como la Semana Trágica. Fue un conflicto sangriento en el cual murieron un centenar° de perso- *un... about one hundred* nas. El pueblo español pagó un precio demasiado alto por su «imperio africano», sin ningún resultado práctico.

El reinado de Alfonso XIII no fue sólo una serie de fracasos. En 1914, occurió algo que salvaría al monarca de sus errores: la Primera Guerra Mundial. España se mantuvo neutral durante toda la guerra. Esta neutralidad fue muy benéfica° para la economía *beneficial* española. Se desarrollaron la agricultura y la industria. Aumentaron las exportaciones de productos. Los ricos ganaron más dinero y los pobres mejoraron sus jornales.° Al final de la guerra, España *wages* era la cuarta nación del mundo en reservas de oro.

Los conflictos sociales

Desde la restauración de la monarquía, en 1874, hasta la Primera Guerra Mundial, España disfrutó un período de relativa paz social. Pero los conflictos sociales se hicieron cada vez más violentos. España se dividió, una mez más, en dos grupos irreconciliables: burgueses y trabajadores. El conflicto se convirtió en una lucha de clases.

Los trabajadores estaban organizados en dos grandes sindicatos° nacionales: la Unión General de Trabajadores (UGT), afiliada al Partido Socialista, que fundó Pablo Iglesias,[1] y la Confederación Nacional del Trabajo (CNT), un grupo anarco-sindicalista.[2] La lucha social adquirió especial violencia en la ciudad industrial de Barcelona. Allí, el 80 por ciento de los obreros pertenecían a la CNT. Las huelgas se multiplicaban. Patronos y obreros eran intransigentes en sus exigencias° y se odiaban a muerte.

Los obreros vivían mal, y los patronos egoístas no hacían concesiones. Los obreros pedían la revolución total y la eliminación de la clase burguesa. Los atentados° eran frecuentes en las calles de Barcelona. Morían a tiros° obreros y patronos. El gobierno de Madrid no podía solucionar este problema que afectaba profundamente a todos los españoles.

labor unions

demands

crimes
a... by shooting

La dictadura del general Primo de Rivera

Además de la lucha de clases, la situación política empeoró. Junto con el problema marroquí, también había conflictos regionales. Muchos catalanes querían autonomía; otros, independencia total. Para poner remedio a estos males, el general Miguel Primo de Rivera se acordó de los clásicos pronunciamientos del siglo pasado y, con el consentimiento del rey, estableció una dictadura militar que duró de 1923 a 1930.

Al principio, la mayoría de los españoles recibieron con aplausos la dictadura. Todos estaban cansados de la incompetencia y corrupción de los gobiernos parlamentarios. Hasta el Partido Socialista colaboró con la dictadura.

Primo de Rivera fue un dictador benévolo. Pacificó Marruecos, construyó buenas carreteras—todos los dictadores construyen siempre carreteras—, y su gobierno coincidió con un período de relativa prosperidad mundial. Por otra parte, abolió la libertad de

[1] *Pablo Iglesias (1850–1925) es el padre del socialismo marxista español, el partido que ganó las elecciones de 1982.*

[2] *España es uno de los pocos países del mundo donde ha habido un poderoso movimiento anarquista nacional, público o clandestino.*

prensa, el derecho de asociación sindical° y otras garantías consti-   *de... to have labor unions*
tucionales. El Senado y el Congreso también fueron abolidos. Los
graves problemas de separatismo regional y la lucha de clases
quedaron sin solución.

    Hacia los últimos años de la dictadura, todos los españoles,
hasta el ejército, estaban en contra del dictador. Primo de Rivera,
abandonado por todos, dimitió° en 1930. Se retiró a París, donde   *resigned*
murió a los pocos meses.°   *a... a few months later*

    Después de la dimisión de Primo de Rivera, se celebraron elec-
ciones municipales en toda España. El dilema era: monarquía o
república. El pueblo votó contra la monarquía. Alfonso XIII también se quedó solo y tuvo que irse del país. El 14 de abril de 1931
se proclamó la Segunda República española. Fue una revolución
sin derramamiento de sangre.° El pueblo español lloraba de ale-   *derramamiento... blood-*
gría: ya era políticamente libre. España se transformaría en una   *shed*
nación democrática moderna; se haría justicia. Era el sueño de la
esperanza.

La Segunda República

Las Cortes Constituyentes

La Segunda República española sólo tuvo cinco años de vida violenta y difícil, desde 1931 hasta 1936. Había que hacer en España
una transformación completa de la organización social y política
de la nación. Para empezar, se necesitaba una constitución. Con tal
fin se eligieron las Cortes Constituyentes de 1931. Los diputados°   *representatives*
republicanos y los socialistas estaban en mayoría. Niceto Alcalá-
Zamora, un católico rico y moderado, fue el primer presidente
republicano. Manuel Azaña, un demócrata anticlerical, presidió el
primer gobierno, compuesto de republicanos y socialistas con espíritu de renovación.

    El 9 de diciembre de 1931 se promulgó la constitución repu-
blicana. Fue una de las más progresistas y liberales de Europa,
aunque algo sectaria y utópica. El primer artículo de la constitución decía con ciego° optimismo que "España era una república de   *blind*
trabajadores". Era una constitución democrática avanzada, autonomista para las regiones, pacifista y con un amplio programa
social. Por primera vez en España se establecía la separación de la
Iglesia y el Estado. Se aprobaron leyes° consideradas revolucio-   *Se... Laws were passed*
narias para España: el divorcio, los contratos de trabajo, la reduc-
ción del personal del ejército, el derecho de la mujer al voto.
También se declararon reformas agrarias como los impuestos

En julio de 1931, el pueblo español celebró el comienzo de la Segunda República. (*Wide World Photos*)

sobre la renta y el cultivo obligatorio de la tierra, porque había grandes extensiones de terreno que no se cultivaban. Pero la cosa más importante que hizo la República fue crear unas veinte mil escuelas públicas. Esto era lo que más necesitaba España.

Luchas sociales

Los grupos de la derecha—el ejército, el clero y los ricos, en general—no querían un régimen renovador.° El general José Sanjurjo[3] hizo un pronunciamiento militar el 10 de agosto de 1932 para derrocar a la República. Esta vez fracasó. El alto clero nunca se había conformado con la separación de la Iglesia y el Estado, y prefería un cambio de régimen. Algunos ricos capitalistas inmovilizaban° sus fortunas en los bancos o las exportaban al extranjero para arruinar la economía republicana. Por otra parte, los socialistas revolucionarios consideraban que la República era demasiado burguesa y conservadora. No se conformaban con un programa de evolución sino que querían la revolución total, con eliminación de la burguesía. El resultado de esta mutua intolerancia fue una constante tensión política y social: huelgas, quema de iglesias y con-

progressive

immobilized, froze

[3]*Era el general que debía dirigir la rebelión del ejército en 1936. Murió en un accidente de aviación; el ejército nombró entonces a Francisco Franco jefe del movimiento.*

ventos, manifestaciones° en las calles. No había más que "barro,°   *demonstrations | mud*
sangre y lágrimas".

Como protesta contra esta situación violenta, las elecciones de
1933 dieron el triunfo a los republicanos moderados, llamados
Radicales, y al partido católico Acción Popular, cuyo jefe era Gil
Robles. Se formó entonces un gobierno derechista compartido por
Radicales y católicos que duró unos dos años y se caracterizó por
una violenta represión contra los izquierdistas.

La revolución de Asturias

En 1934, las organizaciones obreras socialistas y los separatistas
catalanes se unieron para hacer una revolución contra el gobierno
de *Radicales* y católicos. Este movimiento es conocido como "la
revolución de Asturias" porque los principales protagonistas fueron los mineros de carbón de Asturias, en el norte de España. Los
mineros asturianos lograron ocupar casi toda su región y establecieron allí un régimen socialista revolucionario. Esta revolución
duró sólo dos semanas. Hubo feroces luchas entre los mineros y la
Legión Extranjera. También lucharon las tropas moras que el gobierno envió desde Marruecos para aniquilar a los revolucionarios.
Miles de prisioneros fueron fusilados y algunos torturados. Las
cárceles de España se llenaron de "rojos"° de Asturias. Se calcula   *"reds," leftists (pejorative)*
que en toda España había cuarenta mil presos° políticos. Casi   *prisoners*
todos eran obreros revolucionarios.

El Frente Popular y la Guerra Civil

El gobierno se desprestigió° con la represión de la revolución de   *lost prestige*
Asturias. Esto dio lugar a la dimisión del gobierno y a las famosas
elecciones que se celebraron el 16 de febrero de 1936.

La tensión política había llegado a su punto culminante a principios de 1936. El destino de España se iba a decidir en esas elecciones. Casi todas las fuerzas políticas de la nación se agruparon en
dos bandos irreconciliables. Las izquierdas formaron un Frente
Popular que comprendía a socialistas, republicanos y unos pocos
comunistas que se distinguían por su disciplina, buena organización y tenacidad política. Las derechas se unieron también bajo la
dirección de Gil Robles, con el grito de "¡Todo el poder para el
Jefe!" En el bando derechista estaba la *Falange,* un partido fun-
dado en 1933 por José Antonio Primo de Rivera, que se inspiraba
en Mussolini. Era hijo del dictador Miguel Primo de Rivera.

Triunfó el Frente Popular con 4.700.000 votos, pero las derechas obtuvieron cerca de cuatro millones. Así que el Frente Popular triunfó, pero sólo por un margen escaso. Por esta razón los republicanos no pudieron formar un gobierno fuerte.

Después de la elección del Frente Popular, la atmósfera política estaba cargada de pasiones. Todos los españoles temían una revolución sangrienta. Unos creían que se sublevaría el ejército, como en tantas otras ocasiones de la historia de España. Otros temían a las masas proletarias, que pedían un gobierno revolucionario obrero y campesino.

Una vez más en la historia de España fue el ejército el que tomó la iniciativa. Con un clásico pronunciamiento español, el 17 de julio de 1936, empezó la Guerra Civil. El pronunciamiento fue dirigido por el general Francisco Franco, a quien llamaron después ''el Caudillo'' y que luego fue el dictador de España durante treinta y seis años. El conflicto se convirtió muy pronto en guerra civil y revolución social al mismo tiempo. Con Franco estaban el ejército, el clero (excepto gran parte de los sacerdotes vascos), y las clases altas. Con la República estaba la clase obrera y campesina pobre, y parte de la clase media, especialmente los intelectuales liberales. Quedó una masa neutral vacilando° entre ambos bandos.

vacillating, wavering

En las primeras semanas de la guerra, Franco logró ocupar Marruecos, Andalucía, Extremadura, Galicia, Aragón y el norte de Castilla. El movimiento no tuvo éxito en el resto de España. En las principales ciudades—Madrid, Barcelona y Valencia—el pueblo desorganizado venció. La lucha no era geográfica, norte contra sur,

Soldados durante la Guerra Civil (*The Bettman Archives, Inc.*)

como en la guerra civil de los Estados Unidos, sino ideológica.
Derechistas luchaban contra izquierdistas en todos los rincones de
España. Madrid era la capital de los republicanos; Burgos y Sala-
manca, de los franquistas,° o "nacionales".   *followers of Franco*

   El gobierno era demasiado débil para mantener el orden social
en esos tiempos de guerra. El pueblo hacía una revolución "roja",
matando a derechistas de una manera salvaje y desorganizada; en
el territorio "nacional" también asesinaban a "rojos" y a republicanos de una manera algo más organizada, pero no menos cruel.

Intervención extranjera

La Guerra Civil se convirtió en un ensayo° de la Segunda Guerra   *rehearsal*
Mundial cuando Hitler y Mussolini empezaron a intervenir con
armas y "voluntarios"[4] a favor de los "nacionales" en agosto de
1936. Algunas semanas después, Rusia y México empezaron a enviar armas a los republicanos. En el curso de la guerra llegaron a
España unos cuarenta mil voluntarios antifascistas, especialmente
comunistas, que formaron las *Brigadas Internacionales.* Venían de
todos los países del mundo, incluyendo unos tres mil voluntarios
norteamericanos de la *Brigada Lincoln.*

[4]*Se calcula que Mussolini envió a España unos cien mil soldados italianos que
fueron más o menos voluntariamente.*

Valencia siguió fiel a la
República hasta el final
de la Guerra Civil. Aquí
se ve una manifesta-
ción a favor del gobier-
no democrático el 19
de febrero de 1937 en
Valencia. En el fondo
se ve un enorme cartel,
hecho por los anarquis-
tas, que pide ayuda
médica para los heri-
dos. (*Wide World
Photos*)

Después de la Guerra Civil se construyó un monumento en honor de los que habían perdido la vida durante los años de lucha. El Valle de los Caídos está en la Sierra de Guadarrama, cerca de El Escorial. Fue construido por prisioneros de guerra y presos políticos republicanos. La enorme cruz de granito tiene 492 pies de altura. Se ha excavado en la roca una basílica subterránea de 850 pies de longitud. La construcción de la obra duró veinte años. (*Marc Riboud / Magnum*)

Las potencias°democráticas, como Inglaterra, Francia y los Estados Unidos, adoptaron la política pasiva de la no intervención. Pero los países totalitarios siguieron interviniendo. Alemania envió más y mejores armas y mayor número de técnicos que los demás países intervencionistas. De esta manera, la política de la no intervención fue una hipócrita farsa. Algunos republicanos no eran disciplinados y tenían más interés en hacer la revolución que en ganar la guerra. Cuando al fin se rectificaron, era ya demasiado tarde. Por eso triunfaron los "nacionales".

powers

Las consecuencias de la guerra

La guerra duró casi tres años, hasta el primero de abril de 1939. Nunca se sabrá exactamente cuántos españoles murieron, porque las estadísticas° son sólo aproximadas. Se calcula que en los frentes de batalla hubo cerca de un millón de muertos. Unos doscientos mil españoles fueron asesinados por motivos políticos o sociales, a veces insignificantes. Cerca de medio millón de españoles tuvieron que emigrar de España hacia el final de la guerra. La mayoría fue a Francia, pero muchos fueron a la América española. Medio millón de casas y unas dos mil iglesias fueron destruidas. Trece obispos y

statistics

siete mil eclesiásticos fueron asesinados por los llamados "rojos". Dieciséis sacerdotes vascos fueron ejecutados por los llamados "nacionales".

Después de la épica lucha, los vencedores fusilaron a unos doscientos mil españoles. La destrucción física de España fue enorme. Todos sus recursos económicos y financieros quedaron agotados.° *exhausted* Nadie ayudó a España en este caos. Y, lo que es peor, como siempre suele ocurrir en las guerras civiles, los españoles quedaron divididos en dos bandos: vencedores y vencidos. Así fue la tragedia española más espantosa de todos los tiempos.

Pablo Picasso inmortalizó en 1937 la tragedia de la Guerra Civil en su cuadro *Guernica,* el nombre de una ciudad vasca que fue destruida por fuerzas nazis al servicio de Franco. En 1977, cuarenta años después de la pintura del cuadro y dos años después de la muerte de Franco, se hizo una representación de la obra y se conmemoró el brutal acontecimiento por primera vez en España. (*Leonard Freed / Magnum*)

Vocabulario

A. Sustituya lo que está en letra itálica con una expresión de la lista que tenga un significado semejante.

propietarios	ambos
crímenes	entendimiento
avances	amplio
resolver	aproximadamente cien

1. Los inventos y *descubrimientos* científicos de los siglos XVIII y XIX no afectaron a España hasta el siglo XX.

2. Entre el partido conservador y el partido liberal había un *acuerdo* tácito.

3. *Los dos* grupos cooperaban para mantener el régimen monárquico.

4. Frecuentemente los *delitos* políticos de los caciques no eran castigados.

5. Durante la Semana Trágica de 1909 murieron *un centenar de* personas.

6. *Los patronos* y los trabajadores no se ponían de acuerdo.

7. Para *poner remedio a* los problemas de España, Miguel Primo de Rivera estableció una dictadura militar en 1923.

8. La constitución de 1931 incluía un *comprensivo* program social.

B. Complete las siguientes oraciones con la expresión de la lista que la parezca más adecuada.

feroces	quema
débil	potencias
salvaje	ensayo
cargada	agotado

1. La tensión política dio como resultado la _____ de iglesias y conventos.

2. En la revolución de Asturias hubo _____ luchas entre los mineros y la Legión Extranjera.

3. Antes de la Guerra Civil, la atmósfera política estaba _____ de tensiones y pasiones.

4. El pueblo mataba a los derechistas de una manera _____.

5. El gobierno era demasiado _____ para mantener el orden público.

6. La Guerra Civil fue un _____ de la Segunda Guerra Mundial.

7. Las _____ democráticas decidieron no intervenir.

8. Después de la Guerra Civil, no quedó un solo recurso de España que no estuviera _____.

Preguntas y opiniones

1. ¿Cómo es conocido el reinado de Alfonso XII? Describa la constitución de este período.

2. ¿Qué hacían los *caciques*?

3. ¿Cuál era el mayor problema de Alfonso XIII? ¿Por qué? ¿Ve Ud. alguna semejanza entre la guerra en Marruecos y la intervención norteamericana en
Vietnam?

4. ¿Qué pasó durante la Semana Trágica de 1909?

5. ¿Quién fue Primo de Rivera? ¿Por qué fue apoyado por la mayoría de los
españoles, hasta por los socialistas, al principio?

6. ¿Qué pasó en 1931? ¿Por qué duró tan poco tiempo la Segunda República?

7. ¿Quiénes eran los principales protagonistas de la revolución de Asturias? ¿Tuvo
éxito la revolución?

8. ¿Quién ganó las elecciones de 1936? ¿Fue una victoria decisiva?

9. ¿Cuándo y cómo empezó la Guerra Civil? Describa los dos campos, los "nacionales" y los republicanos.

10. ¿Por qué cree Ud. que Hitler y Mussolini ayudaron a los "nacionales" en la
Guerra Civil? ¿Quiénes ayudaron a los republicanos?

11. ¿Cuáles fueron las consecuencias de la Guerra Civil? ¿Cómo quedaron los españoles después de esta tragedia?

12. Imagínese que Ud. es un extranjero que vive en España en el verano de 1936.
¿Qué grupos y qué política apoyaría Ud. en la guerra civil? ¿Por qué?

Actividades

1. Haga una pequeña cronología de la historia de España desde sus principios hasta
la Guerra Civil. ¿Cuáles son los cinco acontecimientos más importantes? ¿Por
qué?

2. La clase se divide en dos grupos para debatir el tema siguiente: Sin la dictadura y
la monarquía, ¿se habría convertido españa en un grupo de naciones más pequeñas? ¿O habría sido posible la democracia?

3. Se ha usado a menudo en estos últimos capítulos la palabra *pronunciamiento*.
Haga un análisis de las causas y las consecuencias del pronunciamiento, esco-
giendo los ejemplos más sobresalientes de la España de los últimos dos siglos.
Compare el pronunciamiento con otros conceptos parecidos como golpe de estado
y revolución.

II

LA ESPAÑA
ACTUAL

6

De la Guerra Civil hasta hoy

Cronología

1939–1945   Segunda Guerra Mundial
1939–1950   Represalias contra los "vencidos", años de hambre
1955   Comienzo del "milagro económico"
1959   Fundación de la ETA
1970   Tribunal de Burgos
1973   Asesinato de Luis Carrero Blanco
1975   Muerte de Franco
1977   Elecciones
1978   La nueva constitución
1981   El fracaso del "golpazo"

La España de hoy es una España muy diferente de la de Franco. Hay otro espíritu, otra manera de ser. Es una España que el propio Franco° no habría reconocido si la hubiera visto. Hoy en día España tiene un carácter verdaderamente europeo; está más europeizada de lo que jamás ha estado en toda su larga historia. Otra

el... *Franco himself*

vez se puede decir que "ya no hay Pirineos", y se lo puede declarar sin ningún temor.° *fear*

España vive y respira en plena° democracia. Se permiten todos los partidos políticos (incluso el comunista), se imprimen° y se venden libros y revistas de todo tipo, y en el teatro y en el cine hay libre expresión de pensamiento. También se permiten huelgas, manifestaciones y otros tipos de crítica al gobierno actual. Todo esto no quiere decir que la España de hoy no tenga problemas sociales y políticos. Al contrario, la democracia española ha originado toda una serie de conflictos, tantos que algunos dicen que la democracia no sobrevivirá.

full
se... they print

Pero ¿cómo pasó todo esto? Una guerra civil sangrienta y, después, un período de opresión y de hambre bajo Francisco Franco abrieron camino a nuevos horizontes políticos y sociales. La época del régimen franquista, de la que ciertos rasgos° aún existen, duró treinta y seis años. Pero estos años no fueron todos iguales. El desarrollo político de la España franquista nos ha llevado a la situación actual y nos ayuda a entenderla mejor.

traits, characteristics

La época posterior° a la Guerra Civil

following, after

La represión después de la guerra

Después de casi tres años de lucha, de revolución, de hambre, de matanzas° y de agotamiento,° el pueblo español estaba cansado. Sólo quería la paz y un gobierno capaz de unir a los españoles después del desastre. Pero en vez de un sistema de reconciliación nacional, se estableció un régimen totalitario bajo Franco, el "Caudillo de España por la gracia de Dios", como se autotituló.° En vez de unir a los españoles, llevó a cabo una vengativa° represión contra los vencidos. En los primeros diez años posteriores a la guerra, el pueblo español fue abandonado por todo el mundo y quedó aislado.° Sufrió hambre y frustración en una magnitud que no tenía precedentes en su larga historia.

slaughtering / exhaustion

se... he called himself
vengeful

isolated

Durante la Segunda Guerra Mundial, Franco adoptó una política muy diplomática y bien calculada. Ayudó a Hitler para corresponder a la ayuda que antes había recibido de la Alemania nazi. Pero, al mismo tiempo, no declaró la guerra a las potencias aliadas.°

potencias... Allied Forces

El pueblo antifascista español estaba convencido de que la caída de Hitler significaría el triunfo de los ideales democráticos de España. Sin embargo, Hitler cayó pero el régimen totalitario continuó en España.

El milagro económico

Después de la guerra, el gobierno dictatorial formuló una política y un programa económico de autosuficiencia.° Franco no quería ninguna intervención extranjera, ya fuera en el aspecto económico como en el ideológico. Con esta política, el régimen rechazó el liberalismo y la democracia europeos. En el campo de la economía, intentó producir todo lo que España necesitaba y de esta manera limitar las importaciones. Al empezar los años cincuenta,° se vio que esto no podía continuar y que España tendría ciertas ventajas° si fomentaba las relaciones económicas con otros países. Esta nueva actitud por parte del gobierno abrió el camino a la industrialización y a las inversiones° de capital extranjero. Todo esto se realizó bajo la dirección de nuevos ministros, los tecnócratas del *Opus Dei*, una organización religiosa que tomó a su cargo° la tecnología y economía del país.

Se inició además una campaña para atraer a los turistas europeos a España. "España es diferente", clamaban° los funcionarios franquistas, y así era. España era el país barato donde una persona de clase media de Francia, Inglaterra, Alemania y otros países europeos podía pasar sus vacaciones a pleno sol. También podía disfrutar de las particularidades° de una cultura muy diferente a la suya. Estos turistas llevaron a España un milagro económico. A partir de 1955, el nivel de vida español subió enormemente. Esta

self-sufficiency

los… the fifties

advantages

investments

tomó… took charge of

cried

unique features

La industria turística domina la economía de muchas ciudades y pueblos españoles, como se puede ver en esta vista de Málaga. España logró el milagro económico casi enteramente con capital extranjero. (*Walter D. Hartsough*)

nueva situación se combinó con el hecho de que muchos españoles emigrados mandaban cierto porcentaje de su sueldo a sus familias que se habían quedado en España. O sea que España logró este milagro económico casi enteramente con capital extranjero.

La censura y el exilio

Desde el fin de la Guerra Civil hasta la muerte de Franco, e indirectamente en la época posterior a Franco, la censura ha ejercido una fuerte influencia en la vida cultural de los españoles. En los años cuarenta se prohibió todo lo que no estaba de acuerdo con el régimen (novelas, obras de teatro y de arte, artículos periodísticos, anuncios,° etc.). Además, cualquier crítica a la Iglesia y toda obra escrita o visual que se apartara° de las normas morales del gobierno era censurada. Se podría decir que en la España de los años cuarenta la sexualidad, según los funcionarios, no existía. En fin, fue una censura totalizadora que cegó° al pueblo español y lo aisló de muchos logros culturales de otros países. Esta situación fue la razón del destierro° de tantos intelectuales españoles, sin contar a los que se vieron obligados a huir° de su patria después de la guerra por razones políticas. Más de la mitad de las figuras culturales del siglo XX pasaron una parte de su vida en el exilio. Fue tan grave el caso que no se puede comprender bien la historia cultural española de este siglo sin tomar en cuenta esa ruptura.

La censura continuó de esta manera hasta los años cincuenta. A partir de entonces cambió de carácter. Siguió funcionando como órgano represivo, pero bajo los auspicios del Ministerio de Información y Turismo. El hecho de que estas dos instituciones, aparentemente tan diferentes, se combinaran reflejaba las intenciones del régimen. España aspiraba a tener relaciones con países democráticos pero, según el gobierno, había que proteger a los españoles de algunas corrientes intelectuales extremas y de la "inmoralidad" de otros países. El efecto cultural fue catastrófico. Las tendencias intelectuales más importantes de Europa (el existencialismo, el marxismo) no eran accesibles al pueblo español. Entre los muchos escritores prohibidos en España durante los años cincuenta estaban Carlos Marx y Jean-Paul Sartre.

En 1966, Manuel Fraga Iribarne, un franquista "liberal", asumió el cargo de Ministro de Información y Turismo. La censura se convirtió, entonces, en la autocensura. O sea, el régimen pidió a los novelistas, poetas, periodistas, directores de cine, artistas, etc. que tuvieran discreción, que, si querían publicar o estrenar,° tenían que hacerlo con buen criterio moral y político. Entonces, los pro-

advertisements

se... deviated

blinded

exile
flee

show for the first time

pios editores y escritores debían cumplir las labores del censor.
Pero el Ministerio de Información siempre tenía el derecho de
suprimir° cualquier cosa, muchas veces por razones arbitrarias.

    Durante los últimos años del régimen de Franco, las críticas a
la censura y el anhelo de libertad—especialmente entre ciertos
periodistas, escritores y estudiantes—alcanzaron niveles extremos. Muchas revistas políticas como *Triunfo* y *Cuadernos para el
diálogo* publicaron abiertamente artículos que criticaban al gobierno. Pero la censura vigilaba.° En 1974, se suprimió un artículo sobre la caída de la dictadura portuguesa porque la verdad
sobre el fenómeno portugués era demasiado amenazadora° para
el régimen de Franco.

eliminate

was keeping watch

threatening

La ETA

En la actualidad, España sufre un problema tan grave que, si no se
resuelve, terminará por destruir la democracia. Es el problema de
las "nacionalidades", la denominación de lo que anteriormente se
llamaban las regiones. El regionalismo, un fenómeno básico en la
cultura española, ha llegado hoy día a un nivel violento intransigente, especialmente en el País Vasco (o *Euskadi*). Durante la época
franquista, el pueblo vasco fue uno de los grupos que más severa y
abiertamente criticó y luchó contra el régimen. Siempre por

Manifestación en favor
de la libertad de los
presos políticos vascos
en Pamplona.
(© *Joseph Koudelka /
Magnum*)

motivos de justicia social, además del anhelo de libertad, algunos vascos organizaron en 1959 *Euskadi ta Azkatasuna* (ETA), que en castellano significa "tierra y libertad vascas". Al principio fue una organización democrática y nacionalista. Pero al cabo° de diez años, con la influencia de los movimientos revolucionarios nacionalistas y estudiantiles (Vietnam, Irlanda del Norte), se convirtió en una organización radical, dispuesta a luchar ferozmente contra los defensores del sistema franquista. Los métodos fueron siempre clandestinos y, a base de secuestros, atracos, asaltos° a instalaciones de la Guardia Civil y asesinatos, emprendieron° una lucha "anticolonialista". La sofisticación militar, las armas y la tecnología guerrera de la ETA fueron sorprendentes. El gobierno perdió mucho prestigio al no poder poner fin a estos actos de terrorismo. Los franquistas respondieron con actos violentos e ideología tradicionalista: "España una y grande". Al empezar la década de los setenta, había más guardias civiles en el País Vasco que en todo el resto de España, enviados por el gobierno central, que tiene sede° en Madrid. Por eso los vascos revolucionarios hablaban de una "fuerza castellana de ocupación".

al... at the end

secuestros... kidnappings, robbery, and armed assault / they embarked upon

seat, headquarters

El asesinato de Luis Carrero Blanco

En diciembre de 1973 ocurrió el acto más imponente e importante de la lucha entre Euskadi y el resto de España. Un grupo de jóvenes vascos fueron a Madrid con el objeto de asesinar al primer ministro del país, el almirante Luis Carrero Blanco, muy famoso por su ideología ultratradicionalista, católica y antiliberal. Todos los españoles lo llamaban "el Ogro". Los vascos de la ETA pasaron en Madrid varios meses planeando el atentado. Construyeron un túnel debajo de una calle por la cual el almirante pasaba todos los días después de ir a misa. Pusieron dinamita en el centro del túnel. Cuando pasó el coche de Carrero Blanco, estalló° la dinamita. Fue tan grande la explosión que el coche no se encontró sino unas horas después en la terraza de un edificio próximo. Los vascos se escaparon de Madrid y, desde Francia, anunciaron que ellos habían sido los autores del atentado. Para los oficiales franquistas y especialmente para Franco, amigo íntimo de Carrero Blanco por muchos años, fue un desafío° a la estabilidad del orden dictatorial. Al fin de cuentas,° la ETA había destruido el plan franquista de "continuismo", según el cual Carrero Blanco sería el jefe supremo del país después que el "Generalísimo" muriera. Ese acto de traición tenía que ser vengado.

    Los verdaderos asesinos del almirante Carrero Blanco nunca se encontraron. En realidad, la mayoría de los terroristas de los

exploded

challenge
Al... After all

años setenta cometieron sus crímenes impunemente.° Esto no   *with impunity*
quiere decir que no hubiera represalias. En 1970, en el famoso
tribunal de Burgos, dieciséis jóvenes vascos fueron condenados a
muerte en un proceso militar, por supuestos actos de terrorismo.
Nunca fueron acusados de ningún crimen específico. A causa de
las protestas y expresiones de indignación que varias naciones
extranjeras hicieron llegar, las sentencias fueron rebajadas° a 518   *reduced*
años de cárcel, repartidos° entre todos los acusados. Y en 1975,   *distributed*
cinco militantes revolucionarios fueron ejecutados en nombre de
una nueva ley "antiterrorista".

La nueva democracia española

La muerte de Franco

El pueblo español estaba harto° de gobiernos dictatoriales; estaba   *fed up, disgusted*
hambriento° de democracia. Franco sufrió un ataque de flebitis en   *starving*
el verano de 1974, el mismo año de la caída del régimen de Portugal. Todos los españoles esperaban la muerte del "Caudillo", pero
no falleció° hasta el 20 de noviembre de 1975. Se abrió, entonces, el   *no... he did not die*
camino hacia la nueva democracia española.

   Fue el momento de la verdad. Franco ya había nombrado a su
sucesor, el príncipe Juan Carlos de Borbón, nieto de Alfonso XIII:

Juan Carlos de Borbón
con su esposa Sofía.
(*Leonard Freed /
Magnum*)

otra vez una monarquía borbónica. Pero el pueblo español, la prensa, los obreros, los socialistas, los liberales, los vascos, los catalanes, algunos católicos y hasta el mismo Juan Carlos (todos ellos menos una pequeña minoría de tradicionalistas), dijeron "¡no!" al absolutismo. Antes de aquel momento, el rey se había callado° en cuanto a los asunto políticos; nadie conocía su ideología ni sus actitudes. Pero al morir el jefe, se vio que no sólo tenía opiniones políticas, sino que era liberal. Prometió al pueblo que en España habría una democracia. Nombró a Carlos Arias Navarro primer ministro. Otros franquistas "liberales", como Manuel Fraga Iribarne, también formaron parte del gobierno inicial. Pero muchos españoles no aceptaron este tipo de transición : querían la total democratización del país. Hubo huelgas y batallas con la policía. En el País Vasco y en Cataluña las peticiones de autonomía se intensificaron. Arias Navarro dimitió porque no quería continuar en el gobierno con la participación de todos los partidos politícos. Especialmente rechazaba al Partido Comunista. Pero el sentimiento común era que la democracia requería la participación de todas las ideologías políticas. El rey nombró a Adolfo Suárez como sucesor de Arias Navarro, y a partir de entonces la situación cambió drásticamente. Suárez se dedicó a organizar las primeras elecciones nacionales que tendría España desde 1936. Se liberaron muchos presos° políticos, se legalizó la bandera vasca y, en septiembre de 1976, el pueblo catalán celebró su fiesta nacional, cosa que se había prohibido durante la época de Franco. Al año siguiente, se legalizó el Partido Comunista.

    Pero siempre existía el peligro de que los militares, disgustados con los cambios liberales, se sublevaran contra el gobierno de Suárez, imponiendo° otro régimen dictatorial. El rey hizo lo que pudo para evitar esto. Después de todo, él era, para las fuerzas conservadoras y reaccionarias, el verdadero heredero de la jefatura° del gobierno español. Juan Carlos los apaciguó° de una manera políticamente astuta y diplomática. Los generales no se levantaron en contra de la democracia. Lo curioso es que la transición pacífica de una dictadura a una democracia se logró sobre la base de ciertas instituciones que habían existido durante la dictadura. Suárez había formado parte del gobierno de Franco.

Las elecciones de 1977

El 15 de junio de 1977 pasó en España algo verdaderamente extraordinario: las primeras elecciones desde el comienzo de la Guerra Civil, en 1936. Además, fueron las elecciones que solidificaron la democracia más perdurable° de toda la historia española. Fue un

se… had remained silent

prisoners

imposing

leadership
calmed down

lasting

Durante las elecciones de 1977, el 80 por ciento de los españoles votaron. Esperaban optimistamente los beneficios de la nueva sociedad. (*UPI Photo*)

momento grandioso y optimista, una afirmación de libertad y una denuncia contra la opresión. Votó más del 80 por ciento del electorado.° Todo español tenía su opinión y quería expresarla. Como no se había celebrado elecciones nacionales desde los años treinta, el gobierno ignoraba° la nueva tecnología que facilitaba el proceso de votar y de contar los votos. Los métodos anticuados° hicieron esperar a muchos españoles en colas° infinitamente largas. Se dice que los españoles no saben hacer cola, o no les da la gana° hacerla. Pero ya habían esperado demasiado tiempo; por eso podían esperar un poco más. El carácter nacional español, el eterno individualismo, no se manifestó en este momento histórico. El pueblo español no sólo votó a favor de la democracia, sino que lo hizo de una manera democrática y cooperativa.

Hubo muchos partidos que presentaron candidatos presidenciales. Fue un espectro° amplio y representativo de las diversas ideologías políticas y sociales. Los partidos principales fueron cuatro: la Unión de Centro Democrático (UCD), el Partido Socialista Obrero Español (PSOE), la Alianza Popular (AP), y el Partido Comunista Español (PCE). Ganó la UCD, un conglomerado de partidos centristas cuyo candidato era Adolfo Suárez. La UCD obtuvo el 34 por ciento de los votos. El PSOE, órgano político de la vieja Unión General de Trabajadores que tanta importancia tuvo du-

electorate

was unfamiliar with
antiquated
lines
no… they don't want

spectrum

rante la Guerra Civil, ganó el 28 por ciento. El líder del PSOE es
Felipe González. La gran sorpresa de las elecciones se halló en el
sector derechista. La AP, un partido neofranquista, compuesto de
antiguos oficiales de la dictadura—como Manuel Fraga Iribarne,
su candidato presidencial—sólo alcanzó el 8 por ciento de los
votos a pesar de que la prensa había pronosticado que obtendría
por lo menos el 20 por ciento. Fue un gran "¡no!" a la política de
Franco, una negación del mito de Franco como redentor° del país.   *savior*
La AP ganó menos votos que el Partido Comunista de España
(PCE), cuyo candidato presidencial y portavoz° era Santiago Carri-   *spokesman*
llo, viejo luchador de la época de la Guerra Civil. El carácter de los
comunistas había cambiado. Se empezó a promulgar abiertamente el "eurocomunismo" prodemocrático y antisoviético. El
resto de los votos se repartieron entre partidos políticos menores,
algunos socialistas y otros ultraderechistas como Fuerza Nueva,
un partido neofascista dirigido por Blas Piñar. La mayoría de los
ultraizquierdistas e independentistas vascos no participaron en las
elecciones.

   Estas elecciones pusieron fin a una época y abrieron nuevos
horizontes al panorama político-social español. El pueblo aceptó a
Juan Carlos, especialmente después de pasar el poder administrativo a las Cortes (el Parlamento). Las elecciones dieron a los ciudadanos españoles una visión optimista del futuro. Pero este
optimismo fue quizás ingenuo,° porque quedaban problemas difi-   *naive*
cilísimos por resolver.

La constitución de 1978

Los problemas de la nueva democracia se vieron claramente cuando las Cortes empezaron a discutir los detalles de la nueva constitución. Los asuntos más debatidos fueron la autonomía de las
regiones o nacionalidades, el divorcio y la participación de la
Iglesia en las organizaciones del Estado, en la educación y en los
asuntos de la familia. Los responsables de la constitución optaron
por el pluralismo, o sea, trataron de incorporar artículos que ex-
presaran las ideologías de todos los partidos. Fue un intento admirable de asimilación y unificación del país, muy diferente de la
intransigencia de otras constituciones españolas. Pero, claro, esta
actitud crea ambigüedad e ineficacia. Se abrió el camino a la
autonomía vasca pero, según el Partido Nacionalista Vasco (PNV),
la constitución no reconocía la soberanía vasca por no comprender
bien el carácter histórico de Euskadi. En cambio, los senadores de
la AP no aceptaron el término de "nacionalidades", porque con
esta palabra se negaba la soberanía y unidad de España. También

se estableció la separación de la Iglesia del Estado al afirmar que España no tendría una religión oficial. Se reconoció el papel fundamental de la Iglesia sin precisar los detalles de la conexión. Para algunos españoles, a esta constitución le faltaba sentido moral, especialmente al abrir camino hacia el divorcio y al abolir la pena de muerte.°

De todos modos, esta constitución resuelve ciertos asuntos básicos, imprescindibles° para el futuro funcionamiento de una democracia. Establece, por ejemplo, que el gobierno español es una monarquía constitucional y puntualiza° los poderes del rey, los del primer ministro y los de las Cortes. El rey es la cabeza de la rama° militar del gobierno, pero fuera de esto, no goza de mucho poder administrativo. Sólo puede nombrar al primer ministro después de que éste haya sido confirmado por las Cortes. Las Cortes se componen de° dos cámaras: un Congreso de Diputados cuyos miembros son elegidos por sufragio universal y un Senado formado por cuatro representantes de cada provincia.

Esta constitución fue aprobada en el verano de 1978 por las Cortes. En diciembre de ese mismo año fue aprobada por los ciudadanos en un referéndum nacional. Pero la situación no quedó libre de las tensiones de siempre. La ETA se había dividido en dos ramas: la "militar", que quería una ruptura completa con el gobierno, y la "político-militar", que deseaba seguir con sus secuestros y acciones subversivas para obtener concesiones del gobierno.

pena... *death penalty*

essential

describes in detail
branch

se... *comprises*

En 1978, después de la aprobación de una nueva constitución, una rama de la ETA declaró la suspensión del fuego (*ceasefire*) contra el gobierno central. Pero el terrorismo continuó. (*Wide World Photos*)

Era una disputa entre los que querían negociar con el gobierno y los que no tenían nada que decir al gobierno. Pero la división de la ETA no terminó con los actos de violencia. En 1978, cincuenta y cinco españoles murieron a manos de la ETA. Y en estos días, las dos ramas de la ETA continúan con sus acciones.

Suárez trató de resolver el problema de las nacionalidades; negoció con los líderes vascos un plan de autonomía que incluyera la libertad del País Vasco para formar su propio parlamento, policía y sistema jurídico.° Este plan se aprobó en otro referéndum, en octubre de 1979. Sin embargo, la ETA lo veía como un intento deshonesto del gobierno para colonizar el País Vasco. En los años siguientes, Suárez y la UCD fueron atacados por todos los demás partidos políticos hasta que, en el invierno de 1981, Suárez dimitió. Su sucesor fue Leopoldo Calvo Sotelo.

legal

El "golpazo"

Además del dilema de las nacionalidades, también existen otros problemas. El desempleo ha alcanzado proporciones casi desastrosas y también la inflación, que siempre perjudica° a la clase obrera. Además, hay mucho descontento entre los españoles conservadores, que piensan que hay en España una crisis moral: según ellos, los kioskos están inundados de pornografía y los jóvenes ya no van a misa como antes. Pero el problema fundamental es, según esta postura conservadora y tradicional, la falta de autoridad política porque no hay ninguna institución que pueda poner orden en este caos.

harms

Desafortunadamente, estas actitudes conservadores prevalecen° entre algunos militares. Se sabe muy bien que la continuidad y estabilidad democráticas quedan en manos de los militares y del rey. Esto se probó en febrero de 1981, casi inmediatamente después de la dimisión de Suárez. Se intentó dar un golpe de estado militar: el llamado "golpazo". Fue una maniobra° bien planeada que tuvo sus consecuencias en varios lugares del país. Un teniente° coronel de la Guardia Civil, Antonio Tejero Molina, entró en el Congreso de Diputados con 150 guardias armados con ametralladores° y fusiles. Tomaron preso al Congreso entero. En Valencia, en conjunción con el acto de Tejero, el capitán general Jaime Milans del Bosch había entrado en la ciudad con tanques dispuesto a tomar el poder del país. Pero estos dos individuos no fueron los únicos que participaron en el golpe. Unos treinta jefes y oficiales tenían conocimiento del plan. Todos ellos se quedaron en sus respectivas guarniciones° militares en espera de una declaración del rey. Pero el rey Juan Carlos permaneció° fiel a la constitución,

prevail

maneuver
lieutenant

machine guns

garrisons
remained

señalando la deshonra política y moral de los militares. En vista de tal posición del trono, los militares se rindieron° y fueron detenidos en nombre del orden legítimo de la democracia.

    se… surrendered

    Este episodio tan dramático y tenso para el pueblo español se puede interpretar desde dos puntos de vista. El golpe o "golpazo", como lo llamaron muchos españoles, es un indicio° de la debilidad e inseguridad del sistema gubernamental de hoy día. En cualquier momento, los generales podrían apoderarse del gobierno; sólo depende de la determinación de algunos militares poderosos. Pero según otros intérpretes de la situación, el gobierno acaba de aprobar el examen más duro de su breve existencia. El pueblo español mostró su apoyo a la democracia a pesar del terrorismo, a pesar de la pornografía, a pesar del desempleo, a pesar de tantos otros problemas. Los militares fracasaron. La ideología expresada por el golpe es ya de otra época, una época terminada y remota en la historia de la Península Ibérica.

    indication

La atmósfera actual

Después de las elecciones de 1982, hubo un período de optimismo entre los españoles que habían apoyado a Felipe González, el nuevo presidente, y al PSOE, el partido socialista. Pero la fe en el futuro de España, tan evidente en los años inmediatamente posteriores a la muerte de Franco, ha disminuido mucho. Hay en la vida española de hoy un cinismo peligroso que, si continúa, quizás termine con la destrucción de la todavía joven democracia. Estos sentimientos de desilusión y cinismo se encuentran más claramente en ciertos jóvenes, los llamados "pasotas". Los pasotas son los "hippies" de la España actual pero sin el idealismo comunitario de aquéllos. La desilusión también se manifiesta entre otros grupos de jóvenes españoles. Dicen que nada ha cambiado, que todo sigue igual que antes, con los mismos problemas sociales y económicos.

Esta actitud surge de la esperanza inocente de que la muerte del dictador y la llegada de la democracia cambiarían todo. Fue una ilusión legítima y sincera, pero no duró. Se esperaba demasiado de esta España nueva. Algunos españoles han llegado a una conclusión que se expresa con la frase: "Con Franco vivíamos mejor." Estas palabras no son necesariamente la expresión de un anhelo de otro golpe militar, sino una declaración de pesimismo frente al futuro. Según esta creencia, la liberación del país ha causado más problemas económicos: huelgas y desempleo. Además, ha aumentado el número de crímenes y hay un culto a la pornografía jamás visto en tierra española. El español desilusionado exclama cuando ve las fotos obscenas en los kioskos, "¡Adónde vamos a parar!"

Pero hay otro español que sigue teniendo fe en el porvenir de su patria. A este español le repugna° pensar en la opresión del régimen de Franco. Ahora hay problemas y conflictos graves, eso sí, pero son las consecuencias de un sistema casi feudal contra el cual había que rebelarse. Este español exclama, "¡Adelante hacia el futuro!"

disgusts

Vocabulario

Sustituya lo que está en letra itálica con una expresión de la lista que tenga un significado semejante.

cárcel	amplia
atracos	hipocresía
ataque	postura
puntualiza	rastros
Euskadi	exilio

1. España vive y respira en *plena* democracia.

2. Pero aún existen ciertos *rasgos* de la época franquista.

3. Después de la Guerra Civil, muchos intelectuales se vieron obligados a huir al *destierro*.

4. En *el País Vasco* se criticó severamente el régimen de Franco.

5. Los *robos*, asaltos y secuestros fueron parte de la lucha "anticolonialista" del pueblo vasco.

6. Los asesinos que llevaron a cabo el *atentado* contra Carrero Blanco nunca fueron encontrados.

7. En el tribunal de Burgos, dieciséis jóvenes vascos fueron condenados a 518 años de *prisión*.

8. La constitución de 1978 *describe en detalle* ciertas normas imprescindibles para el funcionamiento de una democracia española.

9. Hay cierta *actitud* conservadora que cree que en España hay una gran falta de autoridad política.

10. El rey Juan Carlos no apoyó la *falta de honestidad* de los militares.

Preguntas y opiniones

1. ¿Cómo se autotituló Franco? ¿Unió a los españoles de una manera benévola después de la Guerra Civil?

2. ¿Cuál era la política de Franco durante la Segunda Guerra Mundial?

3. Describa el "milagro ecónomico". ¿Por qué no quería Franco ninguna intervención extranjera en aquel entonces?

4. ¿Qué es el *Opus Dei*? ¿Qué tomó a su cargo?

5. ¿De qué manera afectó a España la censura durante los años cuarenta y cincuenta?

6. En los años cincuenta, ¿cómo fue reorganizado el órgano de la censura?

7. ¿Por qué fue fundada la ETA? ¿Cuál fue uno de sus actos más notorios? ¿Qué resultado tuvo para el futuro del país?

8. Mencione algunos de los grupos que se negaron a apoyar la monarquía absoluta después de la muerte de Franco. ¿Qué hizo el rey Juan Carlos al morir el Caudillo?

9. ¿Cuál es la paradoja del nuevo gobierno democrático de España?

10. ¿Cuáles fueron los resultados de las elecciones de 1977?

11. ¿De qué manera estableció la constitución de 1978 la separación entre el Estado y la Iglesia? ¿Cuáles son los poderes del rey puntualizados en la constitución?

12. ¿Qué piensa Ud. del "golpazo" de 1981 y de la reacción de Juan Carlos al golpe? ¿Cree Ud. que la ideología expresada por este golpe es algo anticuado o cree que esa ideología aún existe en España?

13. ¿Por qué han disminuido el optimismo y la fe en el futuro que existían después de la muerte del Caudillo?

14. ¿Quiénes son los "pasotas"?

15. Explique estos dos puntos de vista: "Con Franco vivíamos mejor" y "¡Adelante hacia el futuro!".

Actividades

1. Lea un artículo en español sobre la España actual y presente un informe oral o escrito a la clase.

2. La clase se divide en dos grupos para debatir el tema siguiente: Para un escritor, artista, actor, editor o director de cine, ¿habría sido mejor quedarse en España durante la época de Franco o huir a otro país? ¿Por qué?

❧ 7 ❧

Espectáculos y costumbres españoles

Como vimos en el capítulo anterior, la España de hoy día aspira a ser un país democrático y moderno dispuesto a cortar los vínculos° con la España de ayer, la de Franco. Pero no es sólo un cambio político; la transición de dictadura a democracia ha influido en el vivir mismo de los españoles, en la vida cotidiana, en su comportamiento,° en las costumbres.

Quizás sean las costumbres las que mejor muestran los cambios vitales de un país, porque en ellas vemos lo antiguo junto con lo nuevo. Las antiguas tradiciones y costumbres de España hoy tienen aspectos nuevos debido a los cambios económicos y políticos. El intento actual de separar por completo la Iglesia del Estado, por ejemplo, ha disminuido la participación de los españoles en las actividades y ritos religiosos. La Semana Santa, con sus procesiones elaboradas (a veces macabras), y los penitentes dispuestos a castigarse físicamente, no es tan común como lo era antes de la democracia.

Algo semejante sucede con una de las instituciones más españo-

ties

behavior

El fútbol es el primer deporte de España. En el verano de 1982, se celebró en España la Copa Mundial de Fútbol con gran entusiasmo. (© *1981 Peter Menzel*)

las: la corrida de toros. Recientemente el público taurino° ha sido inundado de turistas. A veces, hay tantos turistas como españoles en las corridas de hoy en día. Pero para comprender los cambios en la corrida, primero hay que tener en cuenta que ha sido, y aún es, un aspecto vital del ser español.

público… *audience at the bullfight*

El jai-alai es un deporte típico del País Vasco que se juega profesionalmente en muchos países del mundo. (*Jerry Cooke / Photo Researchers, Inc.*)

La corrida de toros: fiesta nacional

Con razón se llama a la corrida de toros la *fiesta nacional* de
España. No sería completo un estudio de la psicología española sin
referencia a esta trágica y emocionante fiesta. Es un espectáculo
fascinador, mezcla de luz, color, movimiento, entusiasmo, valor,
emoción, angustia,° terror y muerte. Es decir que la *fiesta nacional*   *anguish*
de España reúne todos los elementos de una verdadera tragedia.

En las grandes dehesas° de Andalucía y Castilla se crían° los   *pastures* / se... *are raised*
toros bravos.° Sus propietarios son ganaderos° que compiten para   *fighting* / *cattle ranchers*
ofrecer al público aficionado los mejores toros.

El toro es el único animal del mundo que se atreve° a atacar a   se... *dares*
una locomotora en marcha.° No teme a nada. Es uno de los anima-   en... *running*
les más hermosos, más valientes y más nobles del mundo. En
algunas exhibiciones, el toro bravo ha atacado y matado a elefantes, tigres, y leones.

Antiguamente transportaban a los toros a pie por las carreteras
de España, guiados por los cabestros,° a los que siempre obede-   *trained steers used in*
cían. Levantaban nubes de polvo y asustaban a la gente de los   *handling fighting bulls*
pueblos por donde pasaban, hasta llegar a las plazas de toros de las
ciudades.

Hoy los transportan por ferrocarril, encerrados en cajones° de   *boxes*

Un pase con la muleta.
(*Walter D. Hartsough*)

madera. Pero en el famoso encierro° de Pamplona, en la región de Navarra, y en los encierros de otras ciudades, los toros van corriendo desde los corrales a la plaza. Atraviesan en manada° las calles de la ciudad mientras los jóvenes exhiben sus habilidades° y temeridad° ante los toros. Todos los años hay algún herido° o muerto, pero la tradición continúa.

penning the bulls before a fight
en... in herds
dexterity, skill
fearless / wounded person

Los toros de tres años, que todavía no han alcanzado toda su fuerza, se llaman *novillos*. Los toros, en el verdadero significado de la palabra, tienen cinco años o más. Los toreros profesionales son de dos categorías: novilleros (o matadores de novillos) y matadores de toros. Se empieza siendo novillero. Después de varios años de éxito, el novillero asciende° a la categoría de matador de toros, en una breve ceremonia en la plaza. Este rito se llama "tomar la alternativa", en la cual el matador más veterano cede el estoque° al novillero aspirante a torero.

rises, ascends

sword

Las grandes corridas de toros tienen lugar en España y en México. También hay corridas en el Perú, Venezuela, Colombia, Ecuador, Portugal y el sur de Francia.

La corrida empieza a las cinco en punto° de la tarde. Tal vez sea el único espectáculo que empieza con puntualidad en España. Sólo hay corridas en primavera y verano, porque el sol es un elemento indispensable. En cada corrida hay seis toros y tres matadores. Cada matador mata dos toros. El matador tiene una cuadrilla° de tres ayudantes y dos picadores con lanzas (o picas°) montados a caballo.

en... on the dot

band, following / goad, lance

Nunca se sabe de antemano° si la corrida será buena o mala. Mucho depende del valor, del arte y de la técnica de los matadores, y más aun de la bravura y la nobleza de los toros.

de... beforehand

Dos hombres a caballo, vestidos como en tiempos de Felipe II, salen a la plaza para pedir la llave del toril° al presidente de la fiesta, que es una autoridad sentada en un palco° de la plaza. En este momento hay gran expectación en el público. La banda empieza a tocar un *pasodoble* torero (música típica de la corrida). Salen las cuadrillas en tres filas,° encabezadas° por los tres matadores. Todos van vestidos con trajes especiales de seda, llamados *trajes de luces*. Desfilan° a través de la plaza en lo que se llama *el paseo*. Luego se abre el toril para que salga el primer toro.

bullpen
box

rows / headed

They parade

Ahora hay silencio y emoción en la plaza. El toro es grande, con dos enormes cuernos° afilados° como dos cuchillos. Parece que no hay persona con suficiente sangre fría como para acercarse al toro. Pero pronto vemos al matador que va hacia él. Físicamente nos parece bajo, delgado° y delicado. Lleva una capa que es roja por fuera y amarilla por dentro. Va despacio, pero seguro de sí mismo, a desafiar al animal.

horns / sharpened

thin

El toro se sorprende, al principio, de que haya alguien que se atreva a desafiarlo. Lo embiste° con furia; parece que va a matarlo. Pero, con emoción y asombro, hemos visto que el torero no se ha movido de su sitio. Mientras los imponentes cuernos le rozaban° el traje de luces, el torero le daba un pase con la capa— una *verónica*. Veinte mil almas, sin saliva en la garganta por la emoción, corean° rítmicamente el movimiento de la verónica con un ¡*ooooolé*! El torero llama al toro otra vez y repite la verónica, y otro ¡*oooolé*!, y otro, y otro, hasta terminar la faena° con una ovación ruidosa.

Entonces viene el primer tercio° de la lidia° de cada toro. Los picadores clavan° la pica varias veces en la parte superior del cuello del animal. Los pobres caballos de los picadores tienen que llevar un *peto*° de algodón que los protege de los cuernos del toro. Antiguamente había toros que mataban cinco o seis caballos. Con la protección del peto, hoy mueren pocos caballos en las corridas, según la habilidad de los picadores y la bravura de los toros.

Las banderillas° son el segundo castigo que recibe el toro como preparación para su muerte. El banderillero queda solo en el medio del ruedo,° sin más protección que un par de banderillas; espera la embestida° del toro para clavárselas en la cruz.° Algunas veces es el matador quien pone las banderillas. En esos casos se oye la música; la escena es muy emocionante, bella y pintoresca.

El último tercio es la muerte del toro. El matador brinda, es decir, saluda, al presidente, a algún amigo suyo, a un artista famoso, a un político, a un extranjero distinguido o al público en general. Con el estoque y la muleta° empieza a dar pases de muleta, coreados por los "¡olés!" del público cuando están bien hechos. Al final, con la muleta en la mano izquierda, mata al toro por delante° con el estoque, clavándoselo junto al espinazo.°

Si el matador ha actuado con valor y arte, el público saca un mar de pañuelos.° El matador, entonces, da la vuelta al ruedo para recibir el aplauso del público.

La corrida sigue siendo un espectáculo emocionante y conmovedor,° pero muchos españoles creen que ha decaído últimamente. Hubo una temporada,° durante la década de los años sesenta, cuando la corrida recuperó sus energías. Fueron los años de Manuel Benítez, el llamado Cordobés. Este joven andaluz, de padres pobres como tantos toreros de hoy y del pasado, renovó° el estilo de la corrida. El Cordobés inventó pases nuevos y sabía, mejor que cualquier otro torero, crear un lazo° afectuoso entre él y el público: su sonrisa simpática, tan diferente al estilo serio y formal de los toreros anteriores, conquistaba a los espectadores.

---

charges

touch in passing

chant, applaud

task done by the matador

third / bullfight
drive, thrust

protective covering

barbed darts about two feet long

ring
charge / ridge between the shoulder bones

cane about two feet long with a red cape

por... from the front / backbone

handkerchiefs

moving
time, period

changed

bond

Manuel Benítez, el
Cordobés, en Ronda
en 1981. (*Walter D.
Hartsough*)

Además, el Cordobés era extremadamente valiente, cosa que animaba tanto a los aficionados como a los espectadores comunes.

Pero después del Cordobés no han surgido muchos toreros de alta categoría. Además, la calidad de los toros va decayendo tan rápidamente que a veces ni siquiera se pueden torear. No hay nada más irritante y frustrador para un aficionado a los toros que ir a una corrida con la esperanza de pasar una tarde emocionante y encontrar toros mansos° e imposibles de torear. Es un hecho que el público ha disminuido. Los españoles no van a los toros con tanta frecuencia como antes. ¿Por qué? Además de las razones ya mencionadas y el precio (las entradas° para los toros son carísimas), para muchos españoles la corrida representa algo arcaico, una parte de su propia cultura que quieren abandonar. A los turistas les encantan las corridas precisamente por eso, porque representan la costumbre española por excelencia. Los turistas quieren asistir a una corrida y ver al torero, un cliché del cual se avergüenzan algunos españoles desde hace muchos años.

tame

tickets

El cine

A los españoles siempre les ha gustado ir al cine, tanto durante los años de Franco como hoy en día. Durante los treinta y seis años de censura que impuso el gobierno de Franco, las escenas políticamente "peligrosas" (desde el punto de vista del gobierno) y las escenas con elementos sexuales fueron cortadas o cambiadas. Además, antes de las películas se proyectaban trozos de propaganda en los cuales se alababa al Generalísimo° y se señalaban los logros° sociales, tecnológicos, económicos—hasta los morales—de la España franquista. Esta parte de la película se llamaba el Nodo. Ahora, en cambio, se permite proyectar las películas españolas que antes se habían censurado, como las obras maestras del gran director cinematográfico Luis Buñuel: *Viridiana, Los olvidados, Tristana* y tantas más. En los últimos años ha surgido un cine dinámico, crítico, serio e innovador, y han aparecido jóvenes directores españoles cuyos méritos son bien conocidos dentro y fuera de España: Carlos Saura, Víctor Erice y Luis Borau.

Tal vez la película más importante de Luis Borau es la que se llama *Los furtivos.* Se rodó° el mismo año en que Franco murió, y se prohibió. Al disminuir la fuerza represora° de la censura, se permitió que se proyectara en Madrid. La película tiene lugar en

se… the Generalísmo *was praised / achievements*

se… it was filmed repressive

Una escena de *Cría cuervos* (*Museum of Modern Art / Film Stills Archive*)

un chalet de campo de un militar que pasa allí los fines de semana cazando. En el bosque alrededor del chalet hay escondida una violencia feroz que se ve en las escenas de caza y matanza de animales. Borau comparaba a España con ese bosque que parecía tranquilo pero que en realidad era un lugar lleno de injusticia y violencia.

Otra película que apareció durante esta época se titula *Cría cuervos.*° Fue hecha por un director que se ha convertido en una figura internacional: Carlos Saura. Se trata de los problemas de una niña huérfana° después de haber visto la muerte de su propio padre. Todo lo que ocurre en la película se ve bajo la perspectiva de esta chica enigmática que no logra comprender lo que está pasando a su alrededor.

Es notable, también, la película de Víctor Erice *El espíritu de la colmena,*° cuya calidad artística es extraordinaria. Nuevamente hay un intento de captar la psicología infantil con unos recursos extremadamente sutiles. Se ve, por ejemplo, un film dentro del film: una película de horror, *Frankenstein,* vista por una niña de un pueblecito castellano. El temor y la tensión de *Frankenstein* sugieren el susto y asombro de la niña que ha descubierto un soldado herido en una casa abandonada cerca del pueblo. Nada en la película queda lógicamente explicado. Erice nos ofrece un mundo de ambigüedad e incertidumbre infantil. Los espectadores tendrán que encontrar sus propias soluciones.

Se ha dicho que florece en estos días una energía en el cine español jamás vista en el desarrollo de la cultura peninsular. Es un cine que nació en los últimos años de la dictadura y se afirmó durante la democracia actual. Una de las razones de este florecimiento es el mismo público español: un público aficionado, entusiasmado y hambriento de expresiones culturales libres de opresión y censura.

La tertulia

Una costumbre española que no ha cambiado es la tertulia, la conversación entre amigos y familiares. La tertulia es una reunión habitual de gente que se junta para distraerse y charlar. Se pueden reunir en un bar o en la casa de uno de los contertulianos. Pueden conversar sobre cualquier cosa: los deportes, el cine, la política, la literatura, la economía, las universidades, los toros, los hijos, las relaciones personales entre ellos. Muchas veces hay tertulias a las cuales asiste gente de importancia política o cultural. Muchos de los grandes escritores españoles participaban en centenares de ter-

Cría... *from the expression* "Cría cuervos y te sacarán los ojos." / *orphan*

beehive

A los españoles les gusta conversar; a muchos les gusta también mirar pasar a la gente. (*Walter D. Hartsough*)

tulias madrileñas. La tertulia también puede ser un grupo específico que se interesa en un tópico: los toros, por ejemplo.

La tertulia es una muestra del valor que el español concede a la amistad. La conversación entre amigos íntimos, el intercambio de ideas, el diálogo son elementos sin los cuales el español no podría vivir. Es más, los españoles que viajan y viven en otros países a veces se sienten como seres incompletos al no poder participar en una tertulia. Para el español, quizás la tertulia sea tan importante como la familia o el trabajo.

Vocabulario

A. Sustituya lo que está en letra itálica con una expresión de la lista que tenga un significado semejante.

parecida	dispuesto
saluda	embestida
temporada	reuniones
combinación	pasean

1. Las cuadrillas *desfilan* a través de las plazas.

2. La España de hoy es un país democrático, *listo* a separarse de la España de ayer.

3. La vida actual en España es *semejante* a la que se encuentra en otros países europeos.

4. Las corridas son una *mezcla* de luz, color, entusiasmo y emoción.

5. El banderillero espera *el ataque* del toro para clavarle las banderillas.

6. El toreador *brinda* al público en general.

7. Hubo una *época* en que la corrida perdió su popularidad.

8. En las *tertulias* en los hogares españoles se discuten muchos temas distintos.

B. Complete las siguientes oraciones con la forma correcta de los adjetivos que se derivan de los verbos de la lista.

disponer   avergonzar

distraer   asustar

animar   montar

encerrar

Modelo: Frecuentemente, las discusiones en las tertulias se ponen muy <u>*animadas*</u>.

1. Hoy en día se transportan los toros por ferrocarril, _____ y protegidos.

2. La cuadrilla consta de tres ayudantes y dos picadores _____ a caballo.

3. El matador estaba _____ a perder la vida para no perder el honor.

4. Pero muchos españoles se sienten _____ ante los turistas por esta costumbre tan popular.

5. En la tertulia la familia se siente _____ de los problemas cotidianos.

6. En *El espíritu de la colmena* es difícil saber si la niña estaba más _____ por Frankenstein o por el soldado herido que encontró.

Preguntas y opiniones

1. ¿Cuál es la "fiesta nacional" de España?

2. ¿Cómo transportaban a los toros bravos antiguamente? ¿Qué es el encierro de Pamplona?

3. ¿Qué es un novillo? ¿un novillero?

4.   ¿A qué hora empieza la corrida? ¿Hay corridas en el invierno?

5.   Describa las tres partes de la lidia. ¿Qué hace el matador antes de matar al toro?

6.   ¿Quién es Manuel Benítez?

7.   ¿Por qué cree Ud. que ha disminuido el número de españoles que asisten a las corridas?

8.   ¿De qué manera afectó la censura durante el régimen de Franco a la industria cinematográfica? ¿Cómo ha cambiado después de su muerte?

9.   ¿Ha visto Ud. una película de alguno de los directores cinematográficos mencionados? ¿De qué se trataba? ¿Le gustó?

10.   ¿Qué significa la tertulia para muchos españoles? ¿Hay algún equivalente a la tertulia en los Estados Unidos?

Actividades

1.   Con unos compañeros de clase, planee una tertulia. Escojan el lugar donde van a reunirse y dos o tres temas que quieran discutir.

2.   La clase se divide en dos grupos para un debate sobre la corrida de toros. Discutan el pro y el contra de esta costumbre. ¿Qué deporte o costumbre ocupa el lugar de la corrida en los Estados Unidos? ¿Cuál es más peligroso?

❧ 8 ❧

Otros aspectos de la vida española de hoy

La familia

Bien se sabe que en España, como en todos los países hispanoamericanos, la familia es uno de los elementos más importantes de
la vida, tanto en la esfera cultural como en la política y la económica. Es tan evidente que casi resulta un cliché decir que la familia representa algo importantísimo para cualquier español. Pero
hay que ir más allá de los estereotipos; debemos comprender por
qué y cómo influye la familia en muchos aspectos de la sociedad
española. También nos tenemos que preguntar de qué manera ha
cambiado la institución de la familia en los últimos años.

España es uno de los países de más elevada tasa de natalidad°
de Europa. El concepto de familia no sólo incluye a padres e hijos,

tasa... *birthrate*

Una abuela española
con sus nietos.
(© *1982 Rick Winson /
Woodfin Camp &
Associates*)

sino a abuelos, tíos, suegros° y hermanos políticos° (cuñados°). *parents-in law / by mar-*
Después de la familia vienen los amigos. La última consideración *riage / brothers- and*
en la organización social es la comunidad, el Estado, la sociedad *sisters-in-law*
en general.

    Esta importancia extrema que se le da a la familia es parte
de lo que el filósofo José Ortega y Gasset llamaba el "particularismo" español. Se refería a la incapacidad del español de ver más
allá del grupo formado por sus familiares,° sus amigos, sus conoci- *relatives*
dos. A veces, las relaciones familiares determinan la vida política
del país, el apoyo a un candidato, a un partido, etcétera. También
hay que señalar la importancia de la familia en las relaciones
sociales y económicas. En algunas provincias, los bienes° del padre *property*
de la familia pasan directamente al primogénito° al morir el padre. *first-born son*
Y, en general, se espera que los hijos continúen desempeñando° el *performing*
mismo trabajo del padre, muchas veces sin tomar en cuenta las
inclinaciones personales de aquéllos.° Esta situación retrasa° los *the former / is slowing*
cambios sociales. *down*

    Pero la familia típica española, si existe tal cosa, no es tan fácil
de definir. Los avances industriales y la vida urbana de este siglo
han cambiado, hasta cierto punto, los lazos° familiares. La joven *ties*
democracia española ha influido en el cambio de actitudes frente a
la familia. Ahora los hijos son más independientes que antes, y
existe cierto antagonismo entre las diferentes generaciones. Es algo

parecido a lo que ocurrió durante el llamado "vacío° generacional" de los años sesenta en los Estados Unidos. Los adolescentes, cada día más, quieren manejar su propia vida sin la intervención de los padres, especialmente los universitarios. El número de estudiantes universitarios que comparten un apartamento alquilado va aumentando.

gap

También existen las disputas clásicas entre las generaciones sobre las drogas, el sexo y la política. Los padres, como jefes y autoridades morales de la familia, ya no parecen ejercer° tanta influencia como antes. Los jóvenes españoles de hoy día quieren participar en las mismas actividades en que participa la juventud europea; quieren disfrutar de lo que por tantos años se les había prohibido. Quieren estar a la moda, no la norteamericana sino la francesa, la italiana, la alemana.

to exercise

Las relaciones entre los sexos

Se suele decir° que las relaciones entre jóvenes de diferente sexo son mucho menos libres en España que en los Estados Unidos. Eso era verdad y, hasta cierto punto, lo sigue siendo. En algunos casos, a una muchacha soltera° no se le permite salir de noche con un hombre. Esta restricción es mas común en los pueblos pequeños.

Se... It is often said

single

A los novios les gusta pasar mucho tiempo juntos, en España como en cualquier otro país. (*Strickler / Monkmeyer Press Photo Service*)

Por eso, los jóvenes salen frecuentemente en "pandillas" o grupos, grandes o pequeños, dispuestos todos a divertirse. De las pandillas surgen° muchas veces noviazgos.° La relación que existe entre el novio y la novia es mucho más íntima que la del "boyfriend" y "girlfriend" norteamericanos. Cuando una pareja se "pone de novios", es con la idea de que en un futuro indeterminado se casarán.

are formed / engagements, courtships

Pero estas costumbres van cambiando. En las grandes ciudades españolas hay pocas diferencias entre el comportamiento de los jóvenes ante la sexualidad comparado con el de los jóvenes de otras culturas europeas. Hay parejas que viven juntas antes de casarse. En los últimos años, también han aparecido grupos dedicados a luchar contra las injusticias sufridas por los homosexuales.

Debido a que la liberalización de las conductas sexuales es algo tan nuevo en España, algunos españoles ostentan su propia liberación sexual. A veces lo hacen de una manera excesiva para escandalizar a la gente. Es como si dijeran estos españoles "nuevos": "Mire Ud., don Extranjero, que el honor calderoniano es cosa de otra España."

El feminismo español

España sufre de una fama horrenda en cuanto a la libertad e igualdad de la mujer. Es muy común en el mundo no hispánico creer que el supuesto machismo es algo únicamente hispánico y que el hombre español no puede concebir a la mujer como una persona libre que merece los mismos derechos y privilegios que los hombres. No se puede negar que esta creencia tiene algo de verdad, pero hay que considerar las condiciones históricas y sociales que crearon esta situación. Cuando en muchos países se estaba fomentando movimientos feministas, España—que también tenía sus feministas—estaba bajo una dictadura que aceptaba fielmente el dogma de la Iglesia Católica. El *Fuero° de los Españoles* de 1945 declaraba, por ejemplo: "El Estado reconoce y ampara° a la familia como institución natural y fundamento de la sociedad ... El matrimonio será uno e indisoluble." Después de la Guerra Civil se suprimió el divorcio, que había sido parte de las reformas de la Segunda República. Además, bajo el régimen franquista, sólo el adulterio de la mujer se consideraba un crimen, no así el del hombre.

law
supports

En la nueva constitución española estas leyes anticuadas ya no existen y se permite el divorcio civil. Hoy día, la mujer española goza de derechos y libertades que jamás ha tenido. Además, han

surgido muchísimas organizaciones feministas que a veces están
ligadas° a diversos partidos políticos, y otras veces son indepen-   *linked*
dientes. Existe, por ejemplo, El Movimiento Democrático de Muje-
res, que surgió durante la dictadura y se convirtió después de la
muerte de Franco en una de las organizaciones feministas más
importantes de España. También existe el Frente de Liberación de
la Mujer, que tiene como objetivo político y social la "desaparición
de la familia patriarcal y la socialización de todos los trabajos
domésticos".

Claro, no todas las mujeres españolas están de acuerdo con las
feministas. La conciencia feminista en España quizás no sea tan
sólida como en los Estados Unidos, pero puede ser que tome otra
forma. El feminismo español está vinculado° con otros movimien-   *linked*
tos sociales; adopta una ideología integral y no exclusiva. Al fin y
al cabo, nadie podría negar que actualmente el deseo de libertad
de la mujer se va intensificando.

Las universidades españolas

En España, la educación universitaria está organizada según crite-
rios muy diferentes a los que hay en los Estados Unidos. En primer
lugar, todo el sistema educativo está bajo el control del Estado.

Estas niñas españolas
llevarán una vida mar-
cadamente diferente a
la de las generaciones
anteriores. (© 1980 Eric
Kroll / Taurus Photos)

Esta centralización educativa explica la similitud° de la organiza- ·similarity
ción y de los programas de estudios de cada universidad. El rector
de una universidad no tiene mucho poder para crear programas y
asignaturas° nuevos dentro de su propia universidad porque eso   *subject or course of study*
depende del poder centralizado. Pero en los últimos años esa situa-
ción ya está cambiando.

Las universidades están divididas en diversas facultades°:   *schools*
Derecho, Filosofía y Letras, Ciencias, Medicina, Farmacia, Ciencias Sociales y Ciencias Políticas y Económicas. Para entrar en
cualquiera de estas facultades es necesario poseer el título de
bachiller.° La universidad concede° el título de licenciado° en   *título… bachelor's degree*
cualquiera de sus facultades. Tanto en las facultades como en el   */ grants / título…*
bachillerato, casi ninguna de las asignaturas es de tipo electivo.   *master's degree*

Cada facultad tiene reglamentos y planes de estudio que han
sido previamente aprobados° por decreto° del gobierno y que se   *approved / decree*
aplican a todas las universidades del país. La extensión del plan
de estudios varía de una facultad a otra, pero generalmente comprende de cinco a siete años. La asistencia° a las clases de la   *attendance*
universidad no es obligatoria. El estudiante puede prepararse
libremente sin ir a clase ni un solo día. Lo único que se le exige° es *Lo… The only thing that*
que pague los derechos de matrícula° y que apruebe el examen   *is required / registration*
final de cada asignatura. Si no aprueba en junio, el estudiante
puede examinarse en septiembre. Si tampoco aprueba en septiembre, puede repetir el curso, pagando nueva matrícula, las
veces que hagan falta, hasta que apruebe.

Los licenciados pueden obtener el título de doctor mediante un
curso adicional de estudios especializados, generalmente de un
año de duración. Además tienen que escribir una tesis doctoral.

Otras carreras se estudian en las Escuelas Especiales, que son
también dirigidas por el Estado, como las Escuelas de Ingenieros
de Caminos, Canales y Puertos; Ingenieros Industriales, Agróno-
mos, de Minas, etcétera. Muy importantes son las Academias
Militar y Naval.

En la España actual las condiciones económicas no permiten
la total democratización de las universidades. Pero la nueva democracia española está haciendo esfuerzos por resolver los problemas. Aunque los derechos de matrícula no son tan altos como
en los Estados Unidos, el obrero español todavía no puede asistir
a la universidad porque tiene que trabajar para ganarse la vida.
En cambio, la situación política de la universidad ha cambiado
bastante. No sólo existen muchas más universidades privadas—
cosa que durante el régimen de Franco era privilegio exclusivo de
la Iglesia Católica—sino que hay más libertad en cada universi-

Estos estudiantes de la
Universidad de Barce-
lona charlan antes de
clase. (*Sybil Shelton /
Monkmeyer Press
Photo Service*)

dad para organizar sus propios asuntos. La autonomía universitaria ha sido un tema muy discutido tanto en los años de Franco
como en la actualidad.

También hay que señalar la politización de los jóvenes universitarios españoles. Los estudiantes fueron una fuerza importante
en el movimiento antifranquista y siguen ejerciendo bastante
influencia en los partidos políticos actuales. Muchísimos estudiantes están afiliados a un partido y, aunque no lo estén, tienen
opiniones apasionadas sobre cualquier problema. Incluso aquellos que dicen que no les importa la política adoptan una posición
en la cual la indiferencia es una ideología. O sea: no es que
ignoren los problemas políticos de cada día, sino que manifiestan, mediante su comportamiento, la imposibilidad de hallar
soluciones.

Vocabulario

A. Sustituya lo que está en letra itálica con una expresión de la lista que tenga un significado semejante; forme una nueva oración.

vinculado	hijo mayor
hermano político	curso de estudio
bienes	tienen
idea	conciencia

Modelo: Las *asignaturas* no son escogidas por el rector de la universidad.

Los cursos de estudio no son escogidos por el rector de la universidad.

1. La familia extensa es un *concepto* tradicional español e incluye a los abuelos, tíos, suegros y *cuñados*.

2. *Lo que le pertenece al* padre pasa directamente al *primogénito* al morir el padre.

3. Parece que los padres ya no *ejercen* tanta influencia como antes.

4. Muchas organizaciones feministas están *ligadas* a partidos políticos.

5. La *mentalidad* feminista en España aún no es tan común como en los Estados Unidos.

B. Dé los sustantivos de los cuales se derivan las siguientes palabras.

Modelo: influido

influencia

1. aumentado
2. horrenda
3. juvenil
4. doctorado
5. afiliado
6. indiferente

Preguntas y opiniones

1. Según Ortega y Gasset, ¿qué es el "particularismo" español?

2. ¿Cree Ud. que la actitud hacia la familia en España ha retrasado los cambios sociales? Explique por qué sí o por qué no.

3. ¿Qué son las "pandillas"? ¿Qué función social tienen?

4. ¿Cuál es la diferencia entre un novio y un "boyfriend" norteamericano?

5. ¿De qué manera ha influido la liberación de la mujer en el lazo tradicional entre la Iglesia y el Estado?

6. ¿Cuáles son los objetivos del Frente de Liberación de la Mujer? ¿Cree Ud. que lograrán sus objetivos en un futuro inmediato?

7. ¿Quién controla el sistema educativo en España?

8. ¿Cuáles son algunas facultades típicas de las universidades españolas?

9. ¿Tienen que asistir a clase sin falta los estudiantes españoles para obtener sus títulos?

10. ¿Había universidades privadas en España durante el régimen de Franco? ¿De qué tipo? ¿Y ahora?

11. ¿Es muy común la apatía política entre los estudiantes españoles? ¿Es posible ser "apasionadamente indiferente" a la política?

Actividades

1. Escriba un diálogo sobre la situacion siguiente: una estudiante norteamericana que vive con una familia española quiere salir con un compañero de clase; la familia no les permite salir solos.

2. Haga una lista de las diferencias más importantes entre la familia típica española y la norteamericana. ¿En cuál de los dos tipos de familia preferiría Ud. vivir?

III

LAS LETRAS

AMIGO VIAJERO
ESTÁS EN CARRIÓN

BEBE SU BUEN VINO
Y TE IRÁ MEJOR

9

La literatura española desde su nacimiento hasta el Siglo de Oro

En principio, deberemos aclarar° que vamos a tratar, bajo el *clarify*
título de *literatura española*, la literatura escrita en castellano,
que es en la actualidad el idioma oficial de España. Sin embargo,
antes de que aparecieran las primeras manifestaciones de literatura en idioma castellano, existía en España una antigua tradición de literatura escrita en gallego, en catalán y en mozárabe (el
idioma que hablaban los españoles que vivían en territorios ocupados por los árabes en España). Actualmente, la literatura
escrita en catalán es muy importante.

    ¿Cómo será posible tener alguna idea del alma y de los valores
de cualquier pueblo sin estudiar su literatura? La literatura es
reflejo de la vida—del estilo de vida—de un pueblo. Vamos a

hacer un viaje a través del pensamiento y el corazón de algunos de los grandes escritores españoles.

¿Cuáles son las características comunes a la literatura española? Es peligroso generalizar. Hemos visto que los españoles son grandes individualistas. Cada español tiene una personalidad tan suya que es difícil catalogarla. Se ha dicho que los escritores españoles no son intelectuales ordenados, metódicos y pacientes, sino seres de emoción y de pasión. Pero esta emoción no es, muchas veces, producto de fenómenos intelectuales abstractos, sino que se instala dentro de la realidad misma de la vida. Es decir que los escritores de España son individualistas, realistas y gente que se deja llevar° por las emociones.

se... *allow themselves to be led*

La raíz de la literatura española está en el pueblo. El elemento popular es casi siempre la base de la creación artística. Pero a veces lo popular y lo artístico se mezclan para buscar la armonía y la gracia. El escritor español poetiza todo lo que es popular en la vida y en el arte.

Los orígenes

El Poema del Cid

La poesía nació al mundo con tono épico. La literatura griega empezó con *La Ilíada* de Homero, la literatura inglesa con el *Beowulf*, la francesa con la *Chanson de Roland*, la alemana con el *Nibelungenlied*, y la española con el *Poema del Cid*, todas ellas poesías épicas.

El *Poema del Cid* fue escrito por un poeta anónimo hacia 1140, sólo unos cuarenta años después de los acontecimientos históricos que narra. Tiene más de tres mil versos que tratan de las hazañas° de este caudillo de la Edad Media. El Cid es la encarnación de la España caballeresca,° varonil y noble. El poema no es fantástico como los otros citados.° Al contrario: es muy humano, dramático, realista y popular.

exploits, deeds

chivalric, knightly
mentioned

El héroe, Ruy Díaz de Vivar, conocido como *el Cid*—que en árabe quiere decir "Señor"—es un noble guerrero castellano. El Cid es acusado por un envidioso enemigo ante el rey Alfonso VI (reinó de 1065–1109), quien lo destierra° injustamente, y sus leales hombres le siguen en el destierro para pelear contra los moros.

exiles

Después de muchas batallas, derrota a los moros y entra triunfante en la ciudad de Valencia. Allí, se reconcilia con el rey. Sus dos hijas, doña Elvira y doña Sol, se casan con los infantes° de Carrión. Estos cobardes esposos azotan° a sus mujeres y las abandonan

princes
beat

Esta escultura del Cid, quintaesencia de la España caballeresca, obra de Anna Hyatt Huntington, se encuentra a la entrada del edificio de la Sociedad Hispánica de América en Nueva York. Decía el poeta anónimo de aquella época: "Monta el Cid Campeador en Babieca su caballo; / con todas sus guarniciones allí lo han enjaezado. / ¡A banderas desplegadas salen de Valencia al campo! / Son cuatro mil menos treinta y en cabeza el Cid mandando". (*Courtesy of the Hispanic Society of America*)

desnudas en un robledal.° A petición del Cid, se convocan° las Cortes de Castilla para castigar a los infantes. El poema termina consolando a las desgraciadas° hijas del Cid mediante nuevas bodas con los infantes de Aragón y de Navarra. El Cid recupera su honor.

oak grove / se... are convened

unfortunate

El Conde Lucanor

El Conde Lucanor de don Juan Manuel (1282–1348) es una colección de cuentos didácticos. "De lo que aconteció a un hombre bueno con su hijo" es uno de los cuentos del libro que narra lo que le sucedió a un hombre que iba al mercado con su hijo y una bestia. Ambos iban a pie y la bestia iba descargada.° Pasaron unos hombres y dijeron que el padre y el hijo eran tontos por ir a pie. Entonces montó el hijo. Pasaron luego otros hombres y criticaron al hijo porque iba montado en la bestia mientras el padre viejo iba a pie. Entonces el hijo bajó de la bestia, y subió el padre. Otros hombres dijeron que no estaba bien que el tierno° hijo fuera andando. Entonces los dos subieron a la bestia. Pero otro hombre dijo que eran crueles con la pobre bestia. Ya cansado de tanta crítica, el

with no burden

tender, young

hombre bueno concluye que es mejor hacer lo que a uno le parece bien, que no importa la opinión de los demás, porque siempre encuentran un motivo de crítica.

El Arcipreste° de Hita

archpriest

De Juan Ruiz, Arcipreste de Hita (1283–1350), muy poco se sabe. Se supone que era sacerdote y algunos críticos creen que estuvo en la cárcel debido a la audacia de sus versos. La poesía del Arcipreste se parece a la de Chaucer, aunque escribió medio siglo antes que el autor de *Canterbury Tales*. El Arcipreste era un poeta lírico, narrativo, realista y popular. Amaba los placeres de la naturaleza y del mundo: las mujeres, el vino, las canciones. Fue el poeta-humorista más antiguo de España. Sólo escribió el *Libro de buen amor,* un canto a las delicias de la vida.

Las coplas de Jorge Manrique

Jorge Manrique (1440–1479) escribió estas famosas coplas en honor a su padre, que murió en 1476. Es la elegía° más hermosa de la literatura española por su sentimiento sencillo y grandioso al mismo tiempo. La versificación es perfecta y el pensamiento parece moderno. Henry Wadsworth Longfellow sentía profunda devoción por las *Coplas* y las tradujo magistralmente° al inglés. Así empiezan los versos de las *Coplas*:

elegy, verses written in lament, often in praise of the dead

masterfully

> Recuerde el alma dormida,
> avive el seso° y despierte
> contemplando
> cómo se pasa la vida,
> cómo se viene la muerte
> tan callando.°

brain, intelligence

tan… so silently

La poesía popular: los romances°

ballads

Todo el pueblo español, desde el siglo XIV, ha cantado viejas canciones, llamadas *romances*, que son de autores desconocidos. Los juglares° las cantaban en las plazas y en los mercados. El pueblo las repetía y transmitía por vía oral de generación en generación, y así han llegado hasta nuestros días. Todavía se cantan y se recitan en España, en Hispanoamérica, en el sudoeste de los Estados Unidos y entre los judíos españoles que se encuentran por el mundo. Después de cuatro o cinco siglos, conservan la misma frescura° de entonces.

troubadors

freshness, originality

Aunque algunos son más antiguos, la mayoría de los romances viejos fueron compuestos° durante el siglo XV y la primera mitad del XVI.[1] En la segunda mitad del siglo XVI se reunieron varios volúmenes de romances, llamados *romanceros*. El romancero español ha sido una fuente inagotable° de inspiración para los escritores españoles y extranjeros, desde el Siglo de Oro hasta hoy. Los temas de los romances varían. Algunos son históricos; otros son novelescos,° caballerescos° o líricos.

composed

inexhaustible

fantastic, fictional / chivalric

El Renacimiento

El Renacimiento fue un fenómeno cultural que empezó en Italia en el siglo XV y se extendió a toda Europa y, más tarde, a América. Su característica principal fue una mayor preocupación por lo humano que por lo divino. Fue una revolución contra la Edad Media. El Renacimiento en España coincide con el reinado de los Reyes Católicos y continúa hasta el Siglo de Oro (1550−1650). La gran aportación° de España a este movimiento cultural fue el descubrimiento del Nuevo Mundo, con todo lo que ello representó.

contribution

La Celestina

En 1499 apareció *La Celestina*, una composición dialogada que es novela y obra dramática al mismo tiempo. Fue escrita por Fernando de Rojas, y se considera la obra más importante del Renacimiento español porque abre las puertas a la literatura del Siglo de Oro.

Brevemente, el argumento° es así: Calixto siente un amor apasionado por la noble Melibea. Gracias a la vieja y astuta Celestina, que es medio bruja,° Calixto y Melibea se ven secretamente de noche y hacen el amor en el jardín del palacio de Melibea. En una de sus nocturnas visitas, al caerse del muro del jardín, Calixto muere. Entonces Melibea, desesperada, se suicida.

plot

witch

El mérito de *Le Celestina* no está en el argumento sino en el realismo de las pasiones humanas y en los personajes, tan llenos de vida y movimiento. El estilo es clásico, pero los temas son modernos. Es la primera obra de la literatura europea del Renacimiento. Los pensamientos y los proverbios de *La Celestina* han pasado al idioma español moderno; por ejemplo: "Haz tú lo que bien digo y no lo que mal hago"; "miserable cosa es pensar ser maestro el que nunca fue discípulo"; "cada cual habla de la feria° según le va en ello°"; "por mucho que madrugues no amanece más temprano".

fair

según… according to his or her own experience

[1]*Hoy se cree que algunos son fragmentos de poemas épicos más largos y más antiguos.*

Garcilaso de la Vega

Garcilaso de la Vega (1501–1536) es el más genuino representante español del Renacimiento. De familia noble, era poeta refinado, militar y diplomático. Escribió en español, en latín y en italiano. Tocaba el violín y el arpa, y adoraba la belleza femenina. Murió a los treinta y cuatro años luchando por la España imperial.

La obra de Garcilaso tiene importancia porque produjo una revolución en la poesía castellana. Introdujo el verso de once sílabas, el soneto y otros metros de origen italiano, que desde entonces usaron muchos poetas españoles. Escribió poco, pero siempre con delicada elegancia. Cantó a la naturaleza y al amor. En sus versos creó pastores° ideales inspirados en personas de la vida real que él conocía. — *shepherds*

Garcilaso estuvo locamente enamorado de una noble dama portuguesa, Isabel Freire. En el siguiente soneto se refiere a ella:

> ¡O dulces prendas,[2] por mi mal halladas,° — *hidden*
> dulces y alegres cuando Dios quería!
> Juntas estáis en la memoria mía,
> y con ella en mi muerte conjuradas.° — *y... = y ligadas con mi memoria hasta la muerte*
>
> ¿Quién me dijera,° cuando las pasadas — *= hubiera dicho*
> horas, que en tanto bien por vos me vía,° — *que... = que tan bien contigo me encontraba*
> que me habíades° de ser en algún día — *= habíais*
> con tan grave dolor representadas?
>
> Pues en una hora junto me llevastes
> todo el bien que por términos me distes,
> llevadme junto el mal que me dejastes.[3]
>
> Si no, sospecharé° que me pusistes — *I will suspect*
> en tantos bienes, porque deseastes
> verme morir entre memorias tristes.

La novela picaresca

Hay un género literario que es una creación típicamente española, aunque muchas literaturas extranjeras lo han empleado. Se trata de la novela picaresca, que es un cuadro muy realista de la vida de la clase baja. El personaje central suele ser° un pícaro° que des- — *suele... is usually / rogue*

---

[2]*Las prendas son los rizos (locks) de pelo que el poeta guarda de su amada muerta.*

[3]*En prosa moderna: si en una hora me quitaste todo el bien que poco a poco me diste, quítame ahora todo el mal que me dejaste.*

cribe sus experiencias. El pícaro es un tipo muy español que ha existido siempre en España, hasta nuestros días, y abundaba durante el Siglo de Oro. Es un hombre de clase humilde que inventa toda clase de trampas° para vivir sin trabajar. Pero tiene que mantener una lucha constante contra el hambre. Muchas veces vive al margen° de la ley, burlando y engañando a la gente. Siente horror al trabajo, al que considera como un castigo de Dios. La ironía es que trabaja muchísimo pensando en la manera de no trabajar.

    Lo más característico de la novela picaresca es su vivo realismo y la pintura de las clases sociales de la época. No trata de idealizar ni poetizar la vida, sino todo lo contrario: observarla y describirla con naturalidad. La novela picaresca tuvo una gran difusión en Europa y es considerada como una de las bases del realismo moderno.

    La primera novela picaresca, y la más típica de todas, es la *Vida de Lazarillo de Tormes*, escrita por un autor desconocido, en 1554. Su argumento es así: Lázaro nació en un molino sobre el río Tormes. Su padre fue ladrón, su madre fue castigada por ser ladrona, y el amante de ésta fue ahorcado° por ser ladrón. La madre pone a Lázaro al servicio de un mendigo° ciego. El ciego y Lázaro salen a vagabundear° por los pueblos de Castilla. Viven de las limosnas,° o de lo que pueden conseguir. Pero el ciego es un egoísta que se guarda° todo lo que la gente les da. El pobre Lázaro, para no morirse de hambre, engaña al ciego; al fin lo abandona. Después sirve sucesivamente a un clérigo, a un escudero,° a un fraile, a un vendedor de bulas° papales, a un pintor, a un capellán° y a un alguacil.° Con un tesoro inagotable de buen humor y de picardía, termina sus aventuras haciéndose pregonero° y casándose con la criada (y querida) de un arcipreste.

tricks

al... outside

hanged
beggar
roam idly
alms
se... keeps for himself

squire
bulls / chaplain
bailiff
town crier

Los místicos

La literatura mística, en prosa y en verso, es otro fenómeno muy español. La religión ha sido siempre un motivo fundamental de inspiración artística. El misticismo es la manifestación más elevada de espiritualidad religiosa. El místico desea la comunicación directa con Dios. Los máximos exponentes de la corriente mística en la segunda mitad del siglo XVI fueron Santa Teresa de Jesús, en prosa, y San Juan de la Cruz, en verso.

    Santa Teresa de Jesús (1515–1582) nació en la ciudad de Ávila, en Castilla la Vieja. Ya a los siete años se escapó de su casa para buscar el martirio. Dedicó su vida a la fundación de treinta y dos conventos, en colaboración con San Juan de la Cruz. Guapa, alegre y muy humana, tenía una energía vigorosa, a pesar de su delicada

Hoy se considera a Santa Teresa de Jesús como una de las más grandes místicas españolas. Aquí se ve su habitación en el convento de Santa Teresa de Ávila, ahora convertida en capilla. (*Courtesy of the Spanish National Tourist Bureau*)

salud. Su preocupación era doble: lo terrestre° y lo divino. Descubría la presencia de Dios en la realidad de los objetos de la vida de cada día. Solía decir que "hasta entre los pucheros anda Dios°".

Su *Vida*, escrita en tono intimista, es un modelo de sencillez,° sinceridad y elevación espiritual. Explica cómo despertó su alma a la virtud y con qué resignación venció sus terribles enfermedades. Santa Teresa da detalles de un mundo que para ella no es sobrenatural. "Estando yo un día oyendo misa, vi a Cristo en la cruz cuando alzaban la hostia . . .°"

San Juan de la Cruz (1541–1591) es el más refinado de los poetas místicos. Fue discípulo de Santa Teresa, pero con actitud más intelectual. San Juan de la Cruz aspira a llegar al "estado beatífico°" y al "matrimonio espiritual" con Dios. Su poesía, iluminada por el éxtasis, es dulce y celestial, liberada de la materia de este mundo. Ha ejercido gran influencia en la poesía lírica moderna.

Lo que sigue es un fragmento de su *Cántico espiritual entre el alma y Cristo, su esposo*:

> ¿Adónde te escondiste,
> Amado, y me dejaste con gemido°?
> Como el ciervo° huíste,
> habiéndome herido;
> salí tras° ti, clamando,° y ya eras ido.

earthly

hasta… *God is present even among the cooking pots* / *simplicity*

alzaban… *they raised the host (communion wafer)*

blissful, beatific

con… *moaning, wailing*
stag

= detrás / *crying out*

Pastores, los que fueseis
allá por las majadas al otero,°
si por ventura° vieseis
aquél que yo más quiero,
decidle que adolezco,° peno° y muero.

*por... through the sheep-
folds to the knoll /
por... by chance*

*I am suffering / I am
agonizing*

El teatro del Siglo de Oro

El teatro español tiene su origen en la religión. Su primera manifestación fueron los llamados *misterios* y *autos* de tema religioso
que se representaban en las iglesias. En el Renacimiento hubo una
transición. En el Siglo de Oro los dramaturgos llevaron el teatro a
los palacios de los nobles y al pueblo.

Lope de Rueda (1510−1565) es el verdadero padre del teatro
español, porque escribió y representó para la gente común por
primera vez. Escribió diez *pasos*, piezas cortas para entretener al
público por unos momentos. Son admirables cuadros de las costumbres y la vida diaria de su tiempo. Este género de teatro popular es genuinamente español. Ha prevalecido siempre en España
bajo el nombre de *entremeses,*° *sainetes*° y *género chico* hasta hoy.

*one-acts shown between
acts of a longer play /
one-acts showing
popular customs,
usually ironic*

Lope de Vega

Lope de Vega (1562−1635) unificó los elementos dramáticos de sus
antecesores° y estableció el carácter general del teatro español.
Nació, vivió y murió en Madrid. Era de familia modesta. No se
sabe bien dónde ni cómo adquirió su enorme cultura literaria.
Asistió al colegio de los jesuitas de Madrid y a la Universidad de
Alcalá, pero era básicamente un autodidacta.° A los doce años es-
cribió su primera comedia. En 1588 luchó contra Inglaterra en la
Armada Invencible.

predecessors

self-taught person

Su vida fue intensa y emocionante como pocas. Lope era el ídolo
del pueblo de Madrid y de toda España. Se casó dos veces y tuvo
infinidad de amores y de hijos ilegítimos. Aunque gran pecador,°
Lope era religioso y creyente. A los cincuenta y dos años se hizo
sacerdote. Sin embargo, no pudo resistir a las tentaciones. A los
setenta y tres años murió en la cumbre° de su gloria, pero pobre.

sinner

height

Era un "monstruo de la naturaleza", según Cervantes. Escribió
unas mil quinientas obras dramáticas en verso, pero sólo se conservan unas quinientas, aparte de su voluminosa producción no
dramática. Es el autor más prolífico de todos los tiempos.

La vida de Lope es desconcertante.° Era tierno padre de familia
y apasionado amante. Terminaba una comedia en verso en veinti-

bewildering

Lope de Vega fue un genuino intérprete de la esencia vital del pueblo español. Vivió para el teatro; el público lo aclamaba como ídolo nacional y popular. Hoy en Madrid se encuentra la Casa Museo de Lope de Vega, donde vivió y murió. La sala de la casa está adornada con este retrato de Lope, de pintor desconocido. (*MAS*)

cuatro horas, y tenía tiempo para adquirir una cultura enciclopédica. Lope es la encarnación misma del teatro español. Cuando él empezó, sólo existían en España dos compañías teatrales; a su muerte había cuarenta.

El teatro de Lope de Vega usaba la sencilla fórmula de divertir y enseñar al público, que en masa iba al teatro para admirar, sentir y vivir la producción inagotable del maestro. Para hacer esto, rompió con los rígidos preceptos clásicos de las tres unidades de tiempo, lugar y acción y proclamó la libertad artística.

Las comedias de Lope son de todas clases: históricas, de capa y espada,° de temas de caballería,° mitológicas, pastoriles, bíblicas, de vidas de santos y autos sacramentales.[4]

Fuenteovejuna, por ejemplo, está basada en un hecho histórico. El pueblo entero de Fuenteovejuna, en la provincia de Córdoba, se rebeló contra la tiranía del Comendador, un noble feudal que cometió muchos abusos. En acción revolucionaria, el pueblo mata al Comendador. Los Reyes Católicos representan en la comedia la justicia contra los excesos del feudalismo. El verdadero

capa… *cloak and sword / chivalry, knighthood*

[4]*Los autos sacramentales eran dramas religiosos en un acto, dedicados al sacramento de la Eucaristía, para ser representados el día de* Corpus Christi *en las plazas públicas de las ciudades.*

protagonista es todo el pueblo de Fuenteovejuna. El siguiente
diálogo entre el representante del rey y el pueblo resume° el   *summarizes*
tema:

 —¿Quién mató al Comendador?
 —¡Fuenteovejuna, señor!
 —¿Y quién es Fuenteovejuna?
 —¡Todos a una°!   Todas… *All of us together*

Pedro Calderón de la Barca

Pedro Calderón de la Barca (1600–1681) siguió las normas teatrales de Lope de Vega. Creó personajes profundos, con preocupaciones filosóficas y religiosas. Nació y vivió en Madrid. De joven
era un soldado de vida alegre. Estudió en las Universidades de
Alcalá y de Salamanca. A los cincuenta y un años se hizo sacerdote
y llevó una vida tranquila, de ahí en adelante.

   Se suele hablar del "honor calderoniano", tan esencial en la
vida de los españoles de todos los tiempos. En los dramas de
Calderón, esposos, padres y hermanos matan para defender su
honor. El honor no se pierde cuando la ofensa es vengada con
sangre. En *El médico de su honra*, por ejemplo, el protagonista, don

Pedro Calderón de la
Barca. (*Retrato de
Juan Alfaro y* Gómez.
MAS)

Gutierre, mata a su esposa inocente sólo porque hay sospechas de su lealtad.

Nos quedan unas doscientas piezas teatrales de Calderón. Escribió dramas basados en hechos históricos o imaginados, comedias de capa y espada, comedias religiosas o filosóficas, autos sacramentales y obras populares.

Pero la obra maestra de Calderón es *La vida es sueño*. El personaje central es Segismundo, hijo del rey de Polonia. Lo encerraron en una torre, cuando aún era niño, porque la astrología había dicho que sería un monstruo. Sin embargo, después de muchos años, el rey lo deja en libertad para probar su carácter. Segismundo cree que sueña, se muestra ingrato,° soberbio° y brutal. Tira por la ventana a un criado. Entonces el rey lo vuelve a encerrar. Segismundo, de nuevo° en la torre, ya no sabe qué es sueño y qué es realidad:

ungrateful / arrogant

de... once again

> ¿Qué es la vida? Un frenesí.
> ¿Qué es la vida? Una ilusión,
> una sombra, una ficción,
> y el mayor bien es pequeño;
> que toda la vida es sueño,
> y los sueños sueños son.

Más tarde, el pueblo lo libera porque no quiere que un extranjero herede el trono. Esta vez Segismundo, en libertad, se porta° como un verdadero rey!

se... behaves

> pues que la vida es tan corta,
> soñemos, alma, soñemos
> otra vez, pero ha de ser°
> con atención y consejo
> de que hemos de° despertar ...

ha... it must be

hemos... we must

Tirso de Molina

Tirso de Molina (1583–1648), el creador de *Don Juan*, era un fraile madrileño. Su verdadero nombre era Gabriel Téllez. Fue el dramaturgo más prolífico después de Lope. Escribió más de cuatrocientas comedias, pero sólo se conservan unas sesenta. Observó profundamente la psicología humana. Se considera que *El condenado por desconfiado* es el mejor drama teológico del mundo.

Tirso ha dado a la literatura el personaje español más universalmente conocido, *Don Juan*, en su comedia *El burlador° de Sevilla*, escrita en 1630. El tema tiene su origen en una vieja leyenda sevillana. Ha sido tratado e interpretado de distintas maneras

trickster, seducer

por todas las literaturas. Sobre el tema de *Don Juan* han escrito Molière, Mérimée, Balzac, Flaubert, Lord Byron, Bernard Shaw, y muchos más, sin olvidar la hermosa ópera de Mozart, ni el popular *Don Juan Tenorio* de Zorrilla.

Algunos poetas del Siglo de Oro

Luis de Góngora

Luis de Góngora (1561–1627), poeta del barroco, era un cura cordobés. Fue castigado por el obispo° porque le gustaban más los toros que el coro° de la catedral. Empezó escribiendo sencillas canciones y romances populares. Pero más tarde compuso poemas largos, como las *Soledades* y la *Fábula de Polifemo y Galatea*, en un estilo barroco y metafórico, lleno de jeroglíficos lingüísticos. Esta poesía es de un arte y una belleza supremos. Hay que leerla con paciencia y cuidado para descifrar sus más exquisitas (pero complicadísimas) metáforas. En los versos de Góngora una mesa es "cuadrado pino"; un pájaro, "una esquila° dulce de sonora pluma"; una flecha, "un áspide° volante". Se da el nombre de "gongorismo" a este difícil estilo. Góngora es el ídolo de los poetas modernos que escriben para minorías selectas y no para el pueblo.

bishop
choir

little bell
asp

Luis de Góngora. Ejemplo de su poesía más popular es aquella inimitable letrilla que empieza: "La más bella niña / de nuestro lugar, / hoy viuda y sola / y ayer por casar (*about to be married*) / viendo que sus ojos / a la guerra van, / a su madre dice / que escucha su mal: / dejadme llorar / orillas del mar". (*Retrato de Diego Rodríguez de Silva y Velázquez. Courtesy Museum of Fine Arts, Boston. Purchased, Maria Antoinette Evans Fund.*)

Francisco de Quevedo

Francisco de Quevedo (1580–1645) es el primer poeta satírico de España. El "gongorismo" y la sátira caricaturesca de Quevedo representan el estilo barroco de la literatura española del siglo XVII. Quevedo era un noble y culto madrileño. Estuvo trece años encarcelado en León por criticar la decadente política de los favoritos del rey.

Escribió en prosa obras políticas, morales, filosóficas y satíricas. Entre ellas sobresale *Los sueños*, la mejor sátira sobre la sociedad escrita en castellano. Trata del Juicio° Final y del infierno; hace una caricatura de mujeres, médicos, jueces, clérigos y monjas de su tiempo. También es admirable su novela *El Buscón*, llena de picardía y de un estilo exagerado.

Quevedo debe su fama principalmente a las novecientas poesías satíricas y líricas que escribió. Muchas de ellas no se han olvidado hasta nuestros días, como la que empieza:

> Poderoso caballero
> es don Dinero.
> Madre, yo al oro me humillo:
> él es mi amante y mi amado,
> pues de puro enamorado,
> de continuo anda amarillo°
> pues que doblón o sencillo,°
> hacen todo cuanto quiero,
> poderoso caballero
> es don Dinero.

judgment

de… he continually looks yellow (pale) / *pues… since doubloons or half doubloons*

Francisco de Quevedo (*Retrato de Francis Lathrop. Courtesy of the Hispanic Society of America*)

Vocabulario

A. Sustituya lo que está en letra itálica con la forma correcta de una expresión de la lista que tenga un significado semejante.

delicia   masculino

sencilla   sin fondo

idioma   espiritual

desafortunado   refinado

ordenado

1. El castellano es la *lengua* oficial de España.

2. No es una persona *metódica* y paciente; escribe con pasión y emoción.

3. El Cid representa lo más *varonil* y noble de la literatura española.

4. Las *desgraciadas* hijas del Cid triunfaron al fin.

5. Al Arcipreste de Hita le encantaban los *placeres* del mundo y de la naturaleza.

6. Los romances españoles han sido como una fuente *inagotable* para muchos escritores españoles y extranjeros.

7. Garcilaso era de familia noble y *elegante*.

8. La autobiografía de Santa Teresa de Ávila es *simple* y sincera, y nos muestra la visión mística de la santa.

B. Dé los verbos que corresponden a los siguientes sustantivos.

1. aparición   6. introducción

2. seres   7. vagabundo

3. azote   8. sentimiento

4. conclusión   9. nacimiento

5. preocupación   10. sueño

Preguntas y opiniones

1. Antes de que apareciera la literatura en castellano, ¿en qué idiomas estaba escrita la literatura de España?

2. ¿Qué quiere decir *el Cid*? ¿Con qué otros poemas épicos se puede comparar esta obra?

3. ¿Cuál es la moraleja (*moral*) de "De lo que aconteció a un hombre bueno con su hijo"? ¿Está Ud. de acuerdo con este punto de vista?

4. ¿Qué es un *romance*?

5. ¿Qué caracteriza, en general, a la literatura del Renacimiento? ¿Cuál fue la primera obra de la literatura española del Renacimiento? ¿Por qué fue importante?

6. ¿Qué es una novela picaresca? ¿Conoce Ud. alguna obra picaresca inglesa o estadounidense?

7. ¿Quiénes fueron los dos escritores místicos más importantes de la segunda mitad del siglo XVI? Describa las semejanzas y las diferencias entre sus obras.

8. ¿Por qué se considera a Lope de Rueda como el verdadero padre del teatro español?

9. ¿De qué manera cambió Lope de Vega el teatro español?

10. ¿Qué es el "honor calderoniano"?

11. ¿Quién es el autor de *El burlador de Sevilla*? ¿De qué trata esta comedia?

12. ¿Qué es un "gongorismo"? Dé un ejemplo.

Actividad

Traduzca la siguiente estrofa de *La vida es sueño* al inglés:

> ¿Qué es la vida? Un frenesí.
> ¿Qué es la vida? Una ilusión.
> una sombra, una ficción,
> y el mayor bien es pequeño;
> que toda la vida es sueño,
> y los sueños sueños son.

Compare su traducción con las de sus compañeros de clase. ¿Está Ud. de acuerdo con el punto de vista que se presenta en estas líneas? ¿Por qué sí o por qué no?

10

Miguel de Cervantes

La vida de Cervantes

Miguel de Cervantes (1547–1616) nació en Alcalá de Henares, que entonces era una pequeña ciudad universitaria, a treinta kilómetros de Madrid. Su padre era un modesto cirujano,° hidalgo y pobre, de origen gallego. Miguel nunca recibió una educación formal. Fue un autodidacta que aprendió de la vida y de los libros. Se sabe poco de la infancia de Cervantes. Probablemente viajó con su familia por varias ciudades españolas. Sí sabemos que en 1568 estudiaba en Madrid con Juan López de Hoyos, un maestro de latín, liberal, quien llamó a Cervantes "nuestro caro° y amado discípulo".

En 1569, Cervantes—que trabajaba al servicio de un cardenal°—viajó a Italia. Pasó cinco años en esta tierra, cuna° del Renacimiento. Este período ejerció gran influencia en su formación intelectual y artística.

Pero el hecho más importante de su vida fue su participación en la famosa batalla de Lepanto, en 1571, contra los turcos. Allí perdió el uso de la mano izquierda "para mayor gloria de la derecha", y por eso se lo llama "el manco° de Lepanto".

Al regresar a España en 1575, el barco en que Cervantes viajaba fue atacada° por piratas turcos. Cervantes cayó prisionero y fue

surgeon

dear

cardinal / cradle

one-handed person

Miguel de Cervantes
(*MAS*)

llevado a Argel.° Allí sufrió durante cinco años, hasta ser liberado por frailes que lo llevaron a España en 1580.

    No tuvo Cervantes mucho éxito en la vida. No fue feliz en su matrimonio (1584) con Catalina de Palacios. Fracasó en su carrera militar. En 1585, publicó su novela pastoril° *La Galatea*, y fue un fracaso. Se dedicó a escribir para el teatro, pero el público de Madrid no lo aplaudió.

    Fracasado en todas partes, Cervantes tuvo varios empleos humildes en Andalucía. Fue encargado de conseguir aceite y trigo° para la *Armada Invencible*. Quería ir a América, pero no se lo permitieron. Además, lo encerraron en la cárcel varias veces porque había errores en la administración de sus cuentas.°

    Quizás en medio de tantas penas y en la triste soledad de la cárcel, concibió la idea de la obra monumental *Don Quijote de la Mancha*.° La primera parte fue publicada en Madrid en 1605. Inmediatamente el libro alcanzó un éxito sin precedentes en España y, más tarde, en el mundo. Diez años después se publicó la segunda parte del *Quijote*. Pero Cervantes no mejoró mucho su fortuna.

    Vivió en Madrid hasta su muerte. En los tres últimos años de su vida, cuando ya era viejo, publicó las *Novelas ejemplares*, una colec-

North African port city

pastoral, bucolic

wheat

accounts

area in Southern Castilla la Nueva

ción de doce narraciones cortas; ocho comedias y ocho entremeses, piezas de teatro breves; el *Viaje del Parnaso*, un libro en verso; y *Los trabajos de Persiles y Sigismunda*, una novela de fantásticas aventuras. Pero nada de esto puede compararse a la grandeza del *Quijote*.

Triste y cansado de la vida, Cervantes murió pobre y abandonado en Madrid, el 23 de abril de 1616. Fue precisamente el mismo día que murió Shakespeare. El mundo perdió a dos de los genios más grandes de la civilización occidental. Pero hombres de este calibre no mueren nunca.

El ingenioso hidalgo Don Quijote de la Mancha

"En un lugar de la Mancha de cuyo nombre no quiero acordarme...." Con estas inolvidables palabras presenta Cervantes a su héroe, Alonso Quijano *el Bueno*. Este protagonista se describe como un hidalgo pobre, de unos cincuenta años, alto y delgado, "gran madrugador° y amigo de la caza". Vive solo con el ama° y una sobrina que no pasa de los veinte años.

early riser / housekeeper

Don Quijote es muy aficionado a los libros de caballería,[1] que entonces se leían con tanto furor como se leen hoy las novelas de detectives. Pierde el juicio° y decide hacerse caballero andante.° Abandona su casa y se lanza al mundo en busca de la gloria eterna, enderezando entuertos y deshaciendo agravios,° siempre buscando el ideal. Como hacían los caballeros andantes de los libros que él había leído, se pone un nombre nuevo: *Don Quijote de la Mancha*. Bautiza a su flaco° caballo con el no menos sonoro nombre de *Rocinante*. Como caballero, necesita una dama, que para él será el símbolo de la gloria. Se acuerda de una moza labradora del pueblo de El Toboso, de quien él había estado en un tiempo silenciosamente enamorado. Se llama Aldonza Lorenzo, pero él la bautiza con el nombre más poética de *Dulcinea del Toboso*.

sense of judement / caballero... *knight errant*

enderezando... *righting wrongs and undoing injuries*

skinny

Una mañana sale Don Quijote por el corral de su casa, dejando que Rocinante lo guíe,° sin destino° predeterminado, por las secas llanuras de la Mancha. Se encuentra en una venta° que él imagina ser castillo, donde es recibido por dos "mozas alegres".° El cree que son princesas, y que el ventero° es un caballero. Don Quijote les recita este famoso romance:

dejando... *letting Rocinante lead him /* destination / roadside inn / prostitutes
innkeeper

Mis arreos° son las armas, mi descanso el pelear, mi cama, las duras peñas, mi dormir, siempre velar.°

trappings

to keep vigil

---

[1]*Los libros de caballerías* (chivalry) *narraban hazañas de bravos y nobles caballeros, siempre fieles a su dama.*

EL INGENIOSO
HIDALGO DON QVI-
XOTE DE LA MANCHA,
Compuesto por Miguel de Ceruantes
Saauedra.

DIRIGIDO AL DVQVE DE BEIAR,
Marques de Gibraleon, Conde de Benalcaçar, y Baña-
res, Vizconde de la Puebla de Alcozer, Señor de
las villas de Capilla, Curiel, y
Burguillos.

Año, 1605.

CON PRIVILEGIO,
EN MADRID, Por Iuan de la Cuesta.

Vendese en casa de Francisco de Robles, librero del Rey nro señor.

La aparición del *Quijote* en 1605 fue un acontecimiento literario mundial; era una de las fuentes más importantes de la novela moderna. El éxito del libro fue instantáneo en España, y en poco tiempo cruzó la frontera al resto de Europa. Fue traducido y, con el tiempo, se convirtió en una obra permanente y universal. (*Courtesy of the Hispanic Society of America*)

El ventero, que es muy burlón,° arma caballero° a Don Quijote en un rito paródico° de las leyes de caballería. Al salir de la venta se encuentra con unos mercaderes° a quienes Don Quijote les obliga a confesar que no hay en el mundo nadie como su señora, la sin par° Dulcinea del Toboso. Los mercaderes, que según Don Quijote son hombres sin fe, no quieren alabar a una persona a quien no conocen, y golpean al pobre manchego,° quien queda derrotado en el suelo. Pero un buen vecino suyo lo recoge y lo lleva a su aldea.°

　　Como Don Quijote se había vuelto loco leyendo libros de caballería, sus amigos queman más de cien libros de su biblioteca. Pero Don Quijote no se arrepiente de su locura y sale por segunda vez de su aldea, ahora en compañía de su escudero, Sancho Panza, un labrador bajo, gordo y analfabeto.° En pago a sus servicios de escudero, Don Quijote le promete que le hará gobernador de una región que conquistará en alguna de sus imaginadas aventuras caballerescas.

　　Don Quijote, montado en Rocinante, y Sancho, en su querido asno,° viajan por los polvorientos caminos de la Mancha. Van a

given to mocking / arma
　... confers knighthood /
　parodying / *merchants*

sin... *matchless*

person from La Mancha

village

illiterate

donkey, ass

buscar grandes aventuras, a luchar contra la maldad, la mentira
y la hipocresía de los hombres. Don Quijote y Sancho son los dos
extremos de la vida: el uno representa el ideal, el sueño, el espíritu; el otro, la vida, la realidad, la carne, la razón. Pero los dos se
complementan: discuten siempre entre sí, pero no hay separación
posible.

La esencia del pensamiento y del sentimiento de Cervantes
está en los inolvidables diálogos del caballero y del escudero.
Pero no podemos detenernos aquí a analizarlos. Sigamos sus
aventuras.

Ahora se encuentran con varios molinos de viento° que la fan- | molinos… *windmills*
tástica imaginación de Don Quijote convierte en feroces gigantes.
Sancho advierte a su amo que son molinos, pero Don Quijote los
ataca con su lanza. Las aspas° del molino lo tiran al suelo herido, | *wings*
pero el caballero no cede.° Explica que el mago Frestón tiene la | no… *does not give up*
culpa porque convirtió a los gigantes en molinos para robarle la
gloria de ganar tan singular° batalla. | tan… *such a unique*

No es posible olvidarse de Maritornes, la criada° asturiana° de | maid / *from Asturias*
la segunda venta. Es ancha de cara y tuerta.° La buena Maritor- | *blind in one eye*
nes sirve a los rudos arrieros° que paran en la venta. Les da | *mule drivers*
consuelo° físico y espiritual como un acto de servicio y caridad. | *consolation*
Cuando el pobre Sancho es golpeado por no pagar la cuenta de la
venta, Maritornes, compasiva,° le da una jarra de agua y otra de | *compassionate*
vino, que ella misma paga.

Prosiguen las aventuras. Don Quijote ve en su camino a unos

"En esto, descubrieron
treinta o cuarenta moli-
nos de viento que hay
en aquel campo, y así
como don Quijote los
vio, dijo a su escude-
ro…—Ves allí, amigo
Sancho Panza, donde
se descubren treinta, o
pocos más, desafora-
dos gigantes, con
quien pienso hacer
batalla y quitarles a
todos las vidas…."
¿Comprenden estos
niños manchegos el
vigor y el espíritu de
don Quijote? (*Courtesy
of Spanish National
Tourist Bureau*)

hombres cargados de cadenas.° Son criminales condenados a gale-
ras° por la justicia del rey. Don Quijote se indigna y grita: "Sol-
tadles,° porque es injusto hacer esclavos a quienes Dios y la naturaleza hizo libres." Don Quijote libera a los criminales, pero les
ordena que vayan a arrodillarse,° como acto de gratitud, ante su
señora Dulcinea. Los criminales no quieren cumplir esta orden y le
tiran piedras al pobre Don Quijote. ¡Así paga la ingratitud!

Después de muchas graciosas y trágicas aventuras, un cura y un
barbero inventan un plan para llevar a Don Quijote a su casa e
intentar° curarlo de sus locuras. Engañan° al pobre caballero y le
hacen creer que está encantado.° De esta manera lo llevan a su
aldea, encerrado en una jaula° de madera, transportada por una
carreta de bueyes.° Así termina la primera parte del *Quijote*.

Diez años más tarde, Cervantes escribió la segunda parte del
Quijote. Es menos anecdótica pero más profunda y analítica que la
primera. Cuando se publicó en 1615, Cervantes tenía ya sesenta y
ocho años.

En esta segunda parte, se cuenta cómo Don Quijote sale por
tercera vez de su aldea, acompañado de su inseparable Sancho
Panza. Sancho parece ahora más discreto; quiere y admira más a
Don Quijote. Aparece Sansón Carrasco, estudiante recién llegado
de la gran Universidad de Salamanca. Carrasco quiere mucho a su
buen amigo Don Quijote, pero no comprende su grandeza que él
también toma por locura.

Cerca de Zaragoza, Don Quijote y Sancho encuentran a un
duque y a una duquesa que dicen que habían leído la primera
parte del *Quijote*. Para reírse de las locuras del caballero y de la
gracia del escudero, los duques fingen° tomarlos en serio. Tratan a
Don Quijote como si fuera de verdad un caballero andante y lo
llevan a su castillo. Esto da lugar° a una serie de burlas humillan-
tes contra el genial manchego. Los duques representan una sociedad que no tiene sensibilidad° para comprender un ideal puro y
que ataca con el arma del ridículo. El lector sufre al ver a nuestro
caballero mortificado por unos nobles ignorantes.

Ha llegado la hora de cumplir la promesa que Don Quijote
había hecho a su escudero. Los duques nombran a Sancho gobernador de un pueblo que ellos, para burlarse, llaman la Ínsula de
Barataria. Para que sea un buen gobernador, Don Quijote le da
sabios consejos: "sé limpio; no comas ajos° ni cebollas; la diligencia es madre de la buena ventura°". Sancho demuestra ser un buen
gobernador, sencillo, humano y justiciero. Pero, al fin, abandona el
gobierno de la ínsula porque le piden que mande un ejército imaginario para derrotar a unos supuestos invasores. "Yo no he nacido
para gobernar, sino para arar° y cavar°" dice Sancho.

La del alba sería.... Escena del Quixote, obra de José Moreno Carbonero
(*MAS*)

Caballero y escudero, libres y juntos nuevamente, llegan a la
ciudad de Barcelona. Pero aquí les ocurre la más triste aventura de
su vida. El estudiante Carrasco, vestido de *Caballero de la Blanca
Luna*, quiere curar a Don Quijote de su locura. Vence a Don Quijote
en duelo de armas y, según las leyes de cabellería, tiene el derecho
de obligar a nuestro héroe a volver a la paz de su aldea.

Derrotado, triste y melancólico llega Don Quijote a su casa. Cae
enfermo en cama. Con lágrimas en los ojos, todos rodean a este
caballero del espíritu que ahora está moribundo.° Antes de morir,   *dying*
confiesa que sus aventuras no fueron más que locuras, provocadas
por la lectura de los detestables libros de caballerías. "Ya yo no soy
Don Quijote de la Mancha, sino Alonso Quijano, a quien mis costumbres me dieron renombre de *Bueno*", dice nuestro caballero.

Pero Sancho, que ahora se parece mucho a Don Quijote, anima° a su amo con energía, aunque llorando: "No se muera vuesa merced, señor mío, sino tome mi consejo, y viva muchos años; porque la mayor locura que puede hacer un hombre en esta vida es dejarse morir, sin más ni más,° sin que nadie le mate, ni otras manos le acaben° que las de la melancolía."

encourages

sin... *suddenly, without further ado / finish, kill*

Pero el caballero no lo oye. Con los ojos en el cielo, dice: "Vámonos poco a poco, pues ya en los nidos de antaño no hay pájaros hogaño°". Su cuerpo muere, pero el espíritu de Don Quijote de la Mancha es inmortal.

Vámonos... *Let us go on little by little, for in the nests of yesteryear there are no birds today.*

Cuando el personaje central de la novela deja de ser Don Quijote de la Mancha para volver a ser simplemente Alonso Quijano *el Bueno*, el héroe tiene que morir, y la novela tiene que terminar. El lector, que ha seguido con emoción la odisea° de nuestro caballero y ha vivido el idealismo y la infatigable voluntad de acción de Don Quijote, ve con gran desilusión que el héroe rechaza su quijotismo y llama "locuras" a sus ideales y sus sueños.

odyssey

Cervantes fue un autor que reflejó el gran dilema humano: cómo reconciliar lo real con lo ideal. Es un tema de todos los tiempos.

Don Quijote, el caballero del ideal, va en compañía de su inseparable Sancho Panza por las llanuras de la Mancha, contemplados desde atrás por Cervantes. Este monumento se encuentra en la Plaza de España en Madrid.
(© *Peter Menzel*)

Vocabulario

A. Sustituya lo que está en letra itálica con la forma correcta de una expresión de la lista que tenga un significado semejante.

lugar de origen   levantarse temprano

moza   posada

niñez   no saber leer ni escribir

intentar   llegar a tener

burro   responsable

1. No se sabe mucho de *la infancia* de Cervantes.

2. Italia es considerada como *la cuna* del Renacimiento.

3. Cervantes fue *encargado* de conseguir trigo y aceite para la Armada Invencible.

4. La obra "Don Quijote de la Mancha" *alcanzó* éxito mundial.

5. Alonso Quijano *era gran madrugador*.

6. Don Quijote estaba enamorado de *una muchacha* de El Toboso.

7. Sancho Panza era gordo, bajo y *analfabeto*.

8. En los caminos de la Mancha encontramos a Sancho montado en su *asno*.

9. Los dos viajaban de una *venta* a otra.

10. Sus amigos y vecinos *trataban de* curarlo de sus locuras.

B. Dé el adjetivo que se deriva de los siguientes sustantivos.

Modelo: amor
        enamorado

1. polvo

2. burla

3. carga

4. locura

5. jaula

6. la Mancha

Preguntas y opiniones

1. En general, ¿tuvo Cervantes una vida de éxito y renombre?

2. ¿Adónde fue Cervantes en 1569? ¿Por qué lo llamaron "el manco de Lepanto"?

3. ¿Cuál es el tema central de *Don Quijote de la Mancha*?

4. ¿De dónde sacó Don Quijote su inspiración?

5. ¿Qué consejos le dio Don Quijote a Sancho para ser un buen gobernador?

6. ¿Qué era la Ínsula de Barataria?

7. ¿Quién fue el Caballero de la Blanca Luna?

8. Cuando Don Quijote yace moribundo, ¿qué dice de sus aventuras?

9. ¿Qué influencia tuvo Don Quijote sobre Sancho Panza? ¿y sobre el lector?

Actividades

1. ¿Conoce Ud. otra obra que trate el tema de la oposición entre lo ideal y lo real? Compare los personajes de esa obra con Don Quijote y Sancho Panza.

2. Con sus propias palabras, y en español, explique lo que significan los siguientes versos escritos en 1952 por el poeta Dylan Thomas al saber que su padre moría: "Do not go gentle into that good night, / Old age should burn and rave at close of day; / Rage, rage against the dying of the light." ¿Qué personaje de las obras de Cervantes pudo haber dicho palabras semejantes? ¿a quién?

❧ 11 ❧

La literatura española de los siglos XVIII y XIX

La riqueza y fuerza creadora de los escritores españoles del Siglo de Oro terminaron con la muerte de Calderón de la Barca en 1681. El siglo XVIII, "el siglo de las luces°", fue la época de la Revolución francesa y de la Independencia norteamericana. Pero en España fue una época muy pobre para la literatura.

el... *the Enlightenment*

El siglo XVIII

En las letras, el siglo XVIII es de decadencia y de imitación de la literatura clasicista francesa. La dinastía borbónica francesa empezó a reinar en España en 1700. Su influencia fue decisiva. Sin embargo, en el aspecto cultural y político, el padre Feijóo, benedictino gallego, y Gaspar Melchor de Jovellanos, ciudadano progresista, abrieron las puertas de España al espíritu científico y liberal de Europa. España rompió en parte su aislamiento.

Leandro Fernández de Moratín

Leandro Fernández de Moratín (1760–1828) es ejemplo típico de su época. Liberal, erudito, autor de *Los orígenes del teatro español*, adaptó al castellano las obras de Molière. También escribió comedias neoclásicas de fina ironía, como *El sí de las niñas* y *La comedia nueva o el café*.

Ramón de la Cruz

No todos los españoles seguían la influencia francesa en el siglo XVIII. Ramón de la Cruz (1731–1794) es un continuador del teatro popular de Lope de Rueda y Cervantes. Madrileño modesto, fue el dramaturgo favorito del pueblo español durante cincuenta años. Escribió muchas comedias y sainetes. Los sainetes, o cuadros de costumbres, de Ramón de la Cruz son reliquias documentales de la España popular del siglo XVIII.

Ramón de la Cruz, el dramaturgo favorito del pueblo español del siglo XVIII. (*MAS*)

El romanticismo en España (1830–1850)

El movimiento romántico en Europa era el triunfo de la imaginación, del sentimiento, del individualismo y de la libertad artística.
Combatió la rigidez del clasicismo del siglo XVIII. En España
tenía dos aspectos: por una parte representaba la vuelta° al espí-   *return*
ritu de Lope de Vega y del romancero; por otra, era un movimiento
liberal que empezó cuando murió el tirano Fernando VII y regresa-
ron a España los exiliados políticos. Estos habían tenido contacto
con los románticos de Inglaterra y Francia.

Ángel de Saavedra, duque de Rivas

Ángel de Saavedra (1791–1865) evocó los temas legendarios de la
España medieval en sus *Romances históricos*. Pero su obra principal fue *Don Álvaro o la fuerza del sino*,° un drama romántico, fata-   *fate*
lista y melodramático, tomado más tarde como tema de la ópera
La forza del destino por el compositor italiano Giuseppe Verdi. Don
Álvaro es un criollo° aventurero, hijo de un virrey y de una prin-   *creole, person of*
cesa inca. El origen de su madre es un secreto que no se revela   *European heritage born*
hasta el fin del drama. Don Álvaro se propone raptar° a Leonor,   *in America / abduct*
hija de un marqués. Mata en duelo a dos hermanos de Leonor y,
más tarde, se hace fraile. Uno de los hermanos de Leonor se venga
en la propia hermana de don Álvaro, clavándole un puñal° en el   *clavándole... thrusting a*
pecho. Al final, don Álvaro se suicida.   *daggar*

José de Espronceda

Este poeta romántico (1810–1842) ha gozado de una gran popularidad en España. Sufrió la persecución de Fernando VII por sus
ideas liberales. Su vida, como la de cualquier buen romántico, fue
turbulenta; tuvo relaciones amorosas apasionadas. Uno de los
poemas largos de Espronceda es *El estudiante de Salamanca*, sobre
un joven libertino° que se ve en su propio funeral bailando con el   *libertine, rake*
esqueleto de su novia. Otro es *El diablo mundo*, que aspira a ser
una epopeya° de la humanidad. Muy conocida es *La canción del*   *epic*
pirata, con su estribillo°:   *chorus, refrain*

> Que es mi barco mi tesoro,
> que es mi Dios la libertad,
> mi ley la fuerza y el viento,
> mi única patria la mar.

José Zorrilla

Porque cantó las glorias del pasado de España, se llama a José Zorrilla (1817–1893) *poeta nacional*. Más poeta que filósofo, Zorrilla ha fascinado al pueblo español hasta hoy con sus versos. A pesar de su enorme producción, murió en la miseria. Escribió también gran cantidad de obras teatrales, siempre en verso, con la misma facilidad que tenía Lope de Vega.

Zorrilla es un poeta muy popular en el mundo español, principalmente por su comedia *Don Juan Tenorio*, inspirada en el drama de Tirso de Molina. Después de su estreno° en 1844, hasta hoy, todos los años ha sido representada el Día de Todos los Santos.°

premiere
Dia... *All Saints' Day*

Gustavo Adolfo Bécquer

Gustavo Adolfo Bécquer (1836–1870) era un romántico cuando ya había pasado la ola° del romanticismo. Es el poeta más fino y delicado de su siglo. Sevillano, sus antepasados emigraron de Flandes a Sevilla en el siglo XVI. Murió pobre y desconocido a la edad de treinta y cuatro años. Los críticos de su tiempo preferían a otros poetas inferiores a él, pero hoy es considerado como el poeta más original y creador del siglo XIX. Es el principal inspirador de la poesía moderna española e hispanoamericana.

wave

El más romántico entre los poetas románticos españoles, Gustavo Adolfo Bécquer nunca vio publicadas sus obras en forma de libro. Pálido, enfermo y pobre, murió en Madrid. No hay un español enamorado que en su romántica juventud no haya recitado de memoria algunas de las melancólicas *Rimas* de Bécquer. Este retrato fue pintado por su querido e inseparable hermano Valeriano, otro artista romántico, soñador y pobre. (*MAS*)

Su obra principal, las *Rimas,* no se publicó hasta después de su muerte. Es una colección de setenta y nueve rimas cortas que tratan un tema único: el amor en su aspecto romántico y melancólico. No se trata del amor apasionado de Andalucía, sino de la dulzura° del aire nórdico. Todos los enamorados en España conocen estas dos rimas:

> ¿Qué es poesía? dices mientras clavas°
> en mi pupila° tu pupila azul;
> ¿Qué es poesía? ¿Y tú me lo preguntas?
> Poesía . . . eres tú.

> Por una mirada, un mundo;
> por una sonrisa, un cielo;
> por un beso . . . ¡yo no sé
> qué te diera° por un beso!

sweetness

fix
pupil (of the eye)

= daría

El renacimiento de la novela: el realismo

En la segunda mitad del siglo XIX triunfó la novela realista. El realismo español fue una reacción contra el subjetivismo y la fantasía de los románticos. Los realistas se dedicaron a describir en todos sus detalles las costumbres de la vida española, en particular el ambiente regional.

La primera novela realista española es *La gaviota* (1849), de Cecilia Böhl de Faber (1796–1877), escritora nacida en Suiza, hija de padre alemán y madre andaluza. Es conocida por el pseudónimo masculino de *Fernán Caballero.* En su novela pintó las costumbres andaluzas. Los grandes novelistas realistas del siglo XIX siguieron la tradición de Fernán Caballero.

Juan Valera

Juan Valera (1824–1905) fue diplomático. Representó a España en Nápoles, Viena, Lisboa, Washington y otras ciudades. Era partidario del "arte por el arte", y creía más en una mentira bella que una verdad fea. Sus obras no fueron nunca populares entre las masas. Murió como un gran señor, rodeado de admiradores.

Muy prolífico, escribió poesía, teatro, crítica literaria e hizo traducciones. Pero lo principal son sus numerosas novelas encantadoras. La mejor de todas es *Pepita Jiménez.* Cuenta la historia de una rica viuda° andaluza de veinte años, cuyos encantos° ganan el corazón de un joven seminarista.° El problema se complica al

widow / charms
theology student

saber° que el padre del muchacho también estaba enamorado de Pepita. Al fin triunfa el amor juvenil.

al... upon finding out

Pedro Antonio de Alarcón

Pedro Antonio de Alarcón (1833–1891) fue el novelista que escribió una de las pequeñas joyas de la literatura española: *El sombrero de tres picos.*° Es un cuento popular picaresco, basado en un viejo romance. Por su estilo, es digno de la mejor tradición del Siglo de Oro. Trata de una molinera° casada que es perseguida por un viejo corregidor° andaluz. La molinera y su marido, al final, dan una lección al corregidor. El gran compositor español Manuel de Falla se inspiró en *El sombrero de tres picos* para crear un ballet del mismo nombre.

de... three-cornered

miller's wife
mayor

José María de Pereda

José María de Pereda (1833–1905) nació, vivió y murió en la provincia de Santander. El espíritu de Pereda es tradicionalista, feudal, clerical° y reaccionario. Para él, únicamente podemos encontrar la virtud en el pasado. La ciencia y el progreso de los tiempos modernos sólo conducen a la ruina moral del hombre. La ciudad es el vicio; la aldea°, la virtud. A pesar de estas ideas, Pereda era un hombre sincero y un gran artista que escribió las mejores novelas regionales de su tiempo. Tenía mucho vigor para describir la naturaleza. Entre sus obras sobresalen *Sotileza* y *Peñas arriba.*

clerical, pertaining to the clergy

village

Benito Pérez Galdós

Benito Pérez Galdós (1843–1920) fue el mejor novelista del siglo XIX y el alma del pueblo español del siglo pasado. La grandeza de su genio sólo admite comparación con la de Cervantes. El lugar que ocupan Dickens en Inglaterra y Balzac en Francia corresponde al de Galdós en España.

Nació en las Islas Canarias, pero el centro de su vida y de sus novelas fue Madrid, donde casi siempre vivió. Galdós era anticlerical,° republicano y liberal. Sufría al ver la trágica injusticia social de su querida España. Pero, ante todo, Galdós era un hombre bueno, íntegramente bueno, un alma sincera que luchaba con su pluma contra el egoísmo brutal de la sociedad. No era una lucha con odio, sino con bondad y amor. Tenía fe y esperanza en una humanidad más humana, en una humanidad que sólo han sentido profundamente los grandes genios. En medio del individualismo

opposed to the interference of the clergy in affairs of state

anárquico, Galdós fue una voz solitaria en el desierto que pedía lo único que podía salvar a España: tolerancia y conciliación.

En su discurso de ingreso° en la Academia Española, Galdós dijo: "La novela es la imagen de la vida y su arte consiste en reproducir sus caracteres humanos; pasiones, debilidades,° grandezas° y bajezas°; almas y rostros,° espíritu y materia; idioma, marca de la raza; hogares, símbolo de la familia; vestido, manifestación exterior de la personalidad. Sin olvidar que la reproducción tiene que ofrecer exacto equilibrio° entre la veracidad° y la belleza". Así es la obra de Galdós.

La producción de Galdós fue enorme. Además de un gran número de cuentos y artículos, unos ocho mil personajes aparecen en una humanidad de setenta y siete novelas y veinticuatro obras teatrales. Su obra monumental, los *Episodios Nacionales*, es un conjunto de cuarenta y seis novelas. No es fantasía, sino la historia novelada° de la España del siglo XIX, con personajes reales e imaginarios. Los *Episodios Nacionales* constituyen una epopeya reveladora de la historia española. Galdós no pasó un solo año sin escribir al menos una o dos novelas.

En su primera época escribió novelas atacando la intolerancia clerical y la falsa religión, como *Doña Perfecta, Gloria* y *La familia de León Roch*. También en esta época hay obras de tendencias sociales, como *Marianela*, que al mismo tiempo tiene un aire sentimental. Las novelas de su segunda época tienen por escenario a Madrid, síntesis de España. Constituyen el más fiel retrato de la vida y psicología de los españoles.

entrance, admittance

weaknesses / greatness / baseness / faces

balance / truth

in novels

Benito Pérez Galdós con Margarita Xirgu y José Estrañi en 1914. (*MAS*)

Fortunata y Jacinta, una de las obras maestras de Galdós, también es una creación de la primera época. Cuenta la historia del amor entre Juanito Santa Cruz y Fortunata, una joven madrileña pobre que viene de un mundo social totalmente diferente al de su amante, Juanito, casado con Jacinta. A través de la narración de un amor imposible, se describe el desarrollo social y económico de España durante el siglo XIX. Viven en la novela un mundo entero de personajes, a la vez reflejos° de sus circunstancias sociales e individuos con problemas propios.

reflections

En sus últimos años, Galdós se dedicó al teatro. Su teatro es real y humano, inspirado en la gente que sufre. Algunos críticos lo atacaron por sus ideas liberales; en cambio, el pueblo lo aplaudió con entusiasmo. Hoy, Galdós es considerado como el primer dramaturgo del siglo XIX. De sus dramas, los más conocidos son *El abuelo* y *Electra.*

Vicente Blasco Ibáñez

Vicente Blasco Ibáñez (1867−1928) es el novelista español moderno más conocido en el mundo, aunque quizás no sea el mejor. De joven fue un periodista° dinámico y republicano. Entonces escribió sus mejores novelas regionales sobre su tierra: Valencia. Especialmente *La barraca*° es un vivo cuadro de arte pintado con vigoroso estilo, lleno de luz y color. Más tarde, Blasco Ibáñez se

journalist

small house, hut

Una barraca es una casa rústica, típica del huerto valenciano, ejemplo del cual se ve aquí. Entre las muchas novelas del valenciano Vicente Blasco Ibáñez sobresale *La barraca.* (*Courtesy of the Spanish National Tourist Bureau*)

dedicó a escribir novelas anticlericales y sociales, como *El intruso,*
La catedral y *La bodega*°. Alcanzó una popularidad mundial con *Los*   *tavern, wine-cellar*
cuatro jinetes° *del Apocalipsis* y *Mare Nostrum*, novelas sobre la   *horsemen*
Primera Guerra Mundial. *Sangre y arena* es otra novela popular,
sobre los toros. Hollywood llevó estas obras al cine, y Blasco
Ibáñez se hizo millonario.

Vocabulario

A. Sustituya lo que está en letra itálica con la forma correcta de una expresión de la
   lista que tenga un significado semejante.

regreso	al saber
destino	cara
puñal	decadencia
farsas	hechizos
antecesores	

1. Ramón de la Cruz es conocido por sus *sainetes* sobre la vida de la España
   popular del siglo XVIII.

2. El romanticismo representaba *la vuelta* al espíritu de los romances.

3. "Don Álvaro o la fuerza del *sino*" fue la inspiración para una ópera italiana.

4. En esa obra, matan a la hermana del héroe con un *cuchillo*.

5. Los *antepasados* de Gustavo Adolfo Bécquer eran flamencos (de Flandes).

6. *Pepita Jiménez* trata el tema de una viuda cuyos *encantos* ganan el corazón de
   un joven seminarista.

7. Las cosas se complican *cuando se averigua* que el padre del seminarista
   también está enamorado de Pepita.

8. En las obras de Pereda, la ciencia y el progreso sólo conducen a la *ruina* moral
   del hombre.

9. Galdós insistía en que la novela tenía que describir el alma y el *rostro* del
   personaje.

B. Dé una frase o palabra que significa lo contrario de las palabras en la lista.

1. liberal

2. fracaso

3. flexibilidad

4. vicio

5. amor

6. mendigo

7. tragedia

8. falsedad

Preguntas y opiniones

1. ¿Qué ocurrió durante "el siglo de las luces" fuera de España?

2. ¿Por qué tuvo tanta influencia en España la literatura clasicista francesa?

3. ¿Por qué cree Ud. que las obras de Ramón de la Cruz eran tan populares en la España del siglo XVIII?

4. ¿Cuáles son las diferencias entre el romanticismo europeo y el español?

5. ¿Cuáles son las características de las *Rimas* de Gustavo Adolfo Bécquer?

6. ¿Qué reemplazó el romanticismo en la segunda mitad del siglo XIX? ¿Quién fue Fernán Caballero?

7. ¿Quién es el autor de *Pepita Jiménez?*

8. ¿Quién es el mejor novelista español del siglo XIX? ¿Está Ud. de acuerdo con la declaración: "La novela es la imagen de la vida y su arte consiste en reproducir sus caracteres humanos"? ¿Por qué sí o por qué no?

9. Los *Episodios Nacionales* de Pérez Galdós es una obra monumental que muestra la España del siglo XIX. ¿Conoce Ud. alguna obra norteamericana (novela, película, etcétera) que pretende hacer lo mismo?

Actividad

La creación literaria de Galdós manifiesta un intento de mejorar la sociedad a base de una crítica social novelística. Lo mismo hicieron otros novelistas realistas como Dickens y Tolstoy. Discuta con otros estudiantes la posibilidad o imposibilidad de cambiar la sociedad por medio de una novela.

❧ 12 ❧

La literatura española en el siglo XX

La Generación del 98

En 1898, tuvo lugar la guerra de Cuba. Entonces, España perdió las últimas colonias de lo que había sido su poderoso imperio. Esta pérdida produjo un gran efecto desmoralizador° y pesimista entre los intelectuales jóvenes que empezaban su carrera literaria. Ese grupo de escritores fue llamado "la Generación del 98". Entre los más representativos de ellos están Miguel de Unamuno, Pío Baroja, Ramón del Valle-Inclán, Azorín y Antonio Machado.

    Aunque estos escritores no se sometieron a ninguna norma, todos manifestaban una profunda preocupación por el tema de España: querían examinar el presente, el pasado y hasta el porvenir del país. Todos protestaban contra la política decadente de los gobiernos, y contra la retórica y la superficialidad que reinaban en la literatura del siglo XIX. Así la vida intelectual y literaria recibió un formidable impulso.

demoralizing

Miguel de Unamuno

Como pensador, novelista y poeta, Miguel de Unamuno (1864–1936) es el escritor más representativo de la Generación del 98. Es también, junto con Ortega y Gasset, la personalidad española más importante del siglo XX. Fue toda su vida un espíritu rebelde y batallador. Escribió artículos atacando violentamente al rey, a la dictadura, a la República, al marxismo y al fascismo. El título de una de sus colecciones de ensayos lo muestra: *Contra esto y aquello*. El dictador Primo de Rivera lo exilió a las Islas Canarias en 1924. Después vivió en exilio voluntario en Francia, hasta que España lo recibió triunfalmente a la caída de la dictadura, en 1930.

La obra capital de Unamuno como pensador es *Del sentimiento trágico de la vida en el hombre y en los pueblos*. Estudia en ella al "hombre de carne y hueso" como objeto de la filosofía. Su preocupación constante es el hambre de inmortalidad, el anhelo de no morir. El "hombre de carne y hueso" de Unamuno es "el que nace, sufre y muere—sobre todo muere—, el que come y bebe, y juega, y duerme, y piensa, y quiere". De la lucha entre la razón y la vida nace una fe que no es dogmática. También surge una duda que no

El quijotesco pensador español Miguel de Unamuno siempre se vestía como en esta foto. Como entretenimiento, le gustaba hacer pajaritas de papel como las que en este retrato ha pintado Zuloaga entre los libros. Unamuno atacó a los dos bandos que lucharon en la Guerra Civil. Murió con el alma destruida por la tragedia española, el último día frío del año 1936, en su modesta casa de Salamanca. (*Retrato por Ignacio Zuloaga y Zamora. Courtesy of the Hispanic Society of America*)

es la duda fría, negativa, racionalista, sino lo que Unamuno llamó "fe dudosa". En otro ensayo, dijo: "Mi religión es buscar la verdad en la vida y la vida en la verdad, aun a sabiendas° de que no he de encontrarlas mientras viva". El sentimiento trágico de la vida es precisamente esa lucha eterna entre el corazón y la razón.

a... knowing

En vez de plegarse° a la corriente cultural de Europa, Unamuno prefirió el cultivo de la cultura de Castilla. En 1905 escribió la *Vida de Don Quijote y Sancho*, una interpretación original y subjetiva del *Quijote*. Para Unamuno, el quijotismo es la filosofía de España.

En... Instead of joining

Las novelas de Unamuno son reflejos de su filosofía. En general, no hay descripción de paisaje, costumbres ni cosas a la manera realista. Hay luchas y conflictos de seres humanos atormentados por las pasiones de su vida interior. Así, *Abel Sánchez* es un profundo estudio de la envidia; *La tía Tula*, del instinto maternal; *San Manuel Bueno, mártir*, de la falta de fe de un sacerdote que no puede creer lo que él mismo predica.°

preaches

La poesía de Unamuno es un grito desesperado de dolor que emociona° por su sinceridad. Así es su largo poema *El Cristo de Velázquez*, inspirado en el famoso cuadro del Museo del Prado de Madrid. Otras veces, su poesía es la exaltación del austero paisaje de Castilla.

moves (one)

Pío Baroja

Pío Baroja (1872–1956) estudió medicina en Madrid, y fue médico durante algunos años. Con afán° por la verdad científica, observó atentamente la vida de la gente miserable°: mendigos, golfos,° aventureros. Viajó mucho y repetidamente por las principales capitales de Europa con el fin de documentarse° para sus novelas. Como la mayoría de los escritores españoles, empezó su carrera literaria en Madrid, y allí residió la mayor parte de su vida.

desire, thirst
unfortunate, poor /
urchins
inform himself

Al contrario de Unamuno, Baroja era un escéptico nihilista que no creía en casi nada. Atacó a los políticos, a los militares, a la democracia, a la artistocracia, al socialismo, a los profesores, a los católicos, a los judíos, a los ricos y a los pobres. Su autobiografía *Juventud, egolatría*° está llena de juicios deprimentes sobre la vida. Pero, al mismo tiempo, revela un espíritu libre, una gran simpatía por los oprimidos y por los anarquistas. Baroja creía que este mundo es malo y egoísta, y que el mal es inevitable. La única alternativa es la acción para no morir de aburrimiento. Por eso, sus novelas, aunque pesimistas, son muy amenas.° El secreto de su arte reside en un estilo sencillo de frases cortas, sin retórica ni adorno innecesario.

self-worship

charming

Ernesto Hemingway, después de recibir el premio Nóbel de literatura, visitó a Baroja. Hemingway le dijo modestamente: "A

El vasco Pío Baroja tuvo mucho influencia en la novela española de la postguerra. Todo lo contrario de Unamuno, Baroja era un escéptico nihilista que no creía en casi nada. Sus novelas son pesimistas pero amenas. Este retrato fue pintado por Joaquín Sorolla y Bastida. (*Courtesy of the Hispanic Society of America*)

usted debían haber dado el premio Nóbel, porque yo aprendí de usted el arte de escribir novelas.''

Baroja escribió unas ochenta novelas. Entre las mejores, las de su juventud, están *Zalacaín el aventurero* (situada en el País Vasco), *Camino de perfección* y *El árbol de la ciencia*. También escribió una serie de veinticuatro volúmenes bajo el título significativo de *Memorias de un hombre de acción*. Allí se cuenta la vida de un antepasado de Baroja, durante las guerras carlistas de España.

Ramón María del Valle-Inclán

Todo lo contrario de Baroja, Valle-Inclán (1869–1936) fue un estilista. Su preocupación no fue tanto el contenido como la forma y el lenguaje. Sus novelas son joyas de complicado estilo, en las que el autor trabajó pacientemente: usó palabras cuidadosamente seleccionadas para producir un efecto estético en la prosa.

Escribió varias novelas y teatro fantástico, reproduciendo el ambiente de su tierra, Galicia. Son obras misteriosas, líricas, supersticiosas y sensuales. En 1920 inventó un género° literario nuevo, al que llamó "el esperpento°". Su obra esperpéntica más destacada es *Luces de Bohemia*. En sus últimos años no escribió más que esperpentos: obras teatrales y *El ruedo ibérico*, dos volúmenes sobre la inmoralidad política y decadencia de la España de Isabel II.

genre

something grotesque and deformed, farcical, a caricature

Azorín dio al mundo de habla española las esencias del alma de España, de ayer, de hoy y de siempre. Escribió miles de ensayos literarios, publicados en los principales periódicos y revistas de España y de la América española durante más de medio siglo. Este cuadro fue pintado por Ignacio Zuloaga, el pintor más característico de la "Generación del 98". (*Courtesy of the Hispanic Society of America*)

Azorín

Azorín (1873–1967) es el pseudónimo de José Martínez Ruiz, maestro del ensayo. Escribió unos ochenta volúmenes, casi todos colecciones de los ensayos que durante cincuenta años aparecieron en los periódicos y revistas de España y América.

Los ensayos de Azorín son evocaciones emocionantes del pasado de España. El tema más frecuente es el alma de Castilla: los pueblos, el paisaje, la vida campesina, las catedrales, las ciudades antiguas, el escenario de las grandes obras de la literatura española. Pero Azorín no describe lo grandioso ni lo monumental. Concentra la atención en un sólo detalle minúsculo°, pero lleno de vida. Por ese detalle sentimos hoy el alma de todo el pasado.   *minute, small*

Azorín creía que España no cambia, que es siempre la misma a través de los siglos, como el sonido de las campanas° de sus cate-   *bells*
drales. Por esta repetición de la vida, Azorín vio todo el pasado en las costumbres del presente. Entre sus volúmenes se destacan *España, Castilla, Los pueblos, La ruta de Don Quijote* y *Al margen de los clásicos,* este último de crítica literaria. También escribió obras de teatro: *Old Spain, Brandy, mucho brandy* y otras comedias.

Antonio Machado

Este gran poeta lírico (1875–1939) nació en Sevilla, pero vivió muchos años en varias ciudades de Castilla. Fue profesor de francés, y gran amante de la libertad. Sintió profundamente la tragedia de la Guerra Civil. Murió en Francia, fuera de su patria.

Fue un poeta que cantó la emoción del paisaje castellano. En estos versos describió la parda tierra de Soria:

¡Soria fría! La campana
de la Audiencia da° la una.   *is striking*
Soria, ciudad castellana
¡tan bella! bajo la luna.

Pero Antonio Machado, igual que los demás escritores de la Generación del 98, a veces gritaba dramáticamente contra el espectáculo de decadencia e indiferencia de su patria empobrecida:

Castilla miserable, ayer dominadora,
envuelta en sus andrajos° desprecia cuanto ignora.°   *rags / desprecia… it*
¿Espera, duerme o sueña? ¿La sangre derramada   *disdains what it does*
recuerda, cuando tuvo la fiebre de la espada?   *not know*

Otros escritores del siglo XX

Juan Ramón Jiménez

Juan Ramón Jiménez (1881–1958), que se autotituló «el andaluz universal», vivió en Madrid gran parte de su vida. Durante la Guerra Civil se trasladó a Puerto Rico, a Cuba y después a los Estados Unidos, donde enseñó en varias universidades. En 1956, recibió el premio Nóbel de literatura.

La poesía de Jiménez muestra un anhelo constante de perfección. Quería llegar a la cumbre de la poesía desnuda y pura. Fue también el poeta de la tristeza profunda—sólo quien sufre vive—, de la soledad y de la dulce melancolía. Tenía una intensa vida interior, tierna, sentimental y culta° al mismo tiempo. Sentía ine-   *refined, learned* fable° amor por la naturaleza, como se ve en *Arias tristes, Jardines*   *indescribable* *lejanos, Estío* y *Eternidades*. Su *Platero y yo* ocupa un lugar prominente en la literatura española; es una evocación en prosa de su pueblo natal y de la inolvidable figura de Platero, un burrito.

José Ortega y Gasset

José Ortega y Gasset (1883–1956) fue uno de los grandes intelectuales de Europa. Su capacidad en el campo de la filosofía era verdaderamente extraordinaria. Ya de niño era un prodigio. Estudió con los jesuitas, y amplió sus estudios de filosofía en las grandes universidades alemanas. A los veintisiete años era ya un brillante profesor de metafísica en la Universidad Central de Madrid. Fue el guía intelectual de la juventud universitaria española.

Ortega no escribió novelas, ni poesía, ni teatro. Su formidable producción consiste en un enorme número de ensayos y tratados sobre crítica literaria, arte, pedagogía, teoría política y muchos otros temas. En contraste con las geniales paradojas y el fuego ibérico de Unamuno, Ortega y Gasset era un pensador más metódico y ordenado.

En *El tema de nuestro tiempo*, desarrolló el *perspectivismo* o doctrina del punto de vista. Según Ortega, "cada vida es un punto de vista sobre el Universo . . . . La razón física no puede decirnos nada claro sobre el hombre", porque "la vida humana no es una cosa, no tiene una naturaleza . . . es un drama".

Preocupado por el problema de España, como los escritores de la Generación del 98, Ortega explicó en *España invertebrada* las lamentables consecuencias de la incapacidad histórica de los españoles para actuar en forma cooperativa. En *La rebelión de las masas*, trató el tema de las relaciones sociales. Quería un gobierno de la aristocracia intelectual, de las minorías selectas, de "los mejores", frente al "hombre-masa", el rutinario° ignorante. Ortega también apoyó la creación de los "Estados Unidos de Europa".

drudge, person who adheres strictly to routine

José Ortega y Gasset produjo un enorme número de ensayos y tratados sobre crítica literaria, arte, pedagogía, teoría política y muchos otros temas. Fue uno de los grandes intelectuales de Europa. (*Retrato por Ignacio Zuloaga. MAS*)

Federico García Lorca

El mundo perdió a un artista extraordinario e inolvidable cuando unos falangistas° asesinaron a Federico García Lorca (1899–1936) a la temprana edad de treinta y seis años. El crimen fue cometido al empezar la Guerra Civil y se debió a odios políticos, aunque García Lorca nunca participó activamente en la política.

supporters of Franco

El poeta nació en la provincia de Granada. Desde niño respiró el perfume árabe de los jardines de la Alhambra y el ambiente gitano de algunos barrios de su querida ciudad andaluza.

García Lorca no era sólo el poeta de los gitanos. Asimiló como nadie la esencia y la gracia castiza° de la poesía popular española. Al mismo tiempo, le dio un tono personal único. Su mérito se debe a su habilidad para darnos una visión poética de las cosas y de la vida, mediante emocionantes imágenes de color y de música. De su *Romancero gitano* es el fragmento siguiente:

genuinely Spanish

La luna vino a la fragua°
con su polisón° de nardos.°
El niño la mira, mira.
El niño la está mirando.

forge
bustle (of a dress) /
fragrant flowers

—Huye° luna, luna, luna.
Si vinieran los gitanos,
harían con tu corazón
collares° y anillos blancos.

Run away

necklaces

Federico García Lorca nació en Andalucía. Captó el sonido de la melodiosa guitarra española con este poema: "Empieza el llanto / de la guitarra. / Se rompen las copas / de la madrugada..../ Es inútil callarla, / Es imposible callarla.... / ¡Oh, guitarra! / corazón malherido / por cinco espadas". (*MAS*)

La música flamenca de los gitanos de Andalucía inspiró a García Lorca. Aquí vemos a un par de gitanos cantando y tocando la guitarra. (*Walter D. Hartsough*)

Como típico andaluz, a García Lorca le entusiasmaba° la corrida de toros. Su *Llanto por Ignacio Sánchez Mejías* fue compuesto después de la muerte trágica de este famoso torero, amigo íntimo del poeta. No tiene igual en la poesía moderna por la trágica visión de la muerte y su grandiosidad rítmica.

García Lorca viajó a los Estados Unidos en 1929. El barrio de Harlem de Nueva York fue lo que más le impresionó. Sus vívidas impresiones inspiraron su poema *Poeta en Nueva York*. Es, sin duda, el mejor poema surrealista de la literatura española.

García Lorca llevó su poesía al teatro. Pero el destino no le dio tiempo de ampliar° su producción teatral. Sin embargo, los dramas que nos dejó antes de morir han ganado el entusiasmo del público teatral de muchos países de Europa y de América. Sus dramas más conocidos son *Bodas de sangre*, *Yerma* y *La casa de Bernarda Alba*. Todos tratan el tema de la frustración del amor pasional y la liberación de los deseos carnales.

excited

increase, extend

Camilo José Cela

Después de la Guerra Civil, la censura oficial impuso limitaciones a la literatura. Pero a pesar de esta supresión, los novelistas españoles de entonces prefirieron tratar los temas más ásperos, turbulentos, deprimentes y violentos de la vida. Algunos han llamado esta corriente de crudo realismo, *tremendismo*. En el fondo, es un reflejo del sórdido clima de angustia y miseria de los años de la postguerra.

Camilo José Cela (1916−) ocupa un lugar prominente entre esos escritores. Sus dos novelas, *La familia de Pascual Duarte* y *La colmena*,° fueron los éxitos literarios más importantes de la España de la postguerra.   *beehive*

La colmena es una composición alternada de fragmentos de la vida de 346 personajes. Todos ellos son hombres y mujeres del deprimente Madrid de la postguerra. Como dijo el propio Cela, "No es otra cosa que un pálido reflejo, una humilde sombra de la cotidiana,° áspera, entrañable° y dolorosa realidad".   *everyday | intimate*

En la otra gran novela de Cela, *La familia de Pascual Duarte*, traducida a varios idiomas, el personaje central es un hombre amoral. Comete toda clase de crímenes. Hace siempre la justicia por su mano porque no puede dominar sus instintos de criminal. Pascual cree que sólo Dios sabe dónde está el bien y dónde está el mal. Cuando es condenado a muerte por sus crímenes, el sacerdote que oye su última confesión dice que Pascual es sólo "un manso cordero,° acorralado° y asustado por la vida".   *lamb | cornered*

La novela española actual

Luis Martín-Santos

Después de un período de repetición del realismo crudo y objetivo de los años 40 y 50, se publicó en 1962 una novela que cambió la dirección y el estilo de la novela española. Este libro innovador se titula *Tiempo de silencio*, escrito por Luis Martín-Santos (1924−1964). Desgraciadamente, el autor murió en un accidente de automóvil en 1964. La novela sobresale por su riqueza verbal y su complejidad estilística. También es una crítica demoledora° de los españoles que, durante la época franquista, se sometían pasivamente a una sociedad represiva y dictatorial. Según el autor, el protagonista "se deja castrar" por el silencio del régimen de Franco.   *devastating*

Juan Goytisolo

Juan Goytisolo (1931–), en sus más recientes novelas, adopta algunas de las tendencias estilísticas de Martín-Santos. Tanto *Señas de identidad*, como *Reivindicación° del Conde don Julián* y *Juan sin tierra*, son novelas experimentales. Los personajes son fenómenos culturales, símbolos de un acontecimiento o figuras históricas o mitológicas. En *Don Julián*, por ejemplo, Goytisolo recrea la figura histórica del Conde don Julián, que, según la leyenda, dejó a los moros invadir España. Es una novela llena de amor y de odio.

    recovery

    Otros autores que se inclinan hoy por el estilo de esta "nueva novela" son Juan Benet, autor de *Volverás a Región*, y Juan Marsé, sobre todo en la novela *Si te dicen que caí*, aunque en su obra más conocida, *Últimas tardes con Teresa*, el estilo es más tradicional.

Vocabulario

A. Sustituya lo que está en letra itálica con la forma correcta de una expresión de la lista que tenga un significado semejante.

incorporarse	género
pináculo	habilidad
franquista	tedio
desgraciado	entusiasmar
ocurrió	duro

1. En 1898 *tuvo lugar* la guerra de Cuba.

2. En vez de *plegarse* a la corriente cultural de Europa, Unamuno prefirió la cultura de Castilla.

3. Pío Baroja observaba y describía la vida de la gente *miserable*.

4. Para Baroja la acción era la única alternativa para combatir el *aburrimiento*.

5. Valle-Inclán inventó una nueva *categoría* literaria, hecha a base de caricaturas grotescas.

6. Juan Ramón Jiménez quería llegar a la *cumbre* de la poesía pura.

7. En el campo de la filosofía, la *capacidad* de José Ortega y Gasset se considera extraordinaria.

8. Federico García Lorca fue asesinado por un grupo *que apoyaba a Franco*.

9. A García Lorca le *gustaba* la corrida de toros.

10. Camilo José Cela trataba los temas más *ásperos* de la vida.

B. Dé una palabra que significa lo contrario de las palabras en la lista.

1. optimista

2. pasado

3. sumiso

4. altruista

5. complicado

6. aburrido

7. nuevo

8. salvaje

9. fantástico

10. liberal

Preguntas y opiniones

1. ¿Qué tenían en común los escritores del grupo llamado "la Generación del 98"?

2. ¿Qué nos indica el título *Contra esto y aquello*?

3. ¿Qué cree Ud. que es la "fe dudosa" de Unamuno? Explique.

4. De lo que Ud. ha leído sobre Pío Baroja, ¿cuál cree Ud. que sería un título apropiado para una de sus obras?

5. ¿De quién son las siguientes palabras: "... yo aprendí de Ud. el arte de escribir novelas"? ¿A quién fueron dichas?

6. ¿Cómo se caracteriza el estilo de los ensayos de Azorín?

7. ¿De qué trata *Platero y yo*?

8. ¿En qué consiste la doctrina del *perspectivismo* de Ortega y Gasset?

9. ¿Qué piensa Ud. del punto de vista de Ortega y Gasset del contraste entre "los mejores" y "el hombre-masa"? ¿Le gustaría a Ud. vivir bajo un gobierno de aristócratas intelectuales?

10. Describa la poesía de Federico García Lorca. ¿Cree Ud. que el poeta encontró muchas semejanzas entre los gitanos de España y los habitantes de Harlem de 1929 en Nueva York? Dé algunos ejemplos.

11. ¿Cómo es la novela de postguerra?

12. ¿De qué trata *Tiempo de silencio?*

Actividades

1. Compare la "Generación del 98" con un grupo de escritores norteamericanos que también protestaban contra el gobierno o las condiciones sociales de su época (por ejemplo, la "generación perdida" que se exilió en París en los años 20, los "beatniks", etcétera). ¿Qué diferencias y qué semejanzas encuentra en los dos grupos?

2. Busque una copia del poema "Poeta en Nueva York" de Federico García Lorca y compare el punto de vista del autor con el de otro poeta que escribió sobre Nueva York durante la misma época (por ejemplo, Walt Whitman).

IV

ARTE Y
MÚSICA

❦ 13 ❦

El arte prehistórico, la arquitectura y la escultura

El arte prehistórico

Si entendemos por arte la expresión de la belleza, España es una de las naciones de más vigorosa y prolífica creación artística, a través de su larga historia. Esto se muestra desde el ser prehistórico de las cavernas° hasta Picasso. Las características generales del arte español, como de la literatura, son su realismo y su base popular. El arte español no es, en general, idealista, metódico ni académico, sino espontáneo, original e inspirado en el sentir del pueblo.

    Uno de los ejemplos de arte más antiguo del mundo son las pinturas de las cuevas de Altamira, en la provincia de Santander, en el norte de España. Son dibujos de animales hechos con asombrosa° precisión: bisontes,° toros y ciervos.° Fueron pintados hace

caves

astonishing / bison / stags

(Más de 150 figuras de animales, como la de este bisonte, se han conservado hasta hoy en las famosas cuevas de Altamira, en la provincia de Santander. Nuestros antepasados prehistóricos las pintaron en las rocas hace unos veinte mil años. *(T. L. Bierwert / Courtesy of the American Museum of Natural History)*

veinte mil años sobre las rocas de las cuevas donde vivía el hombre prehistórico.

Los iberos, los primeros pobladores de España, alcanzaron la culminación de su arte en la *Dama de Elche*. Es una escultura de un busto de mujer ibera de serenísima y clásica belleza.

La Dama de Elche
(*Museo de Arqueología Nacional, Madrid* / MAS)

Todos los pueblos y razas que invadieron España dejaron muestras permanentes de sus trabajos artísticos. En muchos monumentos de arte que existen hoy en España se pueden ver reunidos los peculiares estilos de los pueblos que han contribuido a la civilización española. Hay lugares como Toledo, en Castilla, y Santiago de Compostela, en Galicia, que conservan tantas joyas de arte que la ciudad entera es un monumento nacional.

La arquitectura

La arquitectura romana

Durante los seis siglos que Roma dominó en España, la arquitectura y el arte romanos alcanzaron un gran desarrollo. Los romanos aprendieron mucho de sus maestros, los griegos. Se distinguieron principalmente en las obras públicas. Su nota distintiva es la solidez. En España abundan las reliquias romanas: coliseos, teatros, puentes, templos y arcos triunfales. Se encuentran sobre todo en las ciudades de Mérida, en Extremadura; Tarragona, en Catuluña, y Sevilla, en Andalucía.

De especial interés es el acueducto romano de Segovia, en Castilla, una de las obras más impresionantes del mundo antiguo. Está hecho de enormes bloques de granito unidos sin argamasa.° °*mortar*
El agua viene de la vecina Sierra de Guadarrama. Después de

El acueducto romano de Segovia es el más impresionante y mejor conservado de todos los numerosos acueductos romanos del mundo. Sus características son: sencillez, elegancia y grandiosidad. Toda la ciudad castellana de Segovia parece dominada por esta masa de granito que ha subsistido los rigores del tiempo durante dos mil años. (© *Peter Menzel*)

Quedan pocas muestras de arquitectura romana en España. Pero el anfiteatro de Mérida está relativamente bien preservado. Aquí se reunían hasta cinco mil espectadores. Las columnas se hicieron construir por los emperadores españoles Trajano y Adriano. En Mérida, ciudad muy romana, también se conservan templos, altares, acueductos y un puente, todos construidos por los romanos. (*Courtesy of Spanish National Tourist Bureau*)

haber abastecido° de agua a la ciudad de Segovia durante veinte siglos, todavía se utiliza hoy, con una tubería° moderna.

    No quedan muchas muestras de arquitectura romana en España. Pero el anfiteatro de Mérida está relativamente bien conservado. Allí se podían reunir hasta cinco mil espectadores. Los emperadores españoles, Trajano y Adriano, hicieron construir parte del mismo. En Mérida también se conservan templos, altares, acueductos y un puente, todos ellos construidos por los romanos.

La arquitectura árabe

Los ocho siglos de dominación árabe en España dieron al arte español una expresión peculiar, diferente de la de otros países europeos, especialmente en la arquitectura. El arte árabe, fiel al dogma del Corán, no reproduce nunca la figura humana. Su nota dominante es la línea curva y la rica ornamentación, a base de complicados motivos geométricos de filigrana.° En el sur de España es donde predomina el arte árabe.

    La Mezquita° de Córdoba, hoy convertida en catedral cristiana, es impresionante. Tiene arcos de rico colorido° y un fantástico

supplied
plumbing

filigree, intricate design

mosque
color

Sobre una iglesia visigótica levantó Abderramán I la gran mezquita de Córdoba. Fue ampliada y embellecida por otros califas. Almanzor la convirtió finalmente en el templo mahometano más hermoso del Islam. Las infinitas columnas de mármol forman como un denso bosque. Cuando Fernando el Santo reconquistó Córdoba en el siglo XIII, la gran mezquita se convirtió en la catedral cristiana de Córdoba y así ha continuado hasta nuestros días. (© *Peter Menzel*)

laberinto compuesto por casi mil columnas. Los arquitectos adoptaron el estilo romano para construir estas columnas y arcos. Es un estilo parecido al que se ve en el acueducto de Segovia, pero la mezquita es mucho más elegante. Tiene once pasillos° separados por columnas de diversos tamaños° y formas, con diseños° diferentes. Cuando uno entra en la mezquita-catedral, parece que está en un bosque de fantasía oriental.

passageways, halls
sizes / designs

La Alhambra ("palacio rojo") de Granada, construída en los siglos XIII y XIV para residencia de los reyes moros, es uno de los monumentos árabes más hermosos del mundo. Las murallas que se ven desde fuera esconden la belleza que se encuentra dentro del palacio. Es una expresión arquitectónica° de paz y de reposo, hecha para una vida de placer y de lujo. Hay más de veinte salas y patios con azulejos° de múltiples colores. En las columnas hay increíbles trabajos estucados° de filigrana. Si se inspeccionan cuidadosamente los diseños del Patio de los Leones, por ejemplo, uno se maravilla° de su variedad. La Alhambra era un verdadero paraíso islámico.

architectural

tiles
carved in stucco

se… is amazed

Los sultanes moros no tenían bastante con un solo palacio. Casi al lado de la Alhambra construyeron otro: el Generalife. Sus jardines, sus fuentes de agua que canta, sus estanques,° sus cascadas,° sus árboles (arrayanes,° cipreses, naranjos y limoneros), cuando se

pools / waterfalls
myrtles

La Alhambra de Granada es una maravilla de arquitectura. Cada detalle, cada patio, cada arco tiene su propia personalidad. Aquí se ve uno de los patios más ostentosos, el Patio de los Leones. Estas fieras sujetan una fuente. Alrededor se ven los arcos y encima de los arcos las complicadas filigranas geométricas. (*Walter D. Hartsough*)

visitan hoy, evocan un ambiente de voluptuosidad oriental. No es extraño que Washington Irving, el famoso escritor norteamericano, decidiera vivir allí. En Granada escribió su magnífica narración *Cuentos de la Alhambra*.

La Edad Media

Se ha llamado "oscura" a la Edad Media, pero la verdad es que, al menos en arte, no pudo ser más luminosa. Junto a la fantasía oriental de los árabes, el arte cristiano de la Edad Media encontró su única inspiración en la religión. Se levantaron majestuosas catedrales, cuya construcción duraba a veces siglos. España tiene más de doscientos catedrales y templos de primer rango.°

Varios estilos de arquitectura predominaron en España. Desde el siglo XI al XIII prevaleció el arte románico. Fue introducido en España con motivo de las peregrinaciones a Santiago de Compostela. Los templos románicos son macizos° y oscuros, con techos abovedados° y motivos° decorativos de figuras humanas y animales de primitivo encanto. Ejemplos de tantos monumentos románicos son la impresionante catedral de Santiago de Compostela, en Galicia, y el monastario de Poblet, en la provincia de Tarragona donde se enterraba° a los reyes de Aragón.

El arte gótico empezó a dominar en el siglo XIII, además del

de… top-ranking, of the highest caliber

solid, strong
vaulted / motifs

se… they buried

La catedral de Santiago de Compostela domina la ciudad con sus torres altas y su fachada grandiosa. Era la meta de muchos peregrinos (*pilgrims*) cristianos en la Edad Media. (*Courtesy of Spanish National Tourist Bureau*)

El hospital de los Reyes Católicos fue construido en Santiago de Compostela como un lugar de reposo para las masas de peregrinos que iban a Santiago desde todas partes del mundo. Está situado al lado de la catedral. Aquí se ve una habitación del hospital, que fue transformado por el gobierno español en un hotel, llamado Hostal de los Reyes Católicos. (*Courtesy of Spanish National Tourist Bureau*)

románico. Es decir que muchos monumentos tienen una mezcla de arte gótico, románico y hasta árabe. El arte gótico se caracteriza por el arco ojival° y los contrafuertes° en el exterior, que permitían construir muros menos gruesos.° También abundan las grandes vidrieras° de colores, y las agujas° como flechas que querían alcanzar el cielo. Así son las catedrales de Burgos, León y Toledo: cada una de ellas una muestra deslumbrante° de arte.

pointed / buttresses

thick

stained-glass windows / spires

muestra... *a dazzling example*

El arte mudéjar es el estilo de los árabes que vivían en territorio cristiano. Se trata de una original combinación de elementos góticos y árabes. Utiliza la gracia y alegría de los azulejos tan empleados aún hoy en día en la arquitectura española de la Península y de América.

La catedral de Sevilla es uno de los templos más imponentes de la cristiandad. Es de estilo gótico, pero su encanto principal es la torre de la Giralda, antiguo alminar° árabe, a la que pueden subir hasta caballos por su espaciosa rampa. La Giralda es una joya querida de España.

minaret

En la Edad Media, junto al espíritu religioso que se manifiesta en la construcción de catedrales, dominaba también la preocupación militar. La vida era religión y milicia° caballeresca. Esto se refleja en los numerosos castillos, residencias y fortalezas feuda-

battle

Este puente en Toledo es una bella obra del arte mudéjar español: una original combinación de elementos góticos y árabes, estilo único en Europa. (*Bernard G. Silberstein / Monkmeyer Press Photo Service*)

La torre de la catedral de Sevilla se llama la Giralda. La catedral fue construida en el lugar que ocupaba una mezquita árabe. De esta mezquita sólo ha quedado la Giralda, que era el alminar de la vieja mezquita. Hoy sirve de campanario (*bell tower*) de la catedral. La parte de la Giralda sobre el campanario fue añadida en el siglo XVIII, y, naturalmente, no es de estilo árabe. (*Walter D. Hartsough*)

les que los nobles construyeron para defenderse contra sus enemigos árabes y cristianos. Hoy, en Castilla y en toda España, se pueden admirar estos viejos castillos con sus enormes murallas e impresionante aspecto medieval. No hay provincia que no tenga varios castillos. Algunos están bien conservados, otros en ruinas. Famoso es, por ejemplo, el castillo de la Mota que fue residencia de Isabel la Católica en Medina del Campo, Castilla la Vieja.

Muchas ciudades estaban entonces completamente amuralladas.° El mejor ejemplo que se conserva hoy de ellas es la ciudad castellana de Ávila. La ciudad está rodeada de enormes murallas de cuarenta pies de altura y diez de espesor,° en un perímetro de casi seis kilómetros. Fueron construidas en el siglo XII. Es la edificación militar más importante de la Edad Media que existe hoy en el mundo.

walled

de... wide

El Renacimiento

Con el Renacimiento no terminó la construcción de catedrales, pero cambió el estilo. Dominó el estilo *plateresco*. Se llama *plate-*

Muchas ciudades españolas estaban completamente amuralladas. El mejor ejemplo de ciudad medieval amurallada que se conserva hoy en Europa es la antigua ciudad castellana de Ávila. Sus impresionantes murallas, con sus ocho puertas de entrada, fueron construidas en tiempos de Alfonso VI, después de reconquistar la ciudad del poder de los árabes. (*Bernard G. Silberstein / Monkmeyer Press Photo Service*)

resco porque se parece a la filigrana del trabajo del platero.° Es una mezcla de arte gótico con las formas clásicas de Grecia y Roma. El mejor ejemplo es la Universidad de Salamanca.

    El monumento neoclásico más importante de España es el Monasterio de El Escorial, en la Sierra de Guadarrama. Es templo, cementerio de los reyes de España, biblioteca valiosísima por sus manuscritos antiguos y museo de arte. También es monasterio-colegio de agustinos.° Fue construido por el arquitecto Juan de Herrera, pero refleja más bien el alma asceta de su inspirador y primer ocupante: Felipe II. Es curioso el contraste que ofrecen los dos grandes monumentos de la arquitectura española: El Escorial y la Alhambra. La Alhambra de Granada es un canto a la sensualidad y a la fantasía oriental, al color, a la gracia y a la alegría de vivir. El Escorial en cambio, es monumental, grandioso, austero y triste.

    En el siglo XVII nació el estilo barroco, recargado° de ornamentación, que se caracteriza por la línea curva. El barroco es el estilo predominante de las catedrales e iglesias que se construyeron en la América española durante la época colonial.

silversmith

Augustinian monks

decorated somewhat excessively

La fachada principal
de la catedral de Jaén,
en Andalucía, es gran-
diosa. Comenzada en
el año 1500, la catedral
es una joya del arte
renacentista español.
(*Courtesy of Spanish
National Tourist
Bureau*)

La escultura

Un realismo extremado, casi brutal, caracteriza a la escultura española. Tiene su principal expresión en la producción de imágenes
religiosas hechas de madera e iluminadas con color. Es un arte
llamado de *imaginería,* típicamente español. Algunas de estas imágenes salen todos los años por las calles de las ciudades españolas
en las famosísimas procesiones de la Semana Santa. Son queridas
y veneradas por todo el pueblo español. Hasta los anticlericales se
emocianan al ver estas figuras. En Andalucía, cuando desfilan
estas imágenes por las calles, algunas personas suelen improvisar
canciones llenas de emoción popular y religiosa. Estas canciones
se llaman *saetas,* una variedad del cante flamenco que el pueblo
escucha con respeto. Sevilla es la ciudad más famosa por sus fiestas de Semana Santa. Miles de personas van allí todos los años,
procedentes de todas partes del mundo, para presenciar el espectáculo emocionante y popular de sus procesiones.

   Las imágenes de los Cristos de Juan Martínez Montañés y Gregorio Fernández son de tal naturalismo que parecen figuras humanas vivientes. Algunas de ellas representan seres torturados por

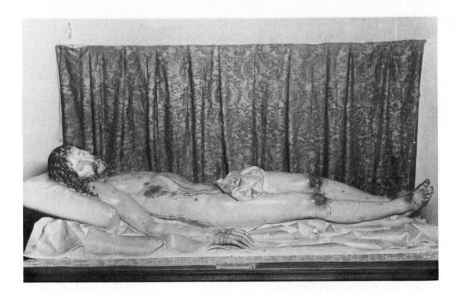

El Cristo muerto, una figura torturada, es ejemplo del realismo español en combinación con un tema religioso. Ésta es una obra del escultor Gregorio Fernández. (*MAS*)

el dolor en los últimos momentos de la agonía.° Las obras de estos grandes escultores son otra muestra de cómo el realismo popular prevalece en el arte español. Igualmente emocionantes son las vírgenes que esculpió el murciano° Salcillo en el siglo XVIII, como la *Dolorosa* del pueblo de Hellín. Tiene un puñal clavado en el pecho y llora con lágrimas que parecen perlas. Esta imagen fue destruída durante la Guerra Civil.

　　A través de su larga historia, España fue dejando reliquias arquitectónicas, pedazos tangibles de esa misma historia. Podemos recuperar una parte del pasado español al observar esos castillos, catedrales, palacios y edificios. Y no sólo por fuera: dentro de ellos se conservan más joyas artísticas.

death, dying

person from Murcia

Vocabulario

A. Sustituya lo que está en letra itálica con la forma correcta de una expresión de la lista que tenga un significado semejante.

sobresalir	más delgados
adorado	caídas de agua
cavernas	dimensiones
saetas	proveer

1. Uno de los ejemplos de arte más antiguos del mundo lo encontramos en las *cuevas* de Altamira.

2. El acueducto romano de Segovia *ha abastecido de* agua a la ciudad durante veinte siglos.

3. Los pasillos y las salas de diversos *tamaños* y diseños forman un verdadero paraíso islámico.

4. Los jardines, con sus limoneros, naranjos, estanques y *cascadas*, evocan un ambiente mágico y voluptuoso.

5. En los monumentos góticos encontramos paredes *menos gruesas*.

6. Todos se emocionan, durante la Semana Santa, al ver las imágenes tan queridas y *veneradas* por el pueblo español.

7. Muchos cantan *canciones de emoción popular y religiosa*.

8. No cabe duda que en las obras de los escultores *prevalece* el realismo popular.

B. Escoja la palabra de la lista de la derecha que mejor corresponda a una de la lista de la izquierda.

1. dibujo   a. severo

2. belleza   b. fatiga

3. solidez   c. descanso

4. reposo   d. diseño

5. cansancio   e. hermosura

6. rango   f. categoría

7. austero   g. firmeza

Preguntas y opiniones

1. ¿Cuáles son algunas de las características tradicionales del arte español?

2. ¿Qué evidencia arquitectónica queda de los romanos que ocuparon España? Dé algunos ejemplos. ¿Cuál es la nota distintiva de estas obras?

3. ¿Cuáles son las notas distintivas de la arquitectura árabe? ¿Por qué no encontramos en ella la figura humana?

4. ¿Dónde está la Alhambra? ¿Para qué fue construida?

5. ¿Qué tipo de arquitectura predominó en España desde el siglo XI al XIII?

6. Describa la arquitectura gótica. ¿Qué edificio es un ejemplo de este estilo?

7. ¿Qué es el arte mudéjar?

8. ¿Qué punto de vista sobre la vida reflejan los castillos y fortalezas de la Edad Media?

9. ¿Cuál es el monumento neoclásico más importante de España? ¿Qué funciones tiene en la actualidad?

Actividades

1. Busque la foto de un palacio, monasterio, catedral u otro tipo de edificio español y describa su arquitectura a la clase.

2. Busque una foto de un edificio que se construyó en Latinomérica durante la época colonial. ¿Cuáles son las semejanzas entre este edificio y lo que se construyó en España durante la misma época?

3. Lea uno de los *Cuentos de la Alhambra* de Washington Irving y cuéntelo a la clase.

❧ 14 ❧

Los grandes pintores del Siglo de Oro

El siglo XVII es el gran siglo de la pintura española. En contraste con el idealismo de la pintura italiana, tres elementos inspiran a los maestros peninsulares: la religión, la monarquía y el realismo. Los grandes cuadros de la escuela de pintura española pueden admirarse en centenares de templos y monasterios, en los museos y en los palacios privados de España. También se encuentran en muchos museos del extranjero.° Pero el más vasto e inapreciable tesoro artístico está en el Museo del Prado de Madrid. No sólo se encuentra allí lo mejor de la pintura española, sino una infinidad de obras maestras° de las escuelas italiana y flamenca que España adquirió cuando era un poderoso imperio. Entre muchos otros, el Prado conserva hoy sesenta y seis cuadros de Rubens y cuarenta y tres de Ticiano.°

del... *abroad*

obras... *masterpieces*

Titian

El Greco

Así se llama a Domenico Theotocópuli (1542?–1614) porque nació en la isla de Creta, Grecia. Se sabe muy poco de la vida de este maestro. Pero podemos deducir por cartas y otros documentos de aquel tiempo que de Creta pasó a Venecia y después a Roma. Allí se quedó hasta 1575 estudiando, pintando y absorbiendo influencias del Renacimiento italiano. Algunos creen que en este período italiano, El Greco fue discípulo de Ticiano, clásico pintor renacentista.

Sin embargo, durante esta estancia° en Italia no produjo ninguna obra maestra. En 1577 llegó a Toledo. La ciudad de Toledo le produjo tal impresión que cambió su estilo. En esta ciudad, símbolo del espíritu castellano, empezó a pintar las obras que le han dado el renombre que tiene hoy. En Toledo se reveló su propia originalidad. *stay*

Es irónico que un artista griego con influencias italianas llegara a ser el pintor arquetípico español. Los temas intensamente religiosos, los colores sombríos, las expresiones reverenciales de los personajes contribuyen al carácter tan español de El Greco. Su arte no fue apreciado por los reyes, como fue el caso de otros pintores de su época. Hasta no hace mucho tiempo, sus cuadros estaban desperdigados° por iglesias y monasterios españoles poco conocidos. El mundo no se dio cuenta del valor de El Greco hasta el siglo XX. *scattered*

El Greco usaba colores sombríos y sólo se servía de matices° sutiles. También sobresale en este maestro español el uso de cla- *shades, tints*

El entierro del Conde de Orgaz es la obra maestra de El Greco. (*Iglesia de Santo Tomé, Toledo. Courtesy of Spanish National Tourist Bureau*)

roscuro, una forma artística que emplea a la vez lo claro y lo oscuro para crear una imagen o una sensación. El Greco fue un maestro de la composición y un gran dibujante.° Sin embargo, a veces alteraba la forma aparente de las figuras para penetrar en el alma del sujeto. Buscando siempre lo espiritual, huía de lo convencional. Esas caras macilentas,° huesudas° y alargadas° de sus santos parecen espíritus de otro mundo.

draftsman

emaciated / bony / elongated

   El entierro del conde de Orgaz es la obra maestra de El Greco y uno de los cuadros más hermosos del mundo. Puede contemplarse hoy en la modesta iglesia de Santo Tomé, en Toledo. La historia que el cuadro representa es casi tan interesante como el

La crucifixión es uno de muchos cuadros de tema religioso que pintó El Greco, representativo del misticismo español del siglo XVI. (*Museo del Prado*)

cuadro mismo porque se basa en una leyenda religiosa. Un tal Gonzalo Ruiz de Toledo, el conde de Orgaz, hizo reconstruir la iglesia de Santo Tomé. Murió hacia 1300 y, como recompensa del acto de caridad de este señor, dice la leyenda que San Esteban y San Agustín bajaron de los cielos para depositar el cadáver en su tumba. El momento en que los dos santos expresan su gratitud al conde es el tema principal del cuadro. El Greco dividió esta obra en dos partes: lo celestial en la parte superior° del cuadro y lo terrestre en la parte inferior.° Arriba está la figura de Cristo y, al lado, la Virgen María y San Juan. También se pueden ver diversas figuras de la Biblia: Moisés, Noé, San Pedro y otros santos del Nuevo Testamento. Abajo vemos a los nobles, contemporáneos de El Greco, con sus expresiones solemnes y caritativas.° La figura que mira directamente a quien contempla el cuadro, la séptima cabeza desde la izquierda, es la del propio pintor. En la parte inferior del centro vemos las tres figuras principales de la escena: San Esteban, el conde de Orgaz y San Agustín. Hacia la izquierda hay un paje° que podría ser el hijo de El Greco.

    Entre otros cuadros famosos de El Greco figura *La crucifixión.* Hay varias versiones: una se encuentra en el Prado, otras en el Louvre de París, en el Instituto de Arte de Cleveland y en otros museos y colecciones particulares.° En la versión que se ve en el Prado el cuerpo de Cristo reposa sereno en la cruz, sin dolor. La tragedia la vemos en el tono negruzco-verdoso del cielo. Al lado

upper
lower

charitable

page

private

Toledo fue la ciudad adoptiva de El Greco, en donde vivió la mayor parte de su vida y en donde pintó cuadros tan impresionantes como esta visión espiritual de la histórica ciudad: *Vista de Toledo.* (*Courtesy of the Metropolitan Museum of Art, bequest of Mrs. H. O. Havemeyer, 1929. The H. O. Havemeyer Collection*)

de Jesucristo están la Virgen María y San Juan. En el centro
quedan María Magdalena y un ángel, los dos lavando las heridas
de Jesucristo. La escena nos recuerda la penitencia de María Magdalena cuando lavó los pies de Cristo con sus propias lágrimas.

Al final de su vida, El Greco pintó uno de los cuadros más
excepcionales de su producción artística: *Vista de Toledo*. Es el
único paisaje que pintó. En este cuadro, parece que el cielo está a
punto de estallar°; con colores grises y verdosos, el pintor crea la   *explode*
impresión de que algo sobrehumano domina la ciudad.

Diego Velázquez

Si El Greco nos dio el alma religiosa de España, Velázquez (1599–
1660) nos dejó su realismo. Los dos, combinados, constituyen la
síntesis del espíritu de España. Nadie en la historia de la pintura
ha expresado la vida con tanta naturalidad y belleza como Velázquez. Se ha dicho que era frío, observador imparcial de la realidad,
y que no tenía corazón. Pero el propio Velázquez decía que su ideal
era "la verdad, no la pintura".

En contraste con la vida de El Greco, la de Velázquez fue una
serie de éxitos. Velázquez gozó de una gran fama tanto en la vida
como en la muerte. Hijo de padres humildes, a los doce años mostró un talento extraordinario para la pintura y empezó a estudiar
bajo la dirección de uno de los mejores profesores de pintura de
aquel tiempo, Francisco Pacheco. Como pintor, Pacheco era me-
diocre, pero nadie puede negar su importancia como maestro. En
1618, Velázquez se casó con la hija de Pacheco. Fue un matrimonio
arreglado para promover la carrera del pintor. Pacheco ayudó
mucho a su alumno, introduciéndolo en la corte de Felipe IV en
1622. Al principio, no lo recibieron con los brazos abiertos. Pero en
1623, el duque de Olivares, que había visto algunos de sus cuadros,
mostró uno al rey. Tan entusiasmados quedaron en la corte que se
nombró a Velázquez pintor exclusivo de la famila real.

De 1629 a 1631 Velázquez viajó a Italia para conocer la pintura
italiana. Allí vio las obras de Miguel Ángel, Rafael y Ticiano. La
atmósfera artística de Venecia lo atrajo tanto que, después de unos
años, volvió a esa tierra de tanta actividad cultural. En Roma
pintó uno de sus cuadros más famosos: el del papa Inocencio X, un
ser frío, calculador y astuto. Al ver el cuadro, el papa exclamó: "Es
demasiado real". Precisamente lo admirable es el realismo casi
fotográfico del cuadro.

Cuando el rey Felipe IV se dio cuenta de la popularidad de
Velázquez, mandó que regresara a su tierra natal. En 1651 llegó

Velázquez a Madrid y se puso a pintar lo que sería la culminación de su carrera: los cuadros de la infanta° Margarita, entre ellos, *Las meninas*.° Velázquez continuó pintando, al servicio del rey, hasta su muerte.

> *princess*
> *young ladies-in-waiting*

El secreto del arte de Velázquez era la técnica. Y en ésto es el primero en el mundo. Los personajes de muchos de sus cuadros son feos pero, para Veláquez, cualquier manifestación de la vida era belleza, y su inigualada técnica nos lo muestra. Felipe IV, a quien pintó cuarenta veces, no era conocido precisamente por su hermosura física. Tampoco fue bella la infanta Margarita. Pero en los cuadros de Velázquez sucede algo casi misterioso: los sujetos no son feos sino dignos,° nobles, admirables. Y estas característi-cas se manifiestan sin ninguna insinuación de idealismo ni de falsedad. ¡Qué feos son los bufones, enanos° e idiotas velazqueños! Y, sin embargo, ¡cuánta belleza!

> *worthy*
>
> *dwarves*

Las obras maestras de Velázquez se encuentran en el Museo del Prado. Entre ellas, las más famosas son *Los borrachos*, *La rendición de Breda*, el *Cristo crucificado* y, claro, *Las meninas*.

Los borrachos es típico de una serie de obras que combinan lo mitológico y lo real. Vemos en el cuadro la figura de Baco, el dios del vino, sentado en un barril con unos campesinos, todos son-rientes y alegres en una escena de diversión campestre.° Al frente se ve un soldado arrodillado° frente a Baco. Este le pone una corona de laureles, símbolo del propio Baco. La escena es enig-

> *country, rural*
> *kneeling*

En *Los borrachos*, de Diego Velázquez, se ve el dios del vino, Baco, sentado en un barril rodeado de unos cam-pesinos. (*Museo del Prado*)

mática y contradictoria. Podemos captar la alegría de los borrachos pero, a la vez, notamos el peligro de este tipo de comportamiento. Al fondo vemos una figura oscura que parece un mendigo, una representación de las consecuencias del abuso del vino.

La rendición de Breda refleja un momento histórico en el desarrollo político de España. Se divide en dos campos: vencedores (los españoles) y vencidos (los holandeses); hay un contraste armonioso entre ambos. El comandante holandés, Justino de Nassau, está arrodillado humilde y dignamente frente al español, el marqués de Spínola. En el marqués vemos un gesto bondadoso y magnánimo al recibir las llaves de la ciudad de Breda. Los soldados españoles, con sus lanzas erguidas apuntando° hacia el cielo, contrastan con los holandeses vencidos pero no humillados. Es irónico que esta escena heroica se pintó durante el período de decadencia del imperio español.   *pointing*

El *Cristo crucificado* es otra obra maestra de Velázquez. A primera vista parece un cuadro objetivo, casi frío, en contraste con las pinturas de El Greco y las esculturas de Martínez Montañés que tienen el mismo tema. Pero aquí la agonía de Cristo es mucho más sutil. Además, el color negro que lo rodea marca un contraste extraordinario y da la impresión de una soledad total.

Si Velázquez sólo hubiera pintado *Las meninas,* su reputación

La rendición de Breda representa la entrega de las llaves de la ciudad holandesa de Breda al marqués de Spínola y otros generales españoles. Algunos críticos creen que el personaje a la extrema derecha del cuadro es el propio Velázquez. El grupo de españoles y el cuerpo del caballo de Spínola, a la derecha, están perfectamente equilibrados por las figuras de los soldados holandeses. (*Museo del Prado*)

El Cristo crucificado sirvió de inspiración para un volumen de poemas de Miguel de Unamuno, *El Cristo de Velázquez.* (*Museo del Prado*)

Las meninas, obra maestra de Velázquez, es una maravilla de composición: es misteriosa y realista al mismo tiempo. (*Museo del Prado*)

como retratista° no sería menor. Es una maravilla de composi-   *portrait painter*
ción, tan misteriosa, tan enigmática y, al mismo tiempo, tan real.
El aparente tema del cuadro es lo que se ve en la parte central: la
infanta Margarita, hija de Felipe IV, y las dos meninas que la
atienden. Pero mucho más interesante—y quizás más importante
para la interpretación de la obra—es lo que se halla en los már-
genes. A la izquierda se ve al propio Velázquez con su pincel.°   *paintbrush*
Delante de él está el lienzo,° del cual vemos sólo la parte de atrás.   *canvas*
En la pared del fondo° hay un espejo que refleja las figuras de   *background*
Felipe y de la reina Mariana. El gran misterio de la obra queda
fuera del cuadro. ¿Cuál es el tema que está pintando Velázquez?
¿Podría ser el rey y la reina, cuyas imágenes se ven en el espejo?
Se ha dicho que en este espejo no se ven figuras reales sino el
reflejo de un cuadro que estaría° en la pared opuesta. También   *must have been*
son interesantes las otras figuras: el señor que entra en la sala (¿o
es que sale?) y la pareja detrás de las meninas. ¿Qué dirá la viuda,
doña Marcela de Ulloa, al sirviente que está a su lado? Los enanos
de la derecha, uno de ellos pisando° el perro que yace° tranquila-   *stepping on / is lying*
mente delante de todos, son los típicos bufones de otros cuadros
de Velázquez. En su totalidad, el cuadro es una reafirmación del
talento del pintor.

   Velázquez vivió en plena armonía con su época. Desde el principio de su vida, hasta el final, tuvo éxito. No fue un espíritu turbulento. Quizás por eso algunos lo han criticado por su "frialdad".
Pero la emoción de sus cuadros, de alguna manera, toca nuestra
sensibilidad; las posibilidades de interpretación de sus obras son
infinitas.

Otros pintores del Siglo de Oro

Además de estos dos grandes maestros de la pintura española, hay
otros artistas dignos de mención. Francisco de Zurbarán (1598–
1664), contemporáneo de Velázquez, se conoce por su habilidad de
captar la devoción religiosa de los santos de una manera reposada
y tranquila. El *Santo Serapión* es un ejemplo de esto. El santo tiene
las manos atadas,° pero se ve en su expresión una tranquilidad   *tied*
sublime.

   Bartolomé Esteban Murillo (1618–1682) es otro pintor del período barroco español. Sus temas son religiosos. Pinta escenas bíblicas, como El Greco, intentando señalar el espíritu moralizador de
la escena.

   También se destaca José Ribera (1588–1656), que nació en Italia pero pasó la mayor parte de su vida en España. Estudió las

José Ribera pintó *El martirio de San Bartolomé* con detalles realistas; su uso del tenebrismo (contraste entre luz y sombra) se ve muy bien aquí. (*Museo del Prado*)

obras de Ticiano, como muchos pintores españoles, y se nota esa influencia. Al principio de su carrera fue exaltado y exuberante, como se ve en *El martirio de San Bartolomé* y en su *Piedad*. Pero en la madurez° adquirió un carácter más reposado y espiritual, como lo muestra su pintura de *San Jerónimo*.

maturity

Vocabulario

A. Sustituya lo que está en letra itálica con la forma correcta de una expresión de la lista que tenga un significado semejante.

morada　　　　　enflaquecido

el extranjero　　　bondadoso

colores　　　　　objetivo

fama　　　　　　esparcido

1. Muchos de los grandes cuadros españoles se encuentran en *otros países*.

2. Durante su *estancia* en Italia, El Greco no produjo ninguna obra maestra.

3. Fue en Toledo donde El Greco empezó a pintar las obras que le han dado *el renombre* que tiene hoy.

4. Sus cuadros estaban *desperdigados* por muchas partes.

5. Sus caras *macilentas* parecen caras de otro mundo.

6. Aun con sus colores sombríos sólo usaba *matices* sutiles.

7. En "El entierro del conde de Orgaz" vemos a los nobles con expresiones *caritativas*.

8. Se ha dicho de Velázquez que era un observador *imparcial*.

B. Dé un adjetivo que deriva de los siguientes sustantivos.

Modelo: campo
    campestre

1. Renacimiento

2. largura

3. frialdad

4. verdad

5. hueso

6. enigma

Preguntas y opiniones

1. ¿Qué elementos inspiraron a los maestros de la pintura del siglo XVII?

2. ¿Quién fue Domenico Theotocópuli?

3. La ciudad de Toledo le produjo tal impresión a El Greco que cambió su estilo de pintar. ¿Por qué cree Ud. que pintó sólo un paisaje de esa ciudad?

4. ¿Qué es el claroscuro?

5. Describa el estilo de Diego Velázquez. ¿Cuáles son algunos de sus obras maestras?

6. ¿Cuál es el tema principal de los retratos de Francisco de Zurbarán?

7. En general, los pintores tienen fama de ser pobres "por amor al arte". ¿Por qué cree Ud. que muchos de los cuadros del siglo XVII tienen temas religiosos o son retratos de personajes de la corte?

8. ¿Le parece irónico que un cuadro tan patriótico como *La rendición de Breda* se pintara durante una época de decadencia? ¿Por qué sí o por qué no?

Actividades

1. Escriba un breve ensayo comparando los modos de pintar de El Greco y Velázquez.

2. Escoja una foto de un cuadro del Siglo de Oro y descríbalo en un breve informe.

15

La pintura desde Goya hasta el presente

Del Renacimiento y del barroco pasamos a la edad moderna. De la religiosidad y el misticismo entramos en una época que empieza a apartarse° de estos temas. Ahora la sociedad, en todas sus manifestaciones, es una entidad dinámica que crea, o puede crear, su propio destino. Tanto en la pintura como en la literatura, se nota un nuevo interés por las cosas de este mundo y por la vida de todos los días.

move away

Francisco Goya

Quizás el ejemplo más destacado de esta nueva tendencia sea Francisco Goya (1746–1823). No hay en la cultura del siglo XVIII grandes artistas ni escritores, con excepción de él. Sin tradición

artística, y poca escuela, Goya es español hasta los tuétanos,° con   *marrow*
todas las cualidades y defectos de su tiempo y de su pueblo.

La vida de Goya

Goya nació en la aldea de Fuendetodos, en Aragón, de una familia
humilde. A los trece años fue a Zaragoza, donde empezó a pintar
bajo la dirección de José Luzán y Martínez. Fue un chico travieso°   *mischievous*
e inquieto, una característica que conservó toda su vida. Alrededor
del año 1766 se fue a Madrid y de allí pasó a Roma, donde vivió
hasta 1775. De esta época se conoce muy poco, pero sabemos que la
vida que llevó en Roma le costó algunos duelos, riñas° y persecu-   *quarrels*
ción de la Inquisición. Cuando volvió a Madrid se casó con Josefa
Bayeu, hermana de un pintor conocido de aquellos tiempos, Francisco Bayeu. Con la ayuda de Bayeu, empezó a adquirir fama. Le
encargaron la pintura de escenas religiosas en dos bóvedas° de la   *vaults, arches*
iglesia del Pilar, de Zaragoza. En 1786, el rey Carlos IV lo nombró
pintor de cámara y le otorgó un salario que lo liberó de preocupaciones financieras. Durante estos años pintó personajes de la pros-
tituida corte de Carlos IV. No le faltaba picardía ni ingenio; pintó a
los miembros de la realeza° con atrevida y fiel exactitud. Toda la   *royalty*
degeneración de la familia real se refleja en sus cuadros. Es extraño que no lo ahorcaron° por su audacia.   *hang*
    Goya tenía íntima amistad con la duquesa de Alba, quintaesen-
cia de la belleza española: una mezcla de distinción aristocrática y
gracia popular. Muchas veces pintó Goya a la duquesa. Quizás esta
experiencia artística y vital haya inspirado sus dos cuadros famo-
sos. *La maja° desnuda* y *La maja vestida*. Pero sabemos que la mujer   *belle, pretty woman*
que le sirvió de modelo para estos cuadros no fue la duquesa de
Alba.
    Hacia la mitad de su vida, Goya se volvió casi completamente
sordo.° Llegó el año 1808, cuando las tropas de Napoleón invadie-   *deaf*
ron la Península. Al entrar en Madrid los soldados, allí estaba
Goya: testigo° del horror de la guerra. Sus cuadros de *El dos de*   *witness*
mayo y *El tres de mayo* son escenas dramáticas de la batalla. Se ve
en ellas que el pintor estaba del lado de sus compatriotas, pero
horrorizado por lo que llamaría después "los desastres de la
guerra".
    Goya pasó los últimos años de su vida en Burdeos como exiliado
político voluntario. El tirano Fernando VII tenía a España bajo el
terror. Goya decidió irse de España para hacerles compañía a sus
amigos liberales que vivían en el destierro. Pero nunca dejó de
pintar. A los ochenta y un años murió, triste y lejos de su tierra,
este "pintor de la humanidad".

En *El conde Floriblanca* de Francisco de Goya se ve la influencia del estilo realista de Velázquez. (*Museo del Prado*)

La pintura neoclásica de Goya

Aunque el arte de Goya es principalmente romántico, hay cuadros muy famosos que pintó durante el período neoclásico de su carrera. Estas obras, expresiones idealizadas de un mundo armónico y lógico, fueron pintadas entre 1770 y 1790. El conocido cuadro del conde de Floriblanca es un ejemplo. Floriblanca fue uno de los ministros ilustrados de la corte de Carlos III. Además del noble ministro intelectual, se ve en el cuadro al mismo Goya mostrándole a Floriblanca otro cuadro que había pintado. El traje rojo y dorado que lleva el ministro, y su mirada delicada y sagaz,° dan muestra de su grandeza. El cuadro parece decirnos que la tierra española estaba en buenas manos.

   Quizás el cuadro más famoso de este período optimista sea el que se llama *La gallina ciega.*° En este cuadro se capta mucho del

sagacious, astute

La... Blind Man's Buff

En *La gallina ciega*, pintura neoclásica de Goya, se ve la armonía entre los seres humanos y la naturaleza. (*Museo del Prado*)

La familia de Carlos IV de Goya. Los monarcas no captaron el comentario social tan evidente en este retrato. (*Museo del Prado*)

espíritu de la época. La alta sociedad, en una escena de diversión juvenil e inocente, está en plena armonía con la naturaleza, concebida como algo perfecto, una creación de Dios. Son preciosas las formas elegantes, los gestos de los que juegan, todo perfectamente unido con el horizonte que se ve al fondo.

La familia de Carlos IV

El estilo neoclásico pronto desapareció de las obras de Goya. En 1800 pintó el extraordinario retrato de la familia real, *La familia de Carlos IV*. Mucho se parece este cuadro a *Las meninas* de Velázquez. Los temas son parecidos y la posición del propio pintor dentro de la obra es casi la misma. Se ve que Goya se inspiró en Velázquez. Pero en el retrato goyesco se insinúa una crítica social. Los personajes tienen un aire burgués. No son lo que su posición social les exige ser. La figura central no es el rey sino la reina María Luisa, gruesa° y vulgar. El rey don Carlos parece que ignora lo que está pasando a su alrededor, y en realidad lo ignoraba. Pero además del comentario social, cosa que no captaron° los propios mo-

stout

grasp, see

''El sueño de la razón produce monstruos'' es un aguafuerte de los *Caprichos* de Goya. En los ochenta aguafuertes de la serie, publicada en 1799, Goya atacó los abusos políticos, sociales y religiosos de su época. (*Courtesy of the Metropolitan Museum of Art, Gift of M. Knoedler & Co., 1918*)

narcas, hay en este cuadro una variedad de colores brillantes que armonizan y dan unidad a la escena. Al mismo tiempo, estos colores sirven para individualizar a cada personaje.

Los aguafuertes° y cartones°

etchings / cartoons

El arte de Goya es también sarcástico, como podemos ver en la voluminosa colección de aguafuertes titulada *Caprichos*.° Son sátiras al egoísmo, a la ignorancia, a la envidia y a la hipocresía de los seres humanos. Los *Caprichos* llevan subtítulos en forma de sentencias° y frases enigmáticas que definen el tema del aguafuerte. En "El sueño de la razón produce monstruos" se ve una figura humana sentada con la cabeza echada sobre un escritorio, en un gesto de desesperación. Alrededor de esta figura hay murciélagos° y formas fantásticas volando sobre su cabeza, como en una pesadilla.° La frase es profundamente enigmática. Su interpretación ha preocupado a más de un pensador curioso.

whims, caprices

maxims

bats

nightmare

   Goya también creó una serie de cartones titulada *Desastres de la guerra*. Se pintaron casi al mismo tiempo que *El dos* y *El tres de mayo*, y tienen el mismo tema: la miseria y locura de la guerra. Pero estos "desastres" son quizás más marcadamente pesimistas que los cuadros. Vemos la desolación total y el sufrimiento de las víctimas de las guerras. Los títulos de estos cartones nos dan una idea de la intención de Goya al crear esta serie tan famosa: "Y no

"Ni por esas", parte de la serie de cartones titulada *Desastres de la guerra*, muestra el pesimismo de Goya durante esta época brutal y violenta de la historia de España. (*Courtesy of the Metropolitan Museum of Art, Rogers Fund, 1922*)

hay remedio", "No llegan a tiempo", "Nadie sabe por qué", "Maravilloso heroísmo contra los muertos".

La pintura europea del siglo XVIII era en su mayoría convencional e inexpresiva. El vigoroso estilo espontáneo de Goya produjo una revolución en el arte. Goya fue maestro y precursor del impresionismo moderno.

La pintura en el siglo XX

Después de Goya no hubo pintores españoles de primera categoría hasta que apareció el valenciano Joaquín Sorolla (1863–1923). Fue pintor del sol deslumbrante° de España. Los museos de los países donde el sol es escaso pedían cuadros a Sorolla diciéndole: "Mándenos un pedazo de sol de España". Su técnica es fácil, y consiste en pintar las cosas tal como se ven a primera vista. El museo de la Sociedad Hispánica de Nueva York posee la mejor colección de Sorollas. Entre otros lienzos° hay un retrato de Juan Ramón Jiménez y trece monumentales cuadros llenos de sol y color que representan las regiones de España.

    dazzling

    canvases

Ignacio Zuloaga (1870–1946), vasco, es un pintor más intelectual y menos impresionista. Estudió en los museos a los pintores del pasado: El Greco, Velázquez, Goya. Ha pintado más de cuatrocientos cuadros cargados de los temas de la España dramática, fanática y romántica: curas y toreros, gitanos e inquisidores,° santos y chulas,° mendigos y bailarinas. La Sociedad Hispánica posee el retrato que le hizo a Unamuno.

    inquisitor
    pretty girls

Pablo Picasso

Junto con El Greco, Velázquez y Goya, Picasso (1881–1973) es uno de los grandes pintores españoles que ocupan un puesto importante en la pintura mundial. Fue el iniciador de la pintura abstracta y tuvo muchísimos discípulos.

Nació en Málaga. El padre fue un humilde curador° de museos de arte, cosa que sin duda influyó en la formación del pintor. A los quince años Picasso se fue con su familia a Barcelona, y allí empezó a pintar en serio. Sus primeras obras se exhibieron en 1897. El joven Picasso participó en las actividades intelectuales de Barcelona y conoció a Antonio Gaudí, el arquitecto catalán de la catedral de la Sagrada Familia de Barcelona.

    overseer

Parece que la tierra española inhibía a Picasso. El furor revolucionario e innovador que se manifiesta en la primera década del siglo lo inquietaba; tuvo que buscar otros horizontes. A los dieci-

nueve años se fue al gran centro artístico mundial de entonces:
París. Aunque muchos españoles quisieran negarlo, Picasso no
hubiera sido Picasso sin las influencias parisienses. Esta metrópoli de la vanguardia bohemia le dio lo que necesitaba para cumplir
su misión artística. En 1907 pintó la obra iniciadora del cubismo:
Las doncellas de Avignon. En el cuadro se ve un grupo de jóvenes
mujeres desnudas que miran serenamente hacia el pintor. Frente a
ellas hay un racimo° de uvas y otras frutas dentro de lo que parece   *cluster*
ser un sombrero. Pero estas figuras están grotescamente distorsio-
nadas; parecen caricaturas de otro mundo, de un mundo de formas
geométricas bien definidas: círculos, triángulos, rectángulos. Esta
obra es típica del cubismo y preparó el camino que siguió Picasso
en los años posteriores.

La recepción de este cuadro en los medios artísticos parisienses
fue muy variada. Al principio, pocos lo comprendían. Pero durante
los años que precedieron a la Primera Guerra Mundial, e incluso
durante la guerra, la fama de Picasso aumentó enormemente.
Desde entonces, fue uno de los pintores más destacados de Europa.

Francia siempre fue para Picasso el lugar de su oficio, pero no se
lo puede considerar francés. Volvía a menudo a su tierra natal,
manteniendo amistades y recorriendo los sitios conocidos de su
infancia y adolescencia. Sólo un español podría haber pintado un
cuadro tan típico del alma española como *El guitarrista viejo.* Se ve
al pobre viejo con la cabeza inclinada hacia abajo, las manos elegantes y finas sobre las cuerdas de la guitarra española, y una vaga
expresión de éxtasis en el rostro. Parece que la guitarra forma

*Las doncellas de Avig-
non,* de Pablo Picasso,
fue la obra iniciadora
del cubismo.
(*Collection, The Mu-
seum of Modern Art,
New York. Acquired
through the Lillie P.
Bliss Bequest*)

El guitarrista viejo captura el alma española, pues aunque Picasso vivió por muchos años en Francia, su inspiración vino de España. (*Courtesy of the Art Institute of Chicago, Helen Birch Bartlett Collection*)

parte de su cuerpo. Al fin de cuentas, podríamos decir que si París dio a Picasso la técnica, España le dio la inspiración y el alma.

Aunque Picasso iba, de vez en cuando, de juerga° con sus amigos bohemios, la seriedad de su obra no se puede negar. La mejor muestra es el famoso cuadro de *Guernica* que pintó durante la Guerra Civil. El gobierno republicano de Madrid le comisionó un óleo.° En un principio, Picasso no sabía cómo crear esta conmemoración de la guerra, pero después de enterarse de los bombardeos nazis a la ciudad de Guernica, empezó a trabajar frenéticamente. El resultado fue el cuadro que lleva el mismo nombre que la ciudad vasca.

Es un cuadro asombroso y horroroso, que continúa la tradición humanista y antibélica° de Goya. La primera impresión que nos da la obra es de caos e irracionalidad. Los objetos y los seres humanos están esparcidos a lo largo del cuadro de una manera que desobedece a la lógica. A la izquierda se encuentran un toro bravo mirando en varias direcciones, una mujer con su hijo muerto y un soldado en el suelo, agarrando° una espada. En el medio está el sol, dentro del cual vemos una bombilla° eléctrica; también hay un caballo que está a punto de caer. Hacia la derecha se ve la cabeza de alguien que mira por una ventana, con una vela° en la mano para ver mejor el desastre. También se ve una casa ardiendo° y una persona con los brazos en alto, en un gesto de temblor y asombro. Casi todas las figuras humanas miran temerosamente hacia arri-

iba de juerga… *went on a spree*

oil painting

antiwar

clutching
lightbulb

candle
burning

ba, lo cual sugiere la caída de las bombas. Cada detalle acentúa el horror de la situación. La manera primitiva y simple en que están pintados los ojos, las manos, las llamas,° da la impresión de que una fuerza inhumana (quizás la arbitrariedad, quizás la irracionalidad) se encarga de la ordenación.°

flames

arrangement

Después de su exposición en París en 1937, *Guernica* fue prestada al Museo de Arte Moderno en Nueva York, y allí quedó durante la época de Franco. Picasso no quiso que su obra estuviera en España mientras Franco permanecía en el poder. Después de la muerte del dictador se hicieron arreglos para llevar el cuadro al país que lo inspiró. En 1981, después de muchos debates y disputas, *Guernica* fue transportada al Museo del Prado en Madrid. Pero algunos españoles protestaron y siguen protestando. Creen que el verdadero hogar de *Guernica* no es Madrid sino la misma ciudad de Guernica, alma del País Vasco.

Después de la Segunda Guerra Mundial, Picasso fue considerado el pintor abstracto más importante del mundo. Siguió residiendo en París, sin viajar a España. Las relaciones entre el gobierno dictatorial de Franco y Picasso continuaron siendo antagónicas. Picasso no volvió, pero su tierra no dejó de inspirarlo. En 1957, pintó varias versiones de pinturas clásicas españolas: una del *Entierro del conde de Orgaz* y otra de *Las meninas*. No son imita-

Picasso no quiso que esta obra, *Guernica*, estuviera en España mientras Franco permaneciera en el poder. Representa el bombardeo nazi de la ciudad vasca de Guernica. (*Museo del Prado. S.P.A.D.A.M., Paris / V.A.G.A., New York, 1982*)

ciones, ni mucho menos. Dan a las obras antiguas un carácter intensamente moderno.

Durante los últimos años de su vida, Picasso siguió pintando y viviendo con un espíritu tan enérgico como el que tenía en su juventud. A los noventa y dos años murió en Francia. Muchos pintores continúan hoy día la revolución artística que inició Picasso.

Otros pintores modernos

Además de Picasso, hay varios pintores de la misma generación que ocupan un lugar destacado en la pintura española. Juan Gris (1887–1927), pintor cubista, también desarrolló su carrera artística en París. Fue gran amigo de la escritora vanguardista norteamericana Gertrude Stein y, como tantos artistas parisienses de esa época, buscaba nuevos modos de percepción.

El movimiento surrealista empezó en Europa en esta misma época. Entre los surrealistas españoles figuran Salvador Dalí, autor del famoso cuadro titulado *La persistencia de la memoria*. Es una de las pinturas más típicas y famosas del surrealismo. Lo primero que sugiere este cuadro es una atmósfera de sueño e irrealidad. También se ve claramente la obsesión del creador de esta obra por el tiempo: los relojes, elementos artificiales, tienen características extrañas; parecen hechos de una sustancia blanda, casi líquida. ¿Qué significarán esos insectos y esa isla en el fondo?

La persistencia de la memoria, de Salvador Dalí, es una de las obras más típicas y más famosas del surrealismo. (*Collection, The Museum of Modern Art, New York*)

Joan Miró, pintor catalán, es el autor de *Interior holandés*, cuadro muy representativo de su obra. Las figuras podrían representar cualquier cosa; todo depende del significado que el espectador les quiera dar.

A los surrealistas les interesaba el mundo de los sueños, de la fantasía y del tiempo como frutos° de la psique humana. Es interesante que todos estos pintores innovadores, incluyendo al gran maestro Picasso, hayan creado sus obras más famosas en tierras no españolas. Quizás estos nuevos "ismos", o sea, las nuevas escuelas artísticas, hayan sido demasiado revolucionarias para el tradicionalista público español.

products

Miró pintó este *Interior holandés* después de un viaje a Holanda en la década de los 20; pintaba con símbolos que representaban conceptos de la naturaleza primitiva. (*Collection, The Museum of Modern Art, New York. Mrs. Simon Guggenheim Fund*)

Vocabulario

A. Sustituya lo que está en letra itálica con la forma correcta de una expresión de la lista que tenga un significado semejante.

antibélica	innovadores
familia real	alejarse
precisión	producto
astuto	gordo
lienzos	deslumbrante

1. En el siglo XVIII la pintura española comenzó a *apartarse* de la religiosidad y el misticismo.

2. Goya pintó a la *realeza* con fiel *exactitud*.

3. Además de ser *sagaz*, no le faltaba talento.

4. En una obra de Goya, vemos a la reina, María Luisa, *gruesa* y vulgar.

5. Joaquín Sorolla pintó el sol *brillante* de España.

6. Los *cuadros* de Zuloaga representan una España dramática y romántica.

7. En algunos cuadros de Picasso vemos claramente su actitud *contra la guerra*.

8. En los cuadros surrealistas, la realidad parece como el *fruto* de la psique humana.

9. Muchos de los pintores *vanguardistas* del siglo XX crearon sus obras en el extranjero.

B. Dé un adjetivo que deriva de los siguientes sustantivos.

1. travesura
2. horror
3. inquietud
4. fidelidad
5. oro
6. París
7. antagonismo
8. burguesía

Preguntas y opiniones

1. ¿Por qué cree Ud. que en el siglo XVIII la pintura empezó a apartarse de los temas religiosos y místicos?

2. ¿Cómo cambió la obra de Goya desde los años 80 hasta el final de su vida?

3. ¿Qué significado tiene para Ud. la frase "El sueño de la razón produce monstruos"?

4. ¿Qué tema se repite en los cartones de Goya?

5. ¿A quién se refiere la frase "Mándenos un pedazo de sol de España"?

6. ¿Cree Ud. que Picasso habría desarrollado el estilo de *Las doncellas de Avignon* si nunca hubiera salido de España?

7. ¿De qué trata el cuadro *Guernica*? ¿Por qué cree Ud. que Picasso no quería que *Guernica* estuviera en España mientras Franco permanecía en el poder?

8. ¿Cree Ud. que el Museo de Arte Moderno de Nueva York debía haber devuelto *Guernica* a España? ¿Por qué sí o por qué no?

9. ¿Qué temas se representan en los cuadros surrealistas? ¿Cree Ud. que el surrealismo es el escape de una realidad fea e insoportable? ¿o es un intento de enfrentarse con nuestros deseos, preocupaciones y ansias internas?

10. ¿Cree Ud. que la censura y el destierro ayudaron o perjudicaron el desarrollo de la pintura española del siglo XX?

Actividades

1. Traiga a clase algunos ejemplos de pintura española de los siguientes estilos:

   romántico
   neoclásico
   impresionista
   abstracto
   cubista
   surrealista

   ¿Cuál es su estilo preferido? ¿Por qué? ¿Tiene el artista el deber de pintar la realidad tal como es? ¿o tiene el derecho de pintarla como la ve o como él quiere que sea?

2. Presente a la clase su interpretación de *La maternidad* de Joan Miró.

❧16❧

La música

Aunque España no ha producido una música tan elevada y universal como la de Alemania o Rusia, hay mucha variedad en la música popular. Ha sido lo popular, la voz del pueblo español, lo que ha entusiasmado tanto a los críticos de música como a los mismos músicos desde la Edad Media hasta hoy día.

Las Cantigas° de Santa María

poetical compositions to be sung

Una de las primeras muestras de música española se encuentra en la época medieval, durante el reino de Alfonso X el Sabio (1221–1284). Este rey culto tenía la costumbre de reunir en su corte a varios grupos de escritores, poetas y músicos. Entre ellos figuraban músicos moros y castellanos que tocaban los antiguos instrumentos de cuerda.° Estos instrumentos incluían el laúd° de forma triangular (a veces rectangular); la vihuela,° que se tocaba con un arco,° y dos tipos de guitarra: la latina, de forma curva,° y la morisca, de forma oval. Alfonso el Sabio fue quien dio a conocer las famosas *Cantigas de Santa María*. El rey reunió la letra° y la música de más de cuatrocientas de estas canciones dedicadas a la Virgen María. *Las Cantigas* narran la vida y los milagros de la Virgen, muchas veces en forma de himnos de reverencia y admiración.

de... string / lute
large guitar
bow / curved

lyrics

Tomás Luis de Victoria

Tomás Luis de Victoria (1540–1611) fue el mejor compositor de música religiosa del Renacimiento. Estudió en Roma con el italiano Giovanni Palestrina. Durante su estancia en Roma se ordenó sacerdote, pero su actividad espiritual siempre tenía algo que ver con algún aspecto de la música. En 1598, terminó los cinco volúmenes de sus *Laudi Spirituali*, en los cuales empleó canciones folklóricas españoles e italianas dentro de contextos religiosos. Fue nombrado maestro de coro° del Convento de las Descalzas Reales de Madrid. Se dice que Victoria es el primer representante mundial del misticismo en la música.

maestro… *choirmaster*

El flamenco

La música folklórica española, como la poesía popular de los romances,° es una de las más ricas y variadas del mundo. Ha sido transmitida de generación en generación hasta nuestros días por vía oral. En todas las provincias españolas el canto y el baile regionales constituyen una expresión artística popular genuina.

ballads

El *cante jondo* o *flamenco*, por ejemplo, es la música popular de Andalucía. Es de origen oriental, árabe y gitano. Consiste en una

Baile flamenco. (*Charles May / Monkmeyer Press Photo Service*)

disonancia tan particular de la voz que desconcierta a quien no está acostumbrado a oirlo debido a la ausencia total de una melodía fácil. Hay diversos tipos de cante flamenco. Muchos de ellos varían según el lugar de donde provienen: granadinas de Granada, malagueñas de Málaga, sevillanas de Sevilla.

También el baile flamenco es apasionante; casi siempre va acompañado por la guitarra, las palmas,° los gritos y los "olés" de quienes lo presencian.° Hay más de sesenta formas diferentes de cante y baile flamenco. Quien no las haya sentido y vivido desde la infancia, es casi imposible que pueda interpretarlas. El tono es optimista o pesimista, alegre o triste, como la vida. En ciertos aspectos, es muy parecido al *jazz* de Norteamérica. Esta música andaluza, tan fascinante e inquietante° para los oídos de un extranjero, ha inspirado a grandes poetas españoles, como Federico García Lorca.

i.e., clapping
attend, listen to or watch

unsettling

Las zarzuelas

España no ha producido grandes óperas. En su lugar, ha creado otro tipo de teatro lírico nacional: la zarzuela. Consiste en una combinación de canto, baile y diálogo. Se cree que su nombre deriva del palacio llamado Sitio Real de la Zarzuela, que mandó construir Felipe IV cerca de Madrid. Allí se representó este tipo de teatro lírico. Calderón de la Barca escribió, en el siglo XVII, la letra de las primeras zarzuelas. Estas obras trataban asuntos mitológicos, como *El laurel de Apolo*. En el siglo XVIII, Ramón de la Cruz escribió zarzuelas de tipo popular. A mediados del siglo XIX empieza la zarzuela moderna. Desde entonces hasta la fecha, se han escrito miles de zarzuelas "grandes", en tres actos. Algunas son de un acto y se llaman "género chico" o "zarzuela chica".

La verbena de la Paloma

La mejor zarzuela de todas, y la más clásica, es sin duda *La verbena de la Paloma* (1893). Escrita con música de Tomás Bretón y letra de Ricardo de la Vega, refleja las costumbres populares de Madrid. Las verbenas son como ferias con tíovivos,° bailes en la calle y venta de churros.° Todos los veranos se celebra una verbena en cada barrio de Madrid para conmemorar el día de un santo o de una Virgen popular. La más famosa es la verbena de la Paloma, que tiene lugar en los barrios bajos° de Madrid.

Como en tantas zarzuelas, el argumento consiste en un conflicto amoroso. El dilema se plantea entre Julián, un galán° honrado

merry-go-round
long doughnut-like pastries

barrios… slums, poorer areas
handsome man, suitor

pero celoso, y Susana, una maja guapa y también honrada. Pero el personaje de más salero° y gracia es un viejo verde,° el boticario,° don Hilarión. Tiene alrededor de setenta años y todavía le interesan las chicas, o chulapas, de su barrio. Una de ellas es Susana, la novia de Julián. Susana está harta de los celos de su amigo. Entonces, para lastimar a Julián, se va con el boticario a la verbena de la Paloma. Don Hilarión canta graciosamente cómo lo deleitan° las mozas que se divierten con él mientras que Julián se pone furioso. Al cruzarse con don Hilarión y Susana, Julián le pregunta a su novia: "¿Dónde vas con mantón de Manila°?", lo que da lugar a un dúo,° cantado por Julián y Susana, que se convierte en la canción principal de la obra. Esta melodía sigue emocionando a muchos españoles hasta hoy día por el color, alegría, gracia y salero que tiene. La zarzuela culmina en un baile grandioso después del cual los enamorados, finalmente, se dan cuenta de que se quieren.

wit, charm / viejo... *lecherous old man* / *pharmacist*

delight

mantón... *with the bright shawl* / *duet*

Los grandes compositores modernos

La zarzuela es música popular de teatro lírico, muy querida y admirada por el pueblo español, aunque no tiene grandes aspiraciones musicales. El erudito musicólogo, compositor y maestro catalán Felipe Pedrell (1841–1922) hizo una gran campaña para mejorar la calidad de la música española. Trató de conservar su inspiración popular, pero elevó su rango musical para hacerla más universal. Como resultado, en el siglo XX hay un resurgimiento de la música española. España ocupa hoy uno de los primeros lugares en el mundo musical, debido al arte exquisito de tres geniales° compositores: Isaac Albéniz, Enrique Granados y Manuel de Falla, tres discípulos de Pedrell.

brilliant, having genius

Isaac Albéniz

Isaac Albéniz (1860–1909) fue un gran compositor de música para piano. A los diez años era ya un gran pianista. Albéniz era un hombre dinámico, aventurero, creador, triunfador. De niño se escapó de su casa para dar conciertos en los cafés y casinos° de los pueblos de España. Se escondió en un barco que iba a Puerto Rico y continuó sus aventuras en Buenos Aires, Cuba, los Estados Unidos y Europa. Algunas veces, ganó aplausos y dinero; otras, vivió en la miseria° bohemia. En 1875, regresó cansado a Madrid. ¡Tenía sólo quince años! Entonces recorrió España paso a paso para sentirla, para documentarse. En Budapest conoció a Franz Liszt, con quien viajó por Europa. Se estableció en el mundo musical de

clubs

poverty

París, donde conoció al impresionista Claudio Debussy, muy apasionado por España.

Compuso una ópera, *Pepita Jiménez*, inspirada en una novela de
Juan Valera. Pero la fruta madura de su arte es la suite *Iberia*,
comenzada en 1906. *Iberia* es un mapa de España compuesto de
música del más fino españolismo. *Málaga*, *Triana*, *El Puerto*, *Lava-
piés*, *Granada* y *El Albaicín* son trozos de música popular pero de
categoría universal. Dijo Debussy: "Pocas obras valen en música lo
que [vale] *El Albaicín* de *Iberia*… noches españoles que trascienden
a clavel y a aguardiente…°"

*trascienden… emit the
fragrance of carna-
tion(s) and brandy*

Enrique Granados

De temperamento opuesto al dinámico Albéniz, Granados (1867–
1916) era soñador,° contemplativo, sedentario. Compuso música de
cámara° para piano, como la *Serenata española*. También hizo una
colección de *Danzas españolas*, inspiradas en el "folklore" de las
regiones de España. El Madrid de Goya, con sus majos y majas, es
el motivo de su gran suite *Goyescas*, convertida después en ópera.
Granados murió con su esposa cuando regresaba del estreno de
Goyescas en el Teatro Metropolitano de Nueva York, durante la
Primera Guerra Mundial. El barco inglés en que viajaban fue torpedeado por un submarino alemán.

La ópera *Goyescas* fue la primera obra musical española que se
estrenó en el Teatro Metropolitano de Nueva York y tuvo gran
éxito. Es una obra que tiene carácter universal y es, al mismo
tiempo, muy española. Empieza con una escena que recrea un
cartón de Goya titulado *El pelele*, en el cual unas majas se divierten

a dreamer
de… chamber

Enrique Granados, otro gran compositor de música para piano, compuso la ópera *Goyescas* entre 1911 y 1913; sus obras se caracterizan por su pasión y elegancia. (*MAS*)

con un bufón al que tiran hacia arriba. Entre los que miran el espectáculo hay una pareja que está coqueteando°: Paquiro, un torero, y Rosario, una hermosa maja madrileña. Paquiro la invita al baile del Candil, un concocido baile popular de Madrid. Los respectivos novios de estos dos personajes se enteran° y juran vengarse. En la escena del baile hay un duelo entre Paquiro y Fernando, el novio de Rosario. Gana Paquiro y muere Fernando. Al ver el cadáver de su novio, Rosario se arrepiente de haber despertado sus celos. Después del estreno de esta obra, los críticos elogiaron° las melodías, los ritmos y el estilo brillante, apasionadamente español.

flirting

se... find out

praised

Manuel de Falla

Manuel de Falla (1876–1946) nació en Cádiz y allí hizo sus primeros estudios musicales. Es el primer compositor español del siglo XX. Albéniz y Granados crearon música especialmente para piano; Falla, para orquesta. Se inspiró en la música popular de Andalucía, sobre todo de Granada. Trabajó de una manera concienzuda y disciplinada, sin concesiones a lo fácil y superficial. Siguiendo el consejo de su maestro Pedrell, el ideal de Falla era purificar la esencia de la música andaluza. Al principio compuso un par de zarzuelas que fracasaron, pero en 1904 alcanzó un gran éxito con su ópera *La vida breve*, de fondo° andaluz.

essence

En 1907, se fue a París con intención de pasar allí siete días, pero se quedó siete años, en compañía de Mauricio Ravel, Debussy y Albéniz. En París compuso sus "impresiones sinfónicas" *Noches en los jardines de España*, una evocación de la fragancia de Granada y de su arte gitano. En 1915, en España, compuso el ballet gitano *El amor brujo* para la cantaora y bailaora° gitana Pastora Imperio. Una de las piezas, *Danza ritual del fuego*, tuvo un éxito extraordinario en todo el mundo.

cantaora... cantante y bailadora *(Andalusian forms)*

La *Fantasía bética* para piano está dedicada al pianista Arturo Rubinstein, quien la introdujo en los Estados Unidos. En 1928, Falla empezó su principal esfuerzo creativo con la sinfonía *La Atlántida*, basada en un poema épico del poeta catalán Jacinto Verdaguer. Cuando Falla murió en la Argentina, en 1946, esta obra estaba casi terminada. En 1962, fue finalmente estrenada en el Gran Teatro del Liceo de Barcelona. Tuvo un éxito tan grande que constituyó un acontecimiento musical en toda Europa.

Los virtuosos españoles

En su tiempo nadie superó como virtuoso del violín a Pablo Sarasate (1844–1908), quien fue también compositor. Andrés Segovia (1894–) es el mejor guitarrista de música clásica. La guitarra en sus manos parece una orquesta sinfónica. El catalán Pablo Casals

Andrés Segovia hizo un papel muy importante en el restablecimiento de la guitarra como instrumento de concierto en el siglo veinte. Hizo 150 transcripciones de obras escritas originalmente para la vihuela o el clavicordio *(harpsichord)*, añadiéndolas al repertorio de la guitarra. *(UPI Photo)*

Pablo Casals, violoncelista catalán, vivió en el extranjero después de la Guerra Civil; desgraciadamente, no sobrevivió a Franco. (*MAS*)

(1876–1974) fue el mejor violoncelista del mundo, un verdadero prodigio. Desde que terminó la Guerra Civil española, Casals vivió retirado en un pueblecito de Francia, frente a la frontera española. En 1958, fijó su residencia en Puerto Rico, donde dirigió grandes festivales musicales de carácter internacional. Casals se negó, por motivos políticos, a tocar en público, fuera de su retiro, hasta que cesara el gobierno del general Franco en España. En 1962, como una excepción a su postura política, dio un concierto en la Casa Blanca de Washington en honor al presidente Kennedy. Desgraciadamente, Casals no sobrevivió a Franco; no vio la nueva democracia española.

La música popular contemporánea

A la juventud española le encanta la música popular contemporánea. Tanto en España como en Inglaterra y en los Estados Unidos, la música popular de la juventud es algo plenamente enérgico y revelador° de los valores e inquietudes de la nueva generación. El "rock" y el "disco" europeos y norteamericanos se oyen a menudo en la radio española de las ciudades y de los pueblos. Una de las películas norteamericanas que más éxito ha tenido en España es "La fiebre de noche del sábado" ("Saturday Night Fever"). De allí han surgido algunas formas de música propiamente españolas.

Hay, también, músicos populares que, acompañándose con guitarras electrónicas, cantan los problemas sociales españoles. Algunos son artistas regionales como Joan Manuel Serrat, el catalán

revealing

que canta en el idioma de su tierra y adapta la música folklórica de Cataluña a la música contemporánea. También hay combinaciones algo peculiares de formas populares internacionales con otras típicamente españolas: el flamenco-rock, por ejemplo. La juventud española sigue adaptando estas formas de música a su propia situación, y la joven democracia española le ha dado un nuevo ímpetu.

Vocabulario

A. Sustituya lo que está en letra itálica con la forma correcta de una expresión de la lista que tenga un significado semejante.

varios	establecer
ver	gustar
describir	sentir
saber	terminar

1. "Las Cantigas" *narran* la vida y los hechos de la Virgen María.

2. Hay *diversos* tipos de cante flamenco.

3. Julián se pone furioso mientras Don Hilarión canta cómo *lo deleitan* las mozas.

4. La zarzuela *culmina* en un baile grandioso.

5. En la ópera "Goyescas", la pareja *se entera de* que sus respectivos novios van a ir a un baile juntos.

6. Rosario *se arrepiente de* haber despertado los celos de Fernando.

7. En 1958, Pablo Casals *fijó* su residencia en Puerto Rico.

8. El baile flamenco es aun más emocionante cuando se acompaña de las palmas y los "olés" de quienes lo *presencian*.

B. Dé el sustantivo que deriva de los siguientes verbos.

Modelo: entusiasmar
       entusiasmo

1. cantar

2. ausentar

3. palmear

4. dañar

5. reflejar

6. originar

7. emplear

8. inspirar

Preguntas y opiniones

1. ¿En qué se basa la música de España?

2. ¿Qué son las Cantigas?

3. ¿En qué parte de España nació el flamenco? ¿Qué influencias tiene de otras culturas?

4. ¿Qué es una zarzuela?

5. ¿Cree Ud. que la Iglesia ha tenido tanta influencia en la música de España como en la pintura y en la literatura? ¿Por qué sí o por qué no?

6. ¿Quiénes son tres compositores de primer rango de la España del siglo XX?

7. ¿Qué diferencias técnicas hay entre la música de Albéniz y Granados y la música de Falla?

8. ¿Por qué se negó Pablo Casals a tocar en público después de la Guerra Civil?

9. ¿Por qué cree Ud. que la música popular norteamericana como el "rock", el "disco" y el "punk" se oyen a menudo en España? ¿Por qué se ignora la música popular de España en los Estados Unidos?

Actividades

1. Haga un informe oral o escrito sobre algún músico español mencionado en el capítulo.

2. A solas o con un grupo de estudiantes de su clase, escuche dos de las siguientes piezas musicales de España; *La verbena de la Paloma* (Bretón y de la Vega), *Iberia* (Isaac Albéniz), *Danzas españolas* (Enrique Granados) o *Danza ritual del fuego* (Manuel de Falla). Mientras escucha, apunte varios adjetivos o ideas que la música le trae a la mente. ¿Cuál de las piezas es más representativa de la España que Ud. conoce a través de este libro?

CONCLUSIÓN

❧ 17 ❧

Dos puntos de vista sobre el futuro de España

"La España de charanga° y pandereta° tendrá su mármol° y su día." Así escribía Antonio Machado hace más de medio siglo. Machado se refería a una España tradicional, reaccionaria y ridículamente anticuada ("de charanga y pandereta"). Pero también hablaba de la España del futuro, de la posibilidad de una España libre en la cual el diálogo y la creación humana serían los elementos primordiales.° ¿Ha llegado ese día "de mármol"? ¿Qué hubieran pensado Antonio Machado y otros pensadores liberales como Unamuno y Ortega y Gasset de algunos aspectos de la sociedad española actual: la democracia, la juventud desencantada,° las regiones o "nacionalidades" en rebelión? Consideremos dos puntos de vista con respecto al futuro español: uno pesimista y otro optimista, el típico español criticón° frente al español progresista° que acepta los cambios de esta nueva España.

brass band / tambourine / marble (sculpture)

original, important

disenchanted

extremely critical
progressive

El español desencantado y pesimista

"Podríamos interpretar los cambios políticos, sociales y culturales que se han iniciado en España en los últimos años como una mera repetición de acontecimientos anteriores. Sigue el *Bolero* de Ravel.[1] Los problemas típicos españoles no han desaparecido, sino que han aumentado. No se ha resuelto, por ejemplo, el dilema de las nacionalidades. Todo lo contrario, el separatismo vasco ha llegado a tal punto que se ha convertido en un elemento de oposición a la democracia. En cuestiones sociales y económicas, la nueva libertad de los sindicatos ha creado un nivel de desempleo jamás visto en la historia de España.

"En la cultura parece que no predomina el diálogo intelectual sino la pornografía. Ahora que hay libertad de prensa no se ve más que frivolidad erótica en los kioskos españoles, algo que está contaminando insidiosamente a nuestra juventud. Es más, en el campo intelectual se acepta abiertamente este erotismo en vez de oponerse a él. La literatura seria que se escribe hoy día está inundada de obsesiones con el cuerpo humano. Juan Marsé y Juan Goytisolo escriben novelas lascivas° que nadie puede comprender. Y los   *lewd* dramaturgos, si aún existen en España, estrenan obras escandalosas por el mero gusto de ofender. Fernando Arrabal[2] es un caso típico. Cuando volvió Rafael Alberti,[3] el famoso poeta exiliado después de la Guerra Civil, estrenó una obra dramática casi pornográfica: una adaptación moderna de *La lozana andaluza* de Francisco Delicado. Pero quizás el hecho más ilustrativo de la cultura bajo la democracia es que no se ha producido nada excepcional. Todos esperábamos que algún literato tuviera una obra monumental escondida en su armario° esperando la publicación   *closet* en un ambiente libre, sin censura. Pero no pasó nada de esto.

"Y no hablemos de la juventud española. ¿Qué futuro puede tener un país en que los jóvenes no hacen más que tomar drogas y escuchar un tipo de música infernal? El desencanto de los jóvenes es un problema grave porque en la juventud se ven las señales más claras de cómo va a ser la España de mañana. Si los jóvenes siguen siendo lo mismo que son ahora, indiferentes, apáticos, abúlicos,°   *tired, lacking will*

[1]*Bolero es una obra sinfónica de Mauricio Ravel, compositor francés; intentó captar el espíritu español con esta melodía exótica, triste y reiterativa.*

[2]*Fernando Arrabal tuvo que irse a París para poder estrenar sus dramas durante la época de Franco.*

[3]*Rafael Alberti (1902–) es un poeta famoso de la generación de García Lorca. Vivió mucho tiempo en Argentina después de la Guerra Civil.*

interesados sólo en satisfacer sus deseos primitivos, ¿pues adónde iremos a parar?° No, el día español del que hablaba Machado no ha llegado, y quizás no llegue nunca."

adónde... *where will it end?*

El español progresista y optimista

"Después de tantos años de lucha por la democracia, después de más de un siglo y medio de fracasos políticos (las Cortes de Cádiz, la tiranía de Fernando VII, la Primera República, la Segunda República, la dictadura de Franco), los españoles están ahora dispuestos a crear una sociedad nueva. Se mantienen firmes en su apoyo a la libertad y al gobierno constitucional. Esto se probó el 23 de febrero de 1981. Al levantarse algunos militares en contra de un gobierno popularmente elegido, el pueblo español y el rey se negaron a aceptar una repetición del 18 de julio de 1936, cuando empezó la Guerra Civil. Estos militares vieron inmediatamente la imposibilidad de imponer su voluntad al pueblo. Comprendieron que la España de ahora no es la España de 1936: es totalmente diferente tanto en la estructura económica y social como en la actitud de la gente.

"Bajo estas circunstancias, otra España nace. Hay problemas; eso sí. Pero se está haciendo un esfuerzo serio y sincero para resolverlos. Se está garantizando la autonomía política que piden ansiosamente las nacionalidades. Los obreros han obtenido aumentos de sueldo y otros beneficios, principalmente debido al poder político y social que han adquirido la UGT y otros sindicatos.

"La mejor prueba del carácter positivo de la nueva España es la prensa. Sí, se ven revistas pornográficas en España, pero el pueblo español tenía que liberarse de la represión sexual. La pornografía no tiene mucha importancia; la democracia española ha creado una serie de revistas, diarios y casas editoriales° nuevas que han fomentado el diálogo político y cultural entre muchísimos españoles. *El País* es quizás el ejemplo más típico: se trata de un diario que puede competir con otros diarios internacionalmente conocidos, tales como *Le Monde* de Francia y el *New York Times* de los Estados Unidos. *El País* ha llegado a ser una formidable fuente° de información nacional e internacional en toda España. Esto no habría sido posible sin la democracia.

"En cuanto al desencanto de la juventud española, se tendrá que ver como algo natural. El idealismo de la juventud siempre sufre al descubrir que la utopía no existe. Pero los jóvenes madu-

casas... *publishing houses*

source

ran. Algún día llegarán a ser los líderes del país. Se habrán acostumbrado a una sociedad relativamente tolerante, a una sociedad que se opone al poder militar y a que la justicia esté basada en la fuerza.

"Un país de tanta producción cultural como España no puede hundirse. Si pasamos nuestra mirada desde los clásicos del Siglo de Oro hasta Picasso, sin olvidar los experimentos artísticos de los intelectuales jóvenes actuales, vemos que el pueblo español ha tenido y aún tendrá su día como nos dijo Machado. Será una España que sintetice° los valores tradicionales con los valores democráticos de hoy día. Será una España 'de la rabia° y de la idea' ".

combines

rage, anger

El mañana efímero
por Antonio Machado

La España de charanga y pandereta,
cerrado y sacristía,°
devota de Frascuelo y de María,°
de espíritu burlón y de alma quieta,
ha de tener su mármol y su día,
su infalible mañana y su poeta.
El vano ayer engendrará° un mañana
vacío y ¡por ventura°! pasajero.°

sacristy, vestry

devota… *devoted to (the bullfighter) Frascuelo and the Virgin Mary*

will engender
por… *perhaps / passing, transient*

Esa España inferior que ora° y bosteza,°
vieja tahúr, zaragatera y triste°;
esa España inferior que ora y embiste°,
cuando se digna usar de la cabeza,
aún tendrá luengo parto° de varones
amantes de sagradas tradiciones
y de sagradas formas y maneras;
florecerán las barbas apostólicas.
El vano ayer engendrará un mañana
vacío y ¡por ventura! pasajero.

prays / yawns
vieja… *old and deceitful, boisterous and sad*
attacks, charges

luengo… *long labor*

Mas otra España nace,
la España del cincel° y de la maza,°
con esa eterna juventud que se hace
del pasado macizo° de la raza.
Una España implacable y redentora,
España que alborea°
con un hacha en la mano vengadora,
España de la rabia y de la idea.

chisel / hammer

massive, solid

dawns

Vocabulario

Sustituya lo que está en letra itálica con la forma correcta de una expresión de la lista que tenga un significado semejante.

criticón	literato
simple	periódicos
placer	hablar de
obsceno	indiferente

1. Antonio Machado *se refería a* una España tradicional y anticuada.

2. Aún existe el español *que encuentra que todo está mal.*

3. El español desencantado cree que estos últimos años son una *mera* repetición del pasado.

4. Marsé y Goytisolo tienen fama de escribir novelas *lascivas.*

5. El criticón piensa que los dramaturgos estrenan obras escandalosas por el simple *gusto* de ofender al público.

6. ¿Habrá algún *escritor* que tenga una obra monumental escondida en su armario?

7. Los jóvenes *apáticos* no participan en la política.

8. El optimismo y el libre intercambio de ideas se ven en las revistas, *los diarios* y las casas editoriales nuevas.

Preguntas y opiniones

1. Describa algunas de las características de la España actual.

2. Si Ud. fuera español, ¿sería Ud. español criticón y desencantado o español optimista? Explique.

3. ¿Cree Ud. que la reacción del pueblo español frente a los hechos del 23 de febrero de 1981 muestra una firmeza, una fe nueva en el futuro de España?

4. ¿Cree Ud. que el fin de la censura en España y la "explosión" de la pornografía es un gran problema para el país?

5. ¿Cree Ud. que el desencanto de la juventud española es algo típico de la juventud en general o que la indiferencia de los jóvenes españoles es más justificable?

6. ¿Cuáles cree Ud. que son los problemas más importantes en la España actual? ¿Por qué?

Actividades

1. Escoja a un personaje de la historia de España (rey, reina, explorador, monja, artista, músico, etcétera) y escriba un breve ensayo sobre él o ella.

2. Busque un artículo sobre un acontecimiento internacional en una revista o periódico publicado en España. Luego busque un artículo sobre el mismo acontecimiento en una publicación norteamericana. Compare los dos puntos de vista. ¿En qué se parecen? ¿Qué diferencias encuentra en el contenido y el estilo del reportaje?

Vocabulario

This vocabulary contains all Spanish words used in this text except: exact cognates, proper names and other easily recognized vocabulary (such as articles and pronouns), and numbers. Stem changes are indicated in parentheses following the appropriate verbs. Only contextual definitions are provided. The following abbreviations are used:

adj.	adjective	*n.*	noun
f.	feminine	*pl.*	plural
m.	masculine	*p.p.*	past participle

A

abajo below, down
abandonar to abandon, leave
el **abandono** abandonment
abarcar to encompass
abastecer (zc) to supply
abdicar to abdicate
abierto *p.p.* of **abrir**
abolir to abolish
aborrecer (zc) to hate
abovedado arched
el **abrazo** embrace
abrir to open
abril April
absoluto absolute
el **absolutismo** absolutism
absolutista absolutist
absorber to absorb
absorto *p.p.* of **absorber** absorbed
abstracto abstract
el **abuelo** grandfather; *pl.* grandparents
abúlico lacking willpower or energy
abundar to abound, be plentiful
abundante abundant

aburrido boring
el **aburrimiento** boredom
el **abuso** injustice; **abuso del vino** drunkenness
acabar to finish; **acabar (con)** to finish (off); **acabar de** to have just
la **academia** academy
académico academic
acariciador caressing
acaso perhaps
la **accesibilidad** accesibility
el **accidente** accident
la **acción** action
el **aceite** oil
acentuar to accentuate
aceptar to accept
acercar(se) to come close
acertar (ie) to guess
aclarar to make clear
acompañado accompanied
el **acontecimiento** event
acontecer to happen
acordar(se) (ue) to remember
acorralado cornered
acostumbrar(se) (a) to become accustomed (to)
la **actitud** attitude
la **actividad** activity

activo active
el **acto** act
actuar to act, behave
actual present, current
la **actualidad** present time
el **acueducto** aqueduct
el **acuerdo** agreement; **de acuerdo** in agreement, agreed
el **acusado (la acusada)** accused, defendant
la **adaptación** adaptation
adaptar to adapt
adecuado adequate; correct
adelante forward; **en adelante** from then on
además besides; **además de** in addition to
adicional additional
el **adjetivo** adjective
la **administración** administration
administrativo administrative
la **admiración** admiration
el **admirador (la admiradora)** admirer
admirar to admire
admitir to admit; to allow
la **adolescencia** adolescence

el, la **adolescente** adolescent
adolecer (zc) to suffer, be in pain
adónde (to) where; **¿adónde iremos a parar?** where will it all end?
adoptar to adopt
adorar to love, adore
el **adorno** adornment, ornament
adquirir (ie) to acquire
Adriano Hadrian (*Roman emperor*)
el **adulterio** adultery
advertir (ie) to advise
el **afán** desire
afectar to affect
afectuoso affectionate, loving
el **aficionado** fan, enthusiast
afilado sharpened, sharp
afiliado affiliated; member (of)
la **afirmación** affirmation
afirmar to affirm
el **afrancesado** supporter of French rule in Spain during the Napoleonic War (War of Independence), 1808–14
africano African
afuera outside
agarrar to hold, grab
la **agonía** death-agony, moment of death
agosto August
agotado exhausted, used up
el **agotamiento** exhaustion
agrario agrarian
el **agravio** wrong, injury
agrícola agricultural
la **agricultura** agriculture
el **agrónomo** agronomist
agrupar(se) to divide up into groups
el **agua** *f.; pl.* **las aguas** water
el **aguafuerte** etching
el **aguardiente** brandy
la **aguja** needle; spire
agustino pertaining to the Augustinian religious order
ahogado strangled, suffocated
ahora now
ahorcar (qu) to hang (a person)

el **aire** air
aislado isolated
el **aislamiento** isolation
el **ajo** garlic
alabar to praise
el **álamo** poplar tree
alargado long, lengthened
alborear to dawn
alcanzar to reach, achieve
la **aldea** village
alegre happy; **moza alegre** prostitute
la **alegría** happiness
alejar(se) to move away, distance oneself
alemán German
Alemania Germany
el **alfabeto** alphabet
algo *pron.* something; *adv.* somewhat
el **algodón** cotton
el **alguacil** bailiff
aliado allied
la **alianza** alliance
aliarse to ally oneself
alimentar to feed
el **alma** *f.; pl.* **las almas** soul
el **alminar** minaret
el **almirante** admiral
almorzar (ue) to eat a light snack around 11:00 A.M.
Alpes Alps
alquilado rented
alrededor around
alterar to alter
alternado alternate
alternarse to take turns
la **alternativa** alternative
alto tall, high
el, la **altruista** altruist
la **altura** height
el **alumno (la alumna)** student, pupil
alzar to raise, elevate
allá there; **más allá** beyond, further
allí there
el **ama** *f.; pl.* **las amas** housekeeper
amar to love
amalgamar to amalgamate, mix
amanecer (zc) to dawn, to get up early
el, la **amante** lover
amarillo yellow
la **ambición** ambition

ambicioso ambitious
el **ambiente** atmosphere; environment
la **ambigüedad** ambiguity
ambos (ambas) both
amenazador (amenazadora) threatening
amenazar to threaten
ameno pleasant
americano American
la **ametralladora** machine gun
el **amigo (la amiga)** friend
la **amistad** friendship
amistoso friendly
el **amo** master
el **amor** love
amoroso amorous; loving
amparar to protect
ampliar to enlarge
amplio extensive
amurallado walled
el **analfabetismo** illiteracy
analfabeto illiterate
el **análisis** analysis
analítico analytical
analizar to analyze
anarco-sindicalista anarcho-syndicalist
la **anarquía** anarchy
anárquico anarchical
el, la **anarquista** anarchist
ancho wide
andaluz (andaluza; *pl.* **andaluces, andaluzas)** Andalusian
andante walking; **caballero andante** knight-errant
andar to walk
el **andrajo** rag
anecdótico anecdotic
el **anfiteatro** amphitheater
anglosajón (anglosajona) Anglo-Saxon
la **angustia** anguish
el **anhelo** yearning
Aníbal Hannibal
el **anillo** ring (*jewelry*)
animado lively
animar to encourage
aniquilar to annihilate
anónimo anonymous
el **ansia** *f.; pl.* **las ansias** anxiety
ansiosamente anxiously
antagónico contrary, opposed
el **antagonismo** antagonism

antaño long ago; the past
ante before, in the presence of; **ante todo** above all
los **antecedentes** *pl.* background
el **antecesor (la antecesora)** predecessor
antemano: de antemano beforehand
el **antepasado** ancestor
anterior previous
antes before (*in time*)
antibélico antiwar
anticolonialista anticolonialist
anticuado outdated
antifascista anti-Fascist
antifranquista anti-Franco
antiguamente formerly; in other times
la **antigüedad** antiquity, great age
antiguo old, ancient; former
antisoviético anti-Soviet
antiterrorista antiterrorist
anunciar to announce
el **anuncio** advertisement
añadir to add
el **año** year
apaciguar to calm (someone) down, to pacify
aparecer (zc) to appear
aparente apparent
la **aparición** appearance, apparition
la **apariencia** appearance, aspect, look
el **apartamento** apartment
apartarse to move away
aparte apart
apasionado passionate
apasionante exhilarating, exciting
la **apatía** apathy
apático apathetic
el **apellido** surname
aplaudir to applaud
el **aplauso** applause
aplicar to apply
el **Apocalipsis** Apocalypse (*last book of the New Testament*)
apoderarse (de) to take over
la **aportación** contribution
el **apóstol** apostle
apostólico apostolic
apoyar to support
el **apoyo** support
apreciado appreciated

aprender to learn
apresar to take prisoner
aprobado approved
aprobar (ue) to approve
apropiado appropriate
aprovechar to take advantage of
aproximadamente approximately
apto capable
apuntar to point; to take notes
aquí here
árabe Arabic; Arab
arar to plow
la **arbitrariedad** arbitrariness
arbitrario arbitrary
el **árbitro** judge, arbiter
el **árbol** tree
arcaico archaic
el **arcipreste** archpriest
el **arco** arch; (violin) bow
el **archiduque** archduke
arder to burn
la **arena** sand
la **argamasa** mortar (*construction*)
Argel Algiers
el **argumento** storyline, plot
árido arid
la **aristocracia** aristocracy
el, la **aristócrata** aristocrat
aristocrático aristocratic
el **arma** *f.*; *pl.* **las armas** weapon
armar to arm; **armar caballero** to knight
la **armada** navy, fleet
el **armario** closet
la **armonía** harmony
armónico harmonized, harmonious
armonioso harmonious
armonizar to harmonize
el **arpa** *f.*; *pl.* **las arpas** harp
arquetípico archetypal
el **arquitecto** architect
arquitectónico architectural
la **arquitectura** architecture
el **arrayán** myrtle
arreglado arranged
el **arreglo** arrangement
el **arreo** ornament
arrepentirse (ie) to repent
arriba up, above
el **arriero** muledriver; swineherd

arrodillado kneeling
arrodillarse to kneel
arrogante haughty, arrogant
arruinar to ruin
el **arte** art
la **arteria** artery
el **artesano** artisan
el **artículo** article
el, la **artista** artist
artístico artistic
el **asalto** assault
asceta ascetic
ascender (ie) to ascend
asesinar to murder
el **asesinato** murder
el **asesino (la asesina)** murderer
así thus; like this; this way
asignado assigned
la **asignatura** class, course
la **asimilación** assimilation
asimilar to assimilate
la **asistencia** attendance
asistir to attend
el **asno** donkey
la **asociación** association
el **asombro** astonishment
asombroso astonishing, amazing
el **aspa** *f.*; *pl.* **las aspas** arm, vane (of a windmill)
el **aspecto** aspect
áspero harsh
el **áspide** asp
la **aspiración** aspiration
aspirante aspiring; one who aspires; pretender (to the throne)
aspirar to aspire
la **astrología** astrology
asturiano Asturian, from Asturias
astuto astute, clever
asumir to assume
el **asunto** affair
asustar to frighten
atacar to attack
atado tied
el **ataque** attack
la **atención** attention
atender (ie) to attend, to care for
el **atentado** criminal assault
atentamente attentively
la **Atlántida** Atlantis
la **atmósfera** atmosphere
atormentado tormented

la **atracción** attraction
el **atraco** robbery
atraer to attract
atrás back(wards); behind
atravesar (ie) to cross
atreverse to dare
atrevido daring
la **audacia** audacity, daring
audaz *pl.* **audaces** audacious, daring
la **Audiencia** court building
aumentar to grow, to become larger
el **aumento** enlargement;
aumento de sueldo pay raise
aún yet, still
aunque although
la **ausencia** absence
ausentar to be absent
el **auspicio** auspice
austero austere
la **autenticidad** authenticity
la **autobiografía** autobiography
autobiográfico autobiographical
la **autocensura** self-censorship
autocráticamente autocratically
el, la **autodidacta** self-taught person
el **automóvil** automobile
la **autonomía** autonomy, self-government
autonomista autonomist
el **autor (la autora)** author
la **autoridad** authority
el **auto** religious play
la **autosuficiencia** self-sufficiency
autotitularse to call onself, to style oneself
el **avance** advance
avanzar to advance
la **aventura** adventure
aventurero adventurous; adventurer
avergonzar (üe) to shame;
avergonzarse to be ashamed
averiguar to ascertain, to find out
la **aviación** aviation
avivar to awaken, to sharpen (intellect)
ayer yesterday

la **ayuda** aid
el, la **ayudante** helper
ayudar to help
azotar to beat, whip
el **azote** whip, scourge
azteca Aztec
azul blue
el **azulejo** tile

B

el **bable** Asturian dialect
Baco Bacchus, Roman god of wine
el **bachiller** bachelor (holder of a bachelor's degree)
el **bachillerato** bachelor's degree program
el **bailaor (la bailaora)** flamenco dancer
bailar to dance
el **bailarín (la bailarina)** dancer
el **baile** dance
bajar to get down
bajo *adj.* lower; short; *adv.* under; **bajo la perspectiva** from the point of view
la **balanza** balance; scale
bancario banking
el **banco** bank
la **banda** band
la **bandera** flag
la **banderilla** barbed dart with which the bull is stabbed
el **banderillero** the member of the bullfighting team who places the *banderilla*
el **bando** faction, side
bañar to bathe
el **baño** bath
barato inexpensive
el **bárbaro** barbarian
la **barba** beard
el **barbero** barber
el **barco** ship
la **barraca** cabin, hut
el **barril** barrel
el **barrio** neighborhood, district
barroco baroque
basar to base
básico basic
bastante enough; a good deal
bastardo illegitimate

la **batalla** battle
batallador (f. batalladora) fighting
el **batallón** battalion
bautizar to baptize
la **bayoneta** bayonet
beatífico beatific, blessed
beber to drink
bélico pertaining to war
belicoso bellicose, warlike
la **belleza** beauty
bello beautiful
benedictino of the Benedictine religious order
el **beneficio** benefit
benéfico beneficial
benévolo benevolent
benigno mild
el **bereber** of the Berber tribes of North Africa
el **beso** kiss
la **bestia** animal, beast of burden
bético pertaining to Andalusia (*formerly called Bética*)
la **Biblia** Bible
bíblico Biblical
la **biblioteca** library
el **bien** possession; *pl.* worldly goods
el **bienestar** well-being
bienintencionado well-meaning
el **bisonte** bison, buffalo
blanco white
blando soft
el **bloque** block
la **boca** mouth
la **boda** *also pl.* wedding
la **bodega** wine vault or cellar
bohemio Bohemian, unconventional
el **bolero** Spanish dance
el **bombardeo** bombardment
la **bomba** bomb
la **bombilla** bulb
la **bondad** goodness
bondadoso kind
borbónico of the royal House of Bourbon
borracho drunk
el **bosque** forest
bostezar to yawn
la **botánica** botany
la **botella** bottle
el **boticario** druggist

la **bóveda** vault, dome
bravo brave; fierce
la **bravura** ferocity
el **brazo** arm
Bretaña Brittany; **Gran Bretaña** Great Britain
breve brief
brevemente briefly
brevísimo very brief
la **brigada** brigade
brillante brilliant
brillar to shine
brindar to salute (*in a bullfight*)
británico British
la **bruja** witch
el **brujo** sorcerer; **El amor brujo** The Phantom Lover
brusco brusque, sharp
buen (bueno) good
el **buey** ox
el **bufón** buffoon, clown
la **bula** Papal bull
Burdeos Bordeaux
burgués (*f.* **burguesa**) bourgeois, middle-class
la **burguesía** bourgeoisie, middle-class
la **burla** joke, trick
el **burlador** trickster
burlar to fool; **burlarse de** to make fun of
burlón (*f.* **burlona**) funloving, waggish
la **busca** search
buscar to look for
el **buscón** (*f.* **buscona**) cheat, petty thief
el **busto** bust

C

caballeresco knightly
la **caballería** chivalry
el **caballero** gentleman
el **caballo** horse
caber to fit (in); **no cabe duda** there is no doubt
el **cabestro** ox leading a herd of bulls
la **cabeza** head
el **cabo** cape (*headland*); end; **llevar a cabo** to carry out; **al cabo** at the end; **al fin y al cabo** after all
el **cacique** political boss

cada each
la **cadena** chain
caer(se) to fall (down)
la **caída** fall
el **cajón** box; drawer
calculador (calculadora) calculating
calcular to calculate
el **cálculo** calculation
calderoniano of the Spanish playwright Pedro Calderón de la Barca (1600–1681)
el **calibre** caliber
la **calidad** quality
el **califa** caliph
el **califato** Caliphate
la **calma** tranquility
el **calor** heat
callado quiet
callar to be quiet
la **calle** street
la **cama** bed
la **cámara** chamber
cambiar to change
el **cambio** change
el **camino** way, road
la **campana** bell
la **campaña** campaign
campesino of the countryside; peasant
campestre rural, pertaining to the countryside
el **campo** country; field; camp; side
la **canción** song
el **candidato (la candidata)** candidate
el **candil** oil lamp
cansado tired
el **cansancio** tiredness
el **cantaor (la cantaora)** flamenco singer
cantar to sing
el **cante** flamenco singing
el **cántico** canticle; (religious) song
la **cantidad** quantity
la **cantiga** poem, song
el **canto** song; chant
el **caos** chaos
la **capacidad** capacity, ability
capaz capable
el **capellán** chaplain
el, la **capitalista** capitalist
el **capitán** captain
el **capítulo** chapter

el **capricho** caprice, fancy
captar to capture, captivate
capturar to capture, apprehend
la **cara** face
la **carabela** caravel, a light, fast sailing ship
el **carácter** character, nature
característico characteristic
caracterizar to characterize
la **caravana** caravan
el **carbón** coal
la **cárcel** jail
el **cardenal** cardinal (*Church dignitary*)
la **carga** charge (*military*)
cargado loaded
el **cargo** charge (*law*); post, position; **tomar a cargo** to take charge of
la **caricatura** caricature
caricaturesco caricaturesque
la **caridad** charity
caritativo charitable
carlista Carlist, supporter of the pretension of Carlos María Isidro de Borbón (1788–1855) to the throne of Spain
la **carne** flesh, meat
caro dear
la **carrera** career
la **carreta** cart
la **carretera** highway
cartaginés (*f.* **cartaginesa**) Carthaginian, of Carthage
Cartago Carthage
el **cartón** cartoon, design that serves as a model for transferring or copying
la **casa** house
casar(se) to get married
la **cascada** waterfall
casi almost
el **caso** case; incident
castellano Castilian
castigar to punish
el **castigo** punishment
el **castillo** castle
castizo typical of Spain
castrar to castrate
la **casualidad** coincidence, chance
catalogar to catalogue
catastrófico catastrophic
la **catedral** cathedral

la **categoría** category; position
el **catolicismo** Catholicism
católico Catholic; **los Reyes Católicos** Ferdinand and Isabella
el **caudillismo** rule by a chief
el **caudillo** chief, leader
la **causa** cause; **a causa de** because of
causar to cause
cavar to dig
la **caverna** cave
la **caza** hunting
cazar to hunt
la **cebolla** onion
ceder to hand over; to yield; **ceder el paso** to give way
cegar (ie) to blind
la **celebración** celebration
celebrar to celebrate
el **celo** zeal; earnestness; *pl.* jealousy
celta Celt; Celtic
celtíbero Celtiberian
el **cementerio** cemetery, burial place
cenar to have supper
la **censura** censorship
censurado censored
el **centenar** about one hundred
centralista centralist
la **centralización** centralization
centralizado centralized
centrista centrist, of the center
el **centro** center
cerca near
Cerdeña Sardinia
la **ceremonia** ceremony
el **cerrado** fenced-in garden or property
cesar to end
ciego blind; **la gallina ciega** blind man's buff
el **cielo** sky, heaven
la **ciencia** science
científico scientific
ciento: por ciento percent
cierto certain
el **ciervo** stag
el **cincel** chisel
el **cine** cinema, movies
cinematográfico cinematographic, having to do with the movies
el **cinismo** cynicism

el **ciprés** cypress tree
el **círculo** circle
la **circunstancia** circumstance
el **cirujano** surgeon
citado mentioned
la **ciudad** city; **ciudad-palacio** city-palace
el **ciudadano (ciudadana)** citizen
cívico civic
la **civilización** civilization
civilizado civilized
clamar to cry out, to clamor
clandestino clandestine, forbidden
claramente clearly
claro clear; of course
el **claroscuro** chiaroscuro, contrast of light and shadow in painting
la **clase** class
el **clasicismo** classicism
clasicista classicist
clásico classical, classic
clavar to stab, to pierce
el **clavel** carnation
el **clérigo** cleric, priest
el **clero** clergy
el **clima** climate
climático climatic
el **cobarde** coward; *adj.* cowardly
el **coche** car
coexistir to coexist
coincidir to coincide
la **cola** line, queue
la **colaboración** collaboration
colaborar to collaborate
la **colección** collection
colectivo collective
el **colegio** secondary school
el **coliseo** coliseum
la **colmena** beehive
la **colonia** colony
colonizar to colonize
el **colorido** coloring
la **columna** column, pillar
el **collar** necklace
el, la **comandante** commander
comandar to command (*military*)
combatir to combat, to fight
la **combinación** combination
combinar to combine
comer to eat
la **comedia** play; comedy

el **comendador** commander (*of a military order*)
el **comentario** commentary
comentar to comment upon
comenzar (ie) to begin
comercial commercial, having to do with business
el, la **comerciante** merchant, business person
el **comercio** commerce, business
cometer to commit
comisionar to commission
cómodo comfortable
el **compañero** companion, comrade; **compañero de clase** classmate
la **compañía** company
la **comparación** comparison
comparar to compare
compartir to share
compasivo compassionate
el, la **compatriota** compatriot, fellow citizen
la **compensación** compensation
compensar to compensate for
competir (i) to compete
la **comlejidad** complexity
complementar to complement
completar to complete
completo complete; **por completo** completely
complicar to complicate
componer to compose, make up
el **comportamiento** behavior
la **composición** composition
el **compositor (la compositora)** composer
comprar to buy
comprender to understand; to comprise, include
comprensivo extensive; comprehensive
compuesto *p.p.* of **componer**; composed
común common
la **comunicación** communication
la **comunidad** community
comunista communist
concebir (i) to conceive
conceder to concede
concentrar to concentrate

el **concepto** concept
la **concesión** concession
la **conciencia** conscience; consciousness
concienzudo conscientious
el **concierto** concert
la **conciliación** reconciliation
concluir (y) to conclude
el **condado** county, originally the dominion of a count
el **conde (la condesa)** count
condenado condemned
la **condesa** countess
la **condición** condition
conducir (zc) to conduct
la **conducta** conduct
la **conexión** connection, link
la **confederación** confederation
la **conferencia** lecture; conference
confesar (ie) to confess
la **confesión** confession
la **confianza** confidence
el **conflicto** conflict
conformar(se) to resign oneself
conforme (a) in accordance (with)
confundir to confuse
el **conglomerado** conglomeration
el **congreso** congress
la **conjunción** conjunction
el **conjunto** group, set
conjurado averted
la **conmemoración** commemoration
conmemorar to commemorate
conmigo with me
conmovedor (conmovedora) moving, emotional
conmover (ue) to move (emotionally)
conocer (zc) to be acquainted with, to know; **dar a conocer** to bring to light
conocido well-known
la **conquista** conquest
el **conquistador (la conquistadora)** conqueror
conquistar to conquer
la **consecuencia** consequence
conseguir (i) to obtain
el **consejero (la consejera)** councillor

el **consejo** advice; council
el **consentimiento** consent
conservador conservative; *n.* curator
conservar to keep, to conserve
la **consideración** consideration
considerar to consider
consistir (en) to consist (of), to be composed of
consolar (ue) to console
constante constant
la **constitución** constitution
constitucional constitutional
constituido constituted, made up
constituir (y) to constitute
constituyente constituent
la **construcción** construction
construir (y) to construct
el **consuelo** consolation
consultar to consult; **libro de consulta** reference book
el **contacto** contact
contar (ue) to tell; to count; **contar con** to count on
contemplar to contemplate
contemplativo contemplative
contemporáneo contemporary
el **contenido** content
el **contertuliano** fellow member of a group of friends (**tertulia**)
contestar to answer
el **contexto** context
el **continente** continent
el **continuador (la continuadora)** follower
continuamente continually
continuar to continue
contra against
contradictorio contradictory
el **contrafuerte** buttress
el **contrario** opposite; **al contrario** on the contrary; **todo lo contrario** the exact opposite
contrastar to contrast
el **contraste** contrast
el **contrato** contract
la **contribución** contribution
contribuir (y) to contribute
controlar to control

convencido convinced
convencional conventional
convenir (ie) to be advisable
el **convento** convent
la **conversación** conversation
conversar to converse
el **converso** convert to the Christian faith
convertir (ie) to convert
la **convivencia** coexistence, living together
convocar to convene, to summon
cooperar to cooperate
cooperativo cooperative
la **copia** copy
la **copla** popular Spanish song, ballad
coquetear to flirt
el **Corán** the Koran
el **corazón** heart
el **cordero** lamb
la **cordillera** mountain range
cordobés (cordobesa) pertaining to Córdoba
coreado sung in chorus
corear to echo
el **coro** choir
la **corona** crown
el **coronel** colonel
correcto correct, proper
el **corregidor** Spanish magistrate
corregir (i) to correct
correr to run
corresponder to correspond
la **corrida** bullfight
la **corriente** current
la **corrupción** corruption
cortar to cut
la **corte** court; *pl.* **Cortes** Spanish parliament
la **cortesía** courtesy
corto short (in duration)
la **cosa** thing
la **costa** coast
costoso costly, expensive
la **costumbre** custom
cotidiano everyday
la **creación** creation
el **creador (la creadora)** creator; *adj.* creative
crear to create
creativo creative
la **creencia** belief
creer to believe
el, la **creyente** believer

el **criado** servant
criar to raise, bring up, rear
crimen crime
la **criminalidad** criminal
behavior
el **criollo** Creole, the child of
Peninsular parents born in
the New World
la **cristiandad** Christendom
el **cristianismo** Christianity
cristiano Christian
el **Cristo** Christ
el **criterio** judgment, opinion
la **crítica** criticism
criticar to criticize
crítico critical
criticón fault-finding,
carping
la **crónica** chronicle
la **cronología** chronology
crucificado crucified
la **crucifixión** crucifiction
crudo raw, stark
cruelmente cruelly
la **cruz** cross
la **cruzada** crusade
cruzar to cross; **cruzarse con**
to encounter, run across
el **cuaderno** notebook
cuadrado square
la **cuadrilla** crew (bullfighting)
el **cuadro** painting, picture
cual which; **cada cual** each
one (person)
la **cualidad** quality
cualquier (a) any
cuando when
cuánto how much; *pl.* how
many
cuarenta; los años cuarenta
the forties
cuarto fourth; *n.* quarter
cubierto covered
el **cubismo** cubism, twentieth-
century style of painting
cubista cubist
cubrir to cover
el **cuchillo** knife
el **cuello** neck
la **cuenta** bill; **tomar en cuenta**
to take into account; **darse
cuenta de** to realize; **a fin
de cuentas** after all
el **cuento** story
la **cuerda** string, cord
el **cuerno** horn
el **cuerpo** body
el **cuervo** crow

la **cuestión** matter, issue
la **cueva** cave
el **cuidado** care
cuidadosamente carefully
la **culminación** culmination,
high point
culminante culminating,
highest
culminar to culminate, to
end
la **culpa** blame, fault; **tener la
culpa** to be at fault
cultivar to cultivate
el **cultivo** cultivation
el **culto** cult; *adj.* cultured
la **cultura** culture
la **cumbre** peak, tip
cumplir to fulfill
la **cuna** cradle, birthplace
el **cuñado** brother-in-law
el **cura** priest
el **curador (la curadora)**
curator (of a museum)
curar to cure
la **curiosidad** curiosity
curioso curious, strange
el **curso** course; year of study
curvo curved
cuyo whose

CH

la **charanga** brass band;
fanfare
charlar to chat
el **chico** boy, young man; *adj.*
small; **género chico** farce,
broad comedy of manners
and customs; **patria chica**
region, province
el **chulapo (la chulapa)** swag-
gering young man
(woman) of the Madrid
lower classes
la **chula** attractive woman of
the Madrid lower class
el **churro** cruller, strip of fried
dough

D

d.C. after Christ, A.D.
la **dama** lady
la **danza** dance
dañar to damage, to harm

dar to give
el **dato** fact, piece of information
debajo (de) underneath
debatir to debate, to argue
deber to owe; ought, should
(expressing obligation)
debido owing; **debido a**
because of
débil weak
la **debilidad** weakness
debilitar to weaken
la **década** decade
la **decadencia** decadence,
decay
decadente decadent
decaer to decay
decidir to decide
decir (i) to say
decisivo decisive
la **declaración** declaration
declarar to declare
decorativo decorative
el **decreto** decree
dedicar to dedicate
deducir to deduce
el **defecto** defect
defender (ie) to defend
el **defensor (la defensora)**
defender, protector
definir to define
la **degeneración** degeneration
la **dehesa** pasture land; vast
estates of grazing land
owned by one person
dejar to leave; to allow;
dejar de to stop; to keep
from
delante before, in front of;
por delante from the front
deleitar to delight
delgado slender
delicado delicate
la **delicia** delight, pleasure of
the senses
el **delito** crime, offense
la **demanda** demand
demás other, remaining, rest
(of the); **los (las) demás** the
others
demasiado too; too much
la **democracia** democracy
demócrata democrat
democrático democratic
demoledor (demoledora)
destructive, demolishing
demostrar (ue) to demon-
strate

la **denominación** denomination, calling
la **densidad** density
dentro within; **por dentro** or the inside
la **denuncia** denunciaton
depender (de) to depend (on)
el **deporte** sport
depositar to deposit, to place
la **depresión** depression
deprimente depressing
la **derecha** right (*direction*)
derechista rightist, right-wing
el **derecho** right, privilege (*law*)
derivar to derive
derramado spilled
el **derramamiento** spilling, spillage
derribar overthrow
derrocar to bring down
la **derrota** defeat
derrotar to defeat
el **desacuerdo** disagreement; disconformity
desafiar to challenge
el **desafío** challenge
desafortunado unlucky
desangrar(se) to bleed to death
desaparecer (zc) to disappear
la **desaparición** disappearance
desarrollar to develop
el **desarrollo** development
el **desastre** disaster
desastroso disastrous
descalzo barefoot; **Descalzas Reales** nuns of the "Royal Barefoot" Carmelite Order
descansar to rest
el **descanso** rest
el **descargado** without a load
descifrar to decipher, to figure out
desconcertante disconcerting
desconcertar (ie) to disconcert, to surprise
desconfiado distrustful; **condenado por desconfiado** condemned because of distrustfulness
desconocer (zc) to not know; to disregard

el **descontento** discontent
describir to describe
la **descripción** description
descubierto *p.p.* of **descubrir**
el **descubrimiento** discovery
descubrir to discover
desde since; from
el **desdén** disdain, scorn
desear to desire
desembarcar to disembark
desembocar to flow, to empty
desempeñar to carry out; to fill (an office or function)
el **desempleo** unemployment
desencantado disenchanted, disillusioned
el **desencanto** disenchantment, disillusionment
el **deseo** desire
la **desesperación** desperation
desesperado hopeless; desperate
desfilar to parade
desgraciado unfortunate
deshacer to undo
deshonesto dishonest
la **deshonra** dishonor, disgrace
el **desierto** desert
desigual unequal
la **desilusión** disillusion, disillusionment
desilusionado disillusioned
deslumbrante brilliant, dazzling
desmoralizador demoralizing
desnudo nude, naked
desobedecer (zc) to disobey
la **desolación** desolation
desorganizado disorganized, disorderly
despacio slow
desperdigado scattered
despertar (ie) to awaken
el, la **déspota** despot, tyrant
el **despotismo** despotism; **despotismo ilustrado** enlightened despotism
despreciar to scorn
el **desprecio** scorn, disdain
desprestigiar to lose prestige
después later; **después de** after
destacado outstanding
destacar to be outstanding; to excel
desterrar (ie) to exile

el **destierro** exile
el **destino** destiny, fate
la **destrucción** destruction
destruir (y) to destroy
desunido disunited
el **detalle** detail
detener (ie) to arrest
detenido arrested
la **determinación** determination; decision, resolution
determinar to determine
detrás (de) behind
la **devoción** devotion
devolver (ue) to return (something)
devoto devout; devoted to
devuelto *p.p.* of **devolver**
el **día** day; **hoy día, hoy en día** nowadays
el **diablo** devil
el **dialecto** dialect
dialogado in dialogue form
el **diálogo** dialogue
el **diario** newspaper; *adj.* daily
el, la **dibujante** sketcher
el **dibujo** drawing, sketch
diciembre December
el **dictador (la dictadora)** dictator
la **dictadura** dictatorship
dictar to dictate
dicho *p.p.* of **decir**
didáctico didactic
la **diferencia** difference
diferente different
diferir (ie) to differ
difícil difficult
la **dificultad** difficulty
la **difusión** propagation, spreading
dignamente with dignity
la **dignidad** dignity
digno worthy; dignified
el **dilema** dilemma
la **diligencia** diligence, industriousness
la **dimisión** resignation (of office)
dimitir to resign, relinquish
dinámico dynamic
la **dinamita** dynamite
la **dinastía** dynasty
el **dinero** money
Dios God
el **diplomático** diplomat; *adj.* diplomatic
el **diputado** deputy
la **dirección** direction

directo direct
dirigir to direct
la **disciplina** discipline
disciplinado disciplined
el **discípulo (la discípula)**
   pupil, follower, disciple
la **discreción** discretion
discreto wise, prudent
el **discurso** speech, address
la **discusión** discussion
discutir to discuss, debate
el **diseño** design
disfrutar to enjoy
disgustado displeased,
   annoyed
la **disminución** decrease,
   decline
disminuir (y) to diminish
la **disonancia** dissonance
disponer to dispose; to give
   instructions for
la **disposición** disposal
dispuesto *p.p.* of **disponer;**
   adj. disposed, ready
la **disputa** dispute
la **distinción** distinction,
   elegance
distinguir to distinguish
distintivo distinctive
distinto different
distorsionado distorted
distraer to distract; to
   amuse
la **diversidad** diversity
diverso various, different
divertir (ie) to divert, to
   amuse; **divertirse** to have
   a good time
dividir to divide
divino divine
el **divorcio** divorce
doble double
el **doblón** doubloon (*coin*)
dócilmente docilely, obe-
   diently
el **doctorado** doctorate
la **doctrina** doctrine
documental documentary
documentar to document
el **documento** document
dogmático dogmatic
el **dolor** pain, suffering
doloroso painful; **la Dolorosa** the Virgin Mary
doméstico domestic, of the
   home
la **dominación** domination

dominador (dominadora)
   dominating
dominante dominant
dominar to dominate
don (doña) title of respect
   used with given names
la **doncella** maiden
donde where
dorado gold-colored
dormir (ue) to sleep; sleep
dramático dramatic
el **dramaturgo** playwright
drásticamente drastically
la **droga** drug
la **duda** doubt
dudar to doubt
dudoso doubtful
el **duelo** duel
la **dueña** mistress
el **dueño** owner; master
dulce sweet
la **dulzura** sweetness
el **dúo** duet
el **duque** duke
la **duquesa** duchess
la **duración** duration
durante during
durar to last
duro hard

E

e and (before words beginning with **i** or **hi**)
eclesiástico priest;
   adj. ecclesiastical
la **economía** economy
económico economic
echado resting
la **edad** age; **Edad Media**
   Middle Ages
la **edición** edition
la **edificación** construction
edificar to build
el **edificio** building
editorial pertaining to
   publishing
la **educación** education
educativo educational
el **efecto** effect
efímero ephemeral, short-
   lived
el **egoísmo** selfishness
egoísta selfish
la **egolatría** self-worship
ejecutar to execute

el **ejemplar** specimen;
   adj. exemplary
el **ejemplo** example
ejercer to exercise (power)
el **ejército** army
elaborado elaborate
la **elección** election
electivo elective
el **electorado** electorate
eléctrico electric
electrónico electronic
el **elefante** elephant
la **elegancia** elegance
elegante elegant
la **elegía** elegy, composition
   written as a lament for the
   dead
elegir (i) to elect, to choose
el **elemento** element
la **elevación** elevation
elevar to raise; **elevarse** to
   rise
la **eliminación** elimination
elogiar to praise
embargo: sin embargo
   nevertheless, however
embellecer (zc) to beautify
la **embestida** charge (of the
   bull)
embestir (i) to charge upon,
   attack
la **emboscada** ambush
la **emigración** emigration
emigrar emigrate
la **emoción** emotion
emocionar(se) to be emotionally moving (moved)
emocionante moving
empeorar to become worse
el **emperador** emperor
empezar (ie) to begin
emplear to employ, to use
el **empleo** job
empobrecer (zc) to become
   poor
empobrecido impoverished
emprender to undertake
la **empresa** enterprise
enamorarse to fall in love
el **enano (la enana)** dwarf
encabezado led, headed
encantar to delight, charm,
   enchant
el **encanto** charm
encarcelado imprisoned,
   jailed
encargado (de) charged (with)

encargar to commission; **encargarse (de)** to be in charge (of)

la **encarnación** incarnation

encerrar (ie) to lock up

enciclopédico vast, encyclopedic

el **encierro** enclosure

encima on top; **por encima de** above

encontrar (ue) to find; **encontrarse con** to meet up with

el **encuentro** meeting

enderezar to straighten out; to put right

el **enemigo** enemy

la **energía** energy

enérgico energetic

la **enfermedad** illness

enfermo ill

enflaquecido grown thin

enfrentarse to face

enfrente in front

engañar to deceive

el **engaño** deception

engendrar to engender, beget; to produce

enigmático enigmatic

enorme enormous

enriquecer (zc) to enrich

el **ensayo** essay; rehearsal

la **enseñanza** teaching

enseñar to teach

entender (ie) to understand

el **entendimiento** comprehension, understanding

enterarse to find out

entero entire, whole

enterrar (ie) to bury

la **entidad** entity

el **entierro** burial

entonces then

la **entrada** entrance

entrañable intimate

entrar to enter

entre among; between

entregarse to give oneself up; to devote oneself; to surrender

el **entremés** one-act farce performed between acts of a longer play

entretener (ie) to entertain

el **entuerto** wrong, injustice

entusiasmar to make enthusiastic

el **entusiasmo** enthusiasm

enviar to send

la **envidia** envy

envidioso envious

envuelto wrapped

épico epic

el **episodio** episode

la **época** era, age, time

la **epopeya** epic poem; adventure

el **equilibrio** balance

equitativo equitable

equivalente equivalent

erguido erect

erótico erotic

erotismo eroticism

erudito erudite, learned

la **escala** scale

escandalizar to scandalize

escandaloso scandalous

escaparse to escape; **escaparse de su casa** to run away from home

la **escasez** scarcity

escaso scarce

la **escena** scene

el **escenario** setting

escéptico skeptical

Escipión Scipio

el **esclavo** slave

Escocia Scotland

escoger to choose

esconder to hide

escribir to write

escrito *p.p.* of **escribir**

el **escritor (la escritora)** writer

el **escritorio** desk

el **escrúpulo** scruple

la **escuadra** squadron

escuchar to listen

el **escudero** squire

la **escuela** school

esculpir to sculpt

el **escultor (la escultora)** sculptor

la **escultura** sculpture

la **esencia** essence

esencial essential

la **esfera** sphere

el **esfuerzo** effort

eso: por eso for that reason

espacioso spacious

la **espada** sword

espantoso frightful

español Spanish; Spaniard

esparcido scattered, spread out

especial special

especializado specialized

específico specific

espectacular spectacular

el **espectáculo** spectacle, show

el **espectador (la espectadora)** spectator

el **espectro** spectrum

el **espejo** mirror

la **espera** waiting, expectation

la **esperanza** hope

esperar to wait; to hope; to expect

el **espesor** thickness

el **espinazo** spine, backbone

el **espíritu** spirit

espiritual spiritual

la **espiritualidad** spirituality

el **esplendor** splendor

espontáneo spontaneous

la **esposa** spouse; wife

el **esposo** spouse; husband

el **esqueleto** skeleton

la **esquila** small bell

la **estabilidad** stability

establecer (zc) to establish

la **estadística** study of statistics; *pl.* statistics

el **estado** state; **golpe de estado** coup d'état

estadounidense of the United States

estallar to blow up, to explode

la **estancia** stay, sojourn

el **estanque** pool

estar to be

el **este** east

el **estereotipo** stereotype

estético esthetic

el, la **estilista** stylist

estilístico stylistic

el **estilo** style

el **estío** summer

estoico stoic

el **estoque** rapier, sword

el **estrecho** strait

estrecho narrow

estrenar to present for the first time

el **estribillo** refrain

estricto strict

la **estrofa** stanza

la **estructura** structure

el, la **estudiante** student

estudiantil pertaining to students

estudiar to study
el **estudio** study
eterno eternal
la **etimología** etymology
la **Eucaristía** Eucharist; communion
el **eunuco** eunuch
el **eurocomunismo** Eurocommunism
europeizado Europeanized
europeo European
la **evidencia** evidence
evidente evident
evitar to avoid
la **evocación** evocation
evocar to evoke
la **evolución** evolution
la **exactitud** exactness
exacto exact
exagerado exaggerated
la **exaltación** exaltation
exaltado exciting
el **examen** examination
examinar to examine
la **excelencia** excellence; **por excelencia** par excellence
excelente excellent
la **excepción** exception
excepcional exceptional
excepto except
excesivo excessive
el **exceso** excess
exclamar to exclaim
exclusivo exclusive
la **exhibición** exhibition
exhibir to exhibit
exigir to demand
exiliado exiled
el **exilio** exile
la **existencia** existence
existencial existential
el **existencialismo** existentialism
existir to exist
el **éxito** success
exótico exotic
la **expectación** expectation
la **expedición** expedition
la **experiencia** experience
el **experimento** experiment
la **explicación** explanation
explicado explained
explicativo explanatory
el **explorador (la exploradora)** explorer
la **explotación** exploitation
explotar to exploit
el **exponente** exponent

la **exportación** exportation
exportar to export
la **exposición** exposition
expresar to express
la **expresión** expression
expresivo expressive
expulsar to expel
exquisito exquisite; delicious
el **éxtasis** ecstasy
extender (ie) to extend
extensivo extensive, widespread
extenso extensive, vast
el **extranjero** abroad; **(la extranjera)** foreigner; *adj.* foreign
extraño strange
extraordinario extraordinary
extremadamente extremely
extremado extreme, carried to the limit
extremo extreme
exuberante exuberant

F

la **fábula** fable
fabuloso fabulous
fácil easy
la **facilidad** ease, facility
facilitar to facilitate
la **facultad** school (of a university)
la **faena** series of passes in the third part of the bullfight
la **Falange** Spanish fascist party
falangista Falangist, member of the Falange
la **falsedad** falsity; falsehood
falso false
la **falta** lack
faltar to be lacking
fallecer (zc) to die
la **fama** fame; reputation
la **familia** family
el, la **familiar** member of a family; *adj.* familial
famoso famous
fanático fanatic
la **fantasía** fantasy, imagination
fantástico fantastic
la **farmacia** pharmacy
la **farsa** farce

fascinador (fascinadora) fascinating
fascinante fascinating
el **fascismo** fascism
fatalista fatalist
la **fatiga** tiredness
el **favor** favor; **a favor** in favor
favorito favorite
la **fe** faith
febrero February
la **fecha** date
felicitar to congratulate
feliz happy; lucky
femenino feminine
el **feminismo** feminism
feminista feminist
fenicio Phoenician
el **fenómeno** phenomenon
feo ugly
la **feria** fair
feroz (*pl.* feroces) ferocious
el **ferrocarril** railroad
fértil fertile
el **feudalismo** feudalism
la **ficción** fiction
la **fidelidad** fidelity, faithfulness
la **fiebre** fever
fiel faithful
la **fiesta** festival; party
la **figura** figure
figurar to figure, to appear
fijar to fix, to establish
la **fila** line
la **filigrana** filigree
la **filosofía** philosophy
filosófico philosophical
el **filósofo** philosopher
el **fin** end; **a fin de cuentas** after all; **en fin** in short
el **final** end
finalmente finally, ultimately
financiero financial
fingir to pretend
fino fine, refined
firmar to sign
firme firm
la **firmeza** firmness
físico physical
flaco skinny
flamenco Flemish; flamenco (song or dance)
Flandes Flanders
la **flebitis** phlebitis
la **flecha** arrow
la **flexibilidad** flexibility
la **flor** flower

florecer (zc) to flower
el **florecimiento** flowering
la **flota** fleet
fomentar to foment, to promote
el **fondo** bottom; rear, background; subject matter
la **forma** form
la **formación** formation
formado formed, made up
formar to form
formidable formidable; tremendous
formular to formulate
la **fortaleza** fortress
la **fortuna** fortune; luck
la **foto** (*from* **fotografía**) photograph
fotográfico photographic
fracasar to fail
el **fracaso** failure
la **fragancia** fragrance
el **fragmento** fragment
la **fragua** forge, metalsmith shop
el **fraile** friar, monk
francés (francesa) French
franciscano of the Franciscan religious order
el **Franco-Condado** Franche-Comté, county near Burgundy in eastern France
franquista *m., f.* pertaining to the era of General Francisco Franco's rule
Frascuelo famous nineteenth-century bullfighter whose real name was Salvador Sánchez
la **frase** sentence
la **fraternidad** brotherhood
la **frecuencia** frequency
frecuente frequent
el **frenesí** frenzy
frenéticamente frenetically
frente (a) regarding; in front of, before, facing
el **frente** front
la **frescura** freshness
la **frialdad** coldness
frío cold
la **frivolidad** frivolity
frívolo frivolous
la **frontera** border
fronterizo pertaining to the border
la **frustración** frustration

frustrador (frustradora) frustrating
la **fruta** fruit
el **fruto** product, result
el **fuego** fire
la **fuente** source; fountain
fuerte strong
la **fuerza** force
la **función** function
el **funcionamiento** working, operation
funcionar to function
el **funcionario** official
la **fundación** founding
fundar to found
fundir to fuse together
la **furia** fury
furioso furious
furtivo furtive; *n.* poacher
el **fusil** rifle
fusilar to shoot
el **futuro** *n. m.* and *adj.* future

G

la **gaita** bagpipe
el **galán** gallant; youthful male lead in a play
la **galera** galley (*nautical*)
gallego Galician, pertaining to Galicia
la **gallina** hen; **gallina ciega** blind man's buff
la **gana** desire; **darle (a uno) la gana** to feel like; **de mala gana** unwillingly
la **ganadería** cattle-raising; livestock
el **ganadero (la ganadera)** owner of cattle
ganar to win; **ganarse la vida** to earn a living
la **garantía** guarantee
garantizar to guarantee
la **garganta** throat
gastar to spend
la **gaviota** seagull
la **generación** generation
generalizar to generalize
generalmente generally
el **género** genre, type; **género chico** farce, broad comedy of manners and customs
genial inspired; pleasant
el **genio** genius
la **gente** people
genuino genuine

la **geografía** geography
geográfico geographical
geométrico geometric
germánico Germanic
el **gesto** gesture
el **gigante** giant
gitano gypsy
la **gloria** glory
el **gobernador (la gobernadora)** governor
gobernar (ie) to govern
el **gobierno** government
godo Gothic, pertaining to the Goths
el **golfo** gulf; urchin, ragamuffin
el **«golpazo»** attempted coup that took place in February of 1981
el **golpe** blow; **golpe de estado** coup d'état
golpear to beat, to hit
el **gongorismo** poetic style of Luis de Góngora and his imitators
gordo fat
gótico Gothic (*art and architecture*)
goyesco pertaining to or characteristic of Goya
gozar to enjoy
la **gracia** grace; charm; wittiness; *pl.* thanks, thank you
gracioso amusing, witty
el **grado** degree
el **graduado (la graduada)** graduate
la **gramática** grammar
gran (grande) great; big
granadino pertaining to Granada
la **grandeza** greatness
la **grandiosidad** grandeur, greatness
grandioso splendid; magnificent; grandiose
el **granito** granite
la **gratitud** gratitude
grave serious, grave
griego Greek
gris gray
gritar to scream, to yell; to protest
el **grito** cry
grotesco grotesque
grueso thick; fat
el **grupo** group
guapo handsome

guardar to keep
la **guardia** (*military*) guard; **el guardia** guardsman
la **guarnición** garrison
gubernamental governmental
la **guerra** war
guerrear to make war, to fight
el **guerrero** warrior; *adj.* warlike
la **guerrilla** guerrilla warfare
el, la **guía** guide
la **guitarra** guitar
el, la **guitarrista** guitar player
gustar to be pleasing

H

haber to have (+ *p.p.*)
la **habilidad** skill
el, la **habitante** inhabitant
habitar to inhabit
hablar to speak
hacer to do; to make; **hace +** *time + past tense* ago; **hacer frío** to be cold (*weather*); **hacer un viaje** to take a trip; **hacer compañía** to accompany
el **hacha** *f.*; *pl.* **las hachas** ax, hatchet
hacia toward; around
la **hacienda** property, fortune; **Ministro de Hacienda** Ministry of Finance
hallar to find
el **hambre** *f.* hunger
hambriento desirous, spiritually hungry
el **harén** harem
harto sick and tired
hasta until; even
la **hazaña** exploit, heroic feat
hechizado bewitched
el **hechizo** magical spell
hecho *p.p.* of **hacer**; *adj.* made
el **hecho** fact; action, deed
heredar to inherit
el **heredero (la heredera)** heir
hereditario hereditary
el, la **hereje** heretic
la **herencia** inheritance
la **herida** wound, injury
herido wounded, injured

la **hermana** sister
el **hermano** sibling; brother
hermoso beautiful, fair
la **hermosura** beauty
el **héroe** hero
heroico heroic
el **heroísmo** heroism
hervir (ie) to boil
el **hidalgo** noble
la **hija** daughter
el **hijo** child; son; *pl.* children
el **himno** hymn
la **hipocresía** hypocrisy
el, la **hipócrita** hypocrite; *adj.* hypocritical
hispánico Hispanic
hispanoamericano Latin American
hispanorromano Hispano-Roman
la **historia** history; story
histórico historical
hogaño nowadays; in our time (*colloquial*)
el **hogar** home
la **hoguera** bonfire; burning at the stake
holandés (holandesa) Dutch
el **hombre** man; **hombre-masa** man as part of the masses, common man
el **homenaje** tribute
hondo deep
la **honestidad** honesty
la **honra** honor
honrado honorable
la **hora** hour; time
el **horizonte** horizon
el **horno** oven
horrendo dreadful, horrible
horroroso frightful, horrifying
la **hostia** (Sacred) Host
hoy today; nowadays
la **huelga** strike
huérfano orphan
la **huerta** irrigated, cultivated land
el **hueso** bone; **carne y hueso** flesh and blood
huesudo bony
huir (y) to flee, to run away
la **humanidad** humanity
humanista humanist
humano human
humilde humble
humillante humiliating

humillar to humble
el, la **humorista** humorist, comic
hundir(se) to sink; to disappear

I

ibero *see* **ibérico**
ibérico Iberian
el **idealismo** idealism
idealista idealistic
idealizar to idealize
la **identidad** identity; **señas de identidad** identifying marks
la **ideología** ideology
ideológico idealogical
el **idioma** language
el, la **idiota** idiot
ido *p.p.* of **ir**
el **ídolo** idol
la **iglesia** church
la **ignorancia** ignorance
ignorante ignorant
ignorar to be ignorant of
igual equal
la **igualdad** equality
ilegítimo illegitimate
ilícito illicit
iluminado illuminated
la **ilusión** illusion
ilustrado enlightened
ilustrativo illustrative
ilustre illustrious
la **imagen** image
la **imaginación** imagination
imaginar to imagine
imaginario imaginary
la **imaginería** carving or painting of sacred images
la **imitación** imitation
imparcial impartial
el **imperialismo** imperialism
imperialista *m., f.* imperialistic
el **imperio** empire
el **ímpetu** impetus, drive
imponente grandiose, imposing
imponer to impose
la **importación** importation
la **importancia** importance
importante important
importar to be important
la **imposibilidad** impossibility
imposible impossible

imprescindible indispensable
la **impresión** impression
impresionante impressive
impresionar to impress
el **impresionismo** impressionism
impresionista impressionist
imprimir to print
improvisador (improvisadora) improvising
improvisar to improvise
impuesto *p.p.* of **imponer**
el **impuesto** tax
impulsar to impel, to drive
el **impulso** drive, push
impunemente with impunity, without punishment
inagotable inexhaustible
inapreciable inestimable
inaugurado inaugurated, begun
la **incapacidad** inability
incauto incautious, unwary
incendiar to set fire to
la **incertidumbre** uncertainty
la **inclinación** inclination, propensity
inclinar(se) to be inclined
incluir (y) to include
incluso including
la **incompetencia** incompetence
incompleto incomplete
incomprensible incomprehensible
incorporar to include; **incorporarse** to join
increíble incredible
la **independencia** independence
el, la **independentista** proponent of independence
independiente independent
indeterminado indefinite
las **Indias** Indies
la **indicación** indication
indicar to indicate
la **indiferencia** indifference
indiferente indifferent
la **indignación** indignation
indignarse to become indignant
indio Indian
indirectamente indirectly
la **indiscreción** indiscretion
indisoluble undissolvable

el **individualismo** individualism
la **individualista** *m., f.* individualist
el **individuo** individual
la **industria** industry
la **industrialización** industrialization
inefable unutterable, indescribable
la **ineficacia** inefficiency
la **inestabilidad** instability
inexpresivo inexpressive
infalible never-failing
la **infancia** childhood, infancy
la **infanta** princess
el **infante** prince
la **infantería** infantry
infantil infantile, pertaining to children
infatigable untiring
inferior lower; inferior
el **infierno** hell
la **infinidad** infinite number
infinito infinite
la **inflación** inflation
la **influencia** influence
influir (y) to influence
la **información** information
el **informe** report
el, la **ingeniero** engineer
el **ingenio** wit
ingenioso ingenious, clever
ingenuo ingenuous, naive
inglés (inglesa) English
ingratitud ingratitude
ingrato ungrateful
el **ingrediente** ingredient
el **ingreso** entrance
inherente inherent
inhibir to inhibit
inhumano inhuman; non-human
el **iniciador (la iniciadora)** founder, initiator; *adj.* first
inicial initial, first
iniciar to begin
la **iniciativa** initiative
inigualado unequalled
la **injusticia** injustice
injusto unfair
inmediato immediate
inmenso immense
la **inmoralidad** immorality
inmortal immortal
la **inmortalidad** immortality

inmortalizado immortalized
inmovilizar to immobilize
innecesario unnecessary
innovador (innovadora) innovative
inocente innocent
inolvidable unforgettable
inquietante disquieting, disturbing
inquietar to make nervous
inquieto restless
la **inquietud** uneasiness
la **Inquisición** Inquisition
el **inquisidor** inquisitor
el **insecto** insect
la **inseguridad** insecurity
insidiosamente insidiously
insignificante insignificant
la **insinuación** insinuation
insinuarse (en) to slip (in)
insistir to insist
insoportable intolerable unbearable
inspeccionar to inspect
la **inspiración** inspiration
el **inspirador (la inspiradora)** inspirer
inspirar to inspire
la **instalación** post, station
instalar to install
instintivo instinctive
el **instinto** instinct
la **institución** institution
el **instituto** institute
la **instrucción** instruction
el **instrumento** instrument
la **ínsula** *(archaic)* island
integral whole, inclusive
íntegramente thoroughly
integrante constituent, integral
intelectual intellectual
inteligente intelligent
la **intención** intention
intensamente intensely
intensificar to intensify
intenso intense
intentar to try
el **intento** attempt
el **intercambio** exchange
el **interés** interest
interesante interesting
interesar to interest; **interesarse** to be interested in
intermedio intermediate
internacional international
interno internal

la **interpretación** interpretation
interpretar to interpret
el, la **intérprete** interpreter
interrumpir to interrupt
la **intervención** intervention; **no intervención** nonintervention
el, la **intervencionista** interventionist
intervenir (ie) to intervene
intimista intimate
íntimo intimate
la **intolerancia** intolerance
la **intransigencia** intransigence, intolerance
intransigente intransigent, uncompromising
la **intriga** intrigue
la **introducción** introduction, first appearance
introducir (zc) to introduce
el **intruso (la intrusa)** intruder
inundar to flood
inútil useless
invadir to invade
el **invasor (la invasora)** invader
invencible invincible, unbeatable
inventar to invent
el **invento** invention
la **inversión** investment
invertebrado invertebrate; lacking values and structures in common
la **investigación** research
el **invierno** winter
invitar to invite
ir to go; **ir más allá (de)** to go beyond; **irse** to go away
irlandés (irlandesa) Irish
la **ironía** irony
irónico ironic
la **irracionalidad** irrationality
irreal unreal
irreconocible unrecognizable
irresponsable irresponsible
irritante irritating
la **isla** island
islámico Islamic
italiano Italian
itálico italic
el **itinerario** itinerary; route
izquierdo left; la **izquierda** the left (*politics*)
el, la **izquierdista** leftist

J

jamás never
el **jardín** garden
la **jarra** jar
la **jaula** cage
la **jefatura** command; leadership
el **jefe (la jefa)** chief, leader
el **jerez** sherry
el **jeroglífico** hieroglyph, hieroglyphic
el **jesuita** Jesuit
el **jinete** horse-rider
jondo (*colloquial*) deep
el, la **joven** young person; *adj.* young
la **joya** jewel
el **judío (la judía)** Jew; *adj.* Jewish
la **juerga** spree; **de juerga** on the town
el **juez** (*pl.* **jueces**) judge
jugar (ue) to play
el **juglar** epic singer
el **juicio** judgment; sanity
julio July
la **junta** council
juntar to join; **juntarse** to get together
junto together
jurar to swear, to vow
la **justicia** justice
justiciero fair, just
justificable justifiable
justo fair
juvenil youthful, young
la **juventud** youth

K

el **kilómetro** kilometer
el **kiosco** kiosk, newspaper and book stand

L

el **laberinto** labyrinth, maze
el **labio** lip
la **labor** task
el **labrador (la labradora)** farm worker, peasant
el **lacayo** lackey
el **ladino** language spoken by the Sephardic Jews, based on Old Castilian and written with Hebrew letters
el **lado** side; **del lado** on the side, in favor; **por otro lado** on the other hand
el **ladrón (la ladrona)** thief
la **lágrima** tear (drop)
lamentablemente lamentably
la **lana** wool
la **lanza** lance
lanzar to launch
largo long
lascivo lewd
latinizado Latinized
latino Latin
Latinoamérica Latin America
el **laúd** lute
lavar to wash
el **lazo** link, tie
leal loyal
la **lealtad** loyalty
la **lección** lesson
el **lector (la lectora)** reader
la **lectura** reading
el **lecho** bed
leer to read
legalizar to legalize
legendario legendary
legítimo legitimate
la **legua** league (*measure of distance*)
lejano faraway
lejos far
la **lengua** tongue; language
el **lenguaje** language
lento slow
el **león (la leona)** lion
la **letra** letter (*of the alphabet*); writing; lyrics; *pl.* literature
el **levantamiento** uprising
levantar to raise; **levantarse** to get up; to rise up
la **ley** law
la **leyenda** legend
liberar to free
la **liberación** liberation
el **liberador (la liberadora)** liberator
el **liberalismo** liberalism
la **liberalización** liberalizing, liberalization
la **libertad** liberty
el **libertador (la libertadora)** liberator

libertino dissolute
libre free; **aire libre** open air
el **libro** book
el **licenciado (la licenciada)** person possessing a master's degree
el **liceo** lyceum, literary or recreational society; **Teatro del Liceo** famous theater in Barcelona
el, la **líder** leader
la **lidia** fight, struggle (*usually referring to the bullfight*)
el **lienzo** canvas, (by extension) painting
ligado linked
ligero slight
la **limitación** limitation
limitar to limit
el **limonero** lemon tree
la **limosna** alms, charity
limpio clean
la **línea** line
lingüístico linguistic
líquido liquid
lírico lyrical
la **lista** list
listo ready
literario literary
el **literato (la literara)** writer; literary person
la **literatura** literature
loco insane, mad; **volverse loco** to go mad
la **locomotora** locomotive
la **locura** madness, insanity
la **lógica** logic
lógico *adj.* logical
lograr to manage (to); to achieve
el **logro** achievement
lozano beautiful; vigorous, healthy
la **lucha** fight, battle
el **luchador (la luchadora)** fighter
luchar to fight
luego later; then
luengo (*archaic*) long
el **lugar** place; **tener lugar** to take place; **dar lugar** to cause
el **lujo** luxury
lujosamente luxuriously
luminoso luminous
la **luna** moon
la **luz** light

LL

la **llama** flame
llamar to call
llano flat
el **llanto** lament
la **llanura** plain, flatland
la **llave** key
la **llegada** arrival
llegar to arrive
llenar to fill
lleno full
llevar to wear; to take; to carry; to bring; to take away
llorar to cry
llover (ue) to rain
la **lluvia** rain

M

macabro macabre
macilento emaciated
macizo solid; sound
la **madera** wood
la **madre** mother
madrileño of or pertaining to Madrid
el **madrugador (la madrugadora)** early riser
madrugar to get up early
madurar to mature
la **madurez** maturity
maduro mature
el **maestro (la maestra)** teacher; master; **obra maestra** masterpiece
mágico magic
magistralmente masterfully
magnánimo magnanimous
magnífico magnificent
la **magnitud** magnitude, scale
el **mago (la maga)** sage, magician
mahometano Mohammedan
la **maja** provocative young woman of the working class
la **majada** sheepfold
majestuoso majestic
el **majo** dandy of the working class
mal ill, badly; *n.* evil, misfortune
malagueño of or pertaining to Málaga

la **maldad** evil
malo bad, evil
mallorquino of or pertaining to Mallorca (Majorca)
la **manada** herd
manco crippled by the loss of one hand
manchego of or pertaining to La Mancha
mandar to send; to command
el **mandato** command
el **mando** command, leadership
manejar to manage, to conduct
la **manera** manner, way
la **manifestación** demonstration; manifestation
manifestar (ie) to show, to manifest
la **maniobra** maneuver
la **mano** hand
manso tame, docile, gentle
mantener (ie) to maintain; to support; **mantenerse** to remain
el **manuscrito** manuscript
mañana tomorrow; **la mañana** morning; **el mañana** future
el **mapa** map
el **mar** sea
la **maravilla** marvel
maravillarse (de) to marvel (at)
maravilloso marvelous
marcadamente markedly
marcar to mark
la **marcha** journey; **en marcha** in motion
marearse to get seasick
el **margen** margin; **al margen de** at the edge of
el **marido** husband
marinero seagoing
el **marino** sailor
el **mármol** marble; sculpture
el **marqués** marquis
marroquí (na) Moroccan
Marruecos Morocco
el, la **mártir** martyr
el **martirio** martyrdom
el **marxismo** Marxism
marxista Marxist
mas but
más more; most

la **masa** mass (*physics*);
    hombre-masa common
    man
masculino masculine
la **matanza** slaughter;
    massacre
matar to kill
las **matemáticas** mathematics
la **materia** material; matter
la **maternidad** maternity
la **matiz** shade of color, tint
la **matrícula** registration
el **matrimonio** marriage
máximo highest; greatest
mayo May
mayor older; oldest; greater;
    greatest
la **mayoría** majority
la **maza** mallet
mediado half-full; **a media-
    dos de** halfway through
mediante through, by means
    of
la **medicina** medicine
el **médico** physician
medio middle; half; *pl. n.*
    milieu; means; **las diez y
    media** ten-thirty
mediterráneo Mediter-
    ranean
mejor better; best
mejorar to better, to
    improve
la **melancolía** melancholy
melancólico melancholic
la **melodía** melody
melodioso melodious
melodramático melodra-
    matic
la **memoria** memory; *pl.*
    memoirs
la **mención** mention
mencionar to mention
el **mendigo (la mendiga)**
    beggar
la **menina** waiting-woman,
    servant
menor less; minor
menos less; except; fewer;
    por lo menos at least
la **mentalidad** mentality
la **mente** mind
la **mentira** untruth, lie
menudo small; **a menudo**
    often
el **mercader** merchant
el **mercado** market

mercantil mercantile
la **merced** grace, favor; mercy;
    vuesa merced your grace
meridional southern
el **mérito** merit, value
mero pure, mere
la **mesa** table
el **mes** month
la **meseta** plateau
la **metafísica** metaphysics
la **metáfora** metaphor
metafórico metaphorical
metódico methodical
el **método** method
la **metrópoli** metropolis,
    capital
metropolitano metropolitan
el **metro** meter
mexicano Mexican
la **mezcla** mixture
mezclar to mix
la **mezquita** mosque
el **miembro** member
mientras while
el **milagro** miracle
milagroso miraculous
la **milicia** militance, warfare
el, la **militante** militant
militar military
la **milla** mile
millar a thousand; *pl.*
    thousands
el **millonario (la millonaria)**
    millionaire
la **mina** mine
el **minero** miner
el **ministerio** ministry
el **ministro** minister; **primer
    ministro** prime minister
la **minoría** minority
minúsculo small, minute
la **mirada** look, gaze
mirar to look, to gaze
la **misa** (Catholic) mass
miserable wretched, unfor-
    tunate
la **miseria** poverty
la **misión** mission
el **misionero (la misionera)**
    missionary
mismo same; **sí mismo**
    himself
el **misterio** mystery
misteriosa mysterious
el **misticismo** mysticism
místico mystic
la **mitad** half; middle

el **mito** myth
mitológico mythological
la **moda** fashion, style
la **modalidad** manner, way
el, la **modelo** model
moderado moderate
moderno modern
modesto modest, humble
el **modo** way; **de todos modos**
    anyway, in any case
la **molinera** miller's wife
el **molino** mill
el **momento** moment
el, la **monarca** monarch
la **monarquía** monarchy
monárquico monarchical
el **monasterio** monastery
la **moneda** coin
la **monja** nun
el **monopolio** monopoly
monótono monotonous
el **monstruo** monster; **mons-
    truo de la naturaleza** force
    of nature
monstruoso monstrous
montar to mount
la **montaña** mountain
montañoso mountainous
el **monumento** monument
la **morada** dwelling
la **moraleja** moral
moralizador (moralizadora)
    moralizing
moreno dark-skinned,
    dark-haired
moribundo moribund
morir (ue) to die
morisco Moorish, pertaining
    to Spanish Moors only
moro Moorish, pertaining to
    Moors or Mohammedans
mortificado shamed
el **mosaico** mosaic
mostrar (ue) to show
el **motivo** motive
moverse (ue) to move
    (oneself)
el **movimiento** movement
la **moza** young woman
mozárabe pertaining to
    Christians living under
    Moslem domination in
    Spain
la **muchacha** girl
el **muchacho** boy
mucho a lot, much;
    pl. many; **muchas veces**
    often

mudéjar pertaining to Moslems living under Christian domination in Spain

la **muerte** death

muerto dead; *p.p.* of **morir**

la **mujer** woman

la **muleta** cane bearing bullfighter's small killing cape

multiplicar to multiply

mundial pertaining to the world

el **mundo** world; **todo el mundo** everyone

la **muralla** wall

murciano pertaining to the province of Murcia

el **murciélago** bat (*animal*)

el **muro** wall

el **museo** museum

la **música** music

el **musicólogo (la musicóloga)** musicologist

el, la **músico** musician

musulmán (musulmana) Moslem

mutuo mutual

N

nacer (zc) to be born

el **nacimiento** birth

la **nación** nation

nacional national; reference to Franco's side in the Civil War

la **nacionalidad** nationality

nacionalista nationalist

nada nothing; **más que nada** more than anything else

napoleónico pertaining to Napoleon

la **naranja** orange

el **naranjo** orange tree

el **nardo** spikenard

la **nariz** nose; **el narizotas** Big Nose (Carlos IV)

la **narración** narration, story

narrar to narrate, to tell a story

narrativo narrative

natal native, pertaining to birth

la **natalidad** birthrate

la **naturaleza** nature

la **naturalidad** naturalness

el **naturalismo** realism

la **navaja** knife, blade, dagger

la **navegación** navigation

la **nave** ship

necesario necessary

la **necesidad** necessity, need

necesitar to need

la **negación** negation, denial

negar (ie) to deny; **negarse (a)** to refuse (to)

negativo negative

negociar to negotiate

el **negocio** business

negro black; **negruzcoverdoso** blackish-greenish

neoclásico neoclassical

neofascista neofascist

neofranquista neo-Franquist; pertaining to a renovation of Franco's beliefs and doctrines

la **neutralidad** neutrality

ni nor; not even

el **nido** nest

la **nieta** granddaughter

el **nieto (la nieta)** grandchild; grandson

la **nieve** snow

nihilista nihilist

el **niño (la niña)** child

el **nivel** level

la **nobleza** nobility

nocturno nocturnal, by night

la **noche** night

nómada *m., f.* nomadic

nombrar to name

el **nombre** name

nórdico Nordic, northern

la **norma** norm, rule

noroeste northwest

norte north

Norteamérica North America

norteamericano (norteamericana) North American

norteño northern, of the north

la **nota** note

notar to notice

notorio well-known

la **novela** novel

novelado in the form of a novel

novelesco novelesque, fantastic

el, la **novelista** novelist

novelístico novelistic

la **novia** bride, fiancée

el **noviazgo** engagement

noviembre November

el **novillero** bullfighter who fights young bulls (*one stage prior to becoming a matador*)

el **novillo** young bull

el **novio** bridegroom; fiancé; **ponerse de novios** to become engaged

la **nube** cloud

nuevo new

numantino pertaining to Numancia

numéricamente numerically

el **número** number

numeroso numerous, many

nunca never

O

obedecer (zc) to obey

obediente obedient

el **obispo** bishop

el **objetivo** goal; *adj.* objective

el **objeto** object

la **obligación** obligation

obligar to oblige, to force

obligatorio obligatory

la **obra** work

el **obrero (la obrera)** worker; *adj.* pertaining to workers and working

obsceno obscene

el **observador (la observadora)** observer; *adj.* observing

observar to observe

la **obsesión** obsession

obstinado obstinate, stubborn

obtener (ie) to obtain

la **ocasión** occasion

el **Occidente** Occident, the West

el **océano** ocean

ocioso idle

octubre October

ocultar to hide

la **ocupación** occupation

el, la **ocupante** occupant

ocupar to occupy

ocurrir to occur, to happen

odiar to hate

el **odio** hate
la **odisea** odyssey
oeste west
ofender to offend
la **ofensa** offense
oficial official
la **oficina** office
el **oficio** work, career
ofrecer (zc) to offer
el **ogro** ogre
el **oído** ear
oír (y) to hear
ojival pertaining to a
pointed arch
el **ojo** eye
la **ola** wave
el **óleo** oil-painting
el **olivo** olive
olvidar to forget
oponerse to be opposed
la **oposición** opposition
la **opresión** oppression
oprimido oppressed
optar to opt
el **optimismo** optimism
optimista optimistic
opuesto *p.p.* of **oponer;**
adj. opposite
la **opulencia** opulence
la **oración** sentence
orar to pray
el **orden** order, regularity;
f. order, command
la **ordenación** ordering,
arrangement
ordenar to command; to
arrange; **ordenarse sacerdote** to become ordained
as a priest
la **organización** organization
organizar to organize
el **órgano** organ
la **orgía** orgy
el **orgullo** pride
orgulloso proud
el **Oriente** the East, Orient
el **origen** origin
la **originalidad** originality
originar to originate
la **orilla** shore
la **ornamentación** ornamen-
tation
el **oro** gold; **Siglo de Oro**
Golden Age
la **orquesta** orchestra
oscuro dark
ostentar to flaunt
el **otero** hill

otorgar to grant
la **ovación** ovation
la **oveja** sheep
el, la **oyente** listener

P

la **paciencia** patience
paciente patient
pacífico pacific, peaceful
el, la **pacifista** pacifist
el **padre** father; Father (*priest*);
pl. parents
pagar to pay
la **página** page
el **pago** payment
el **país** country
el **paisaje** landscape;
countryside
el **pájaro** bird
el **paje** pageboy
la **palabra** word
el **palacio** palace
el **palco** reviewing stand
pálido pale
la **palma** palm
palmear to clap
el **palmo** span, measure of
length (*8 inches*)
la **paloma** dove
el **palo** club, stick
pamplonés (pamplonesa)
pertaining or referring to
Pamplona
panameño pertaining or
referring to Panama
la **pandereta** tambourine
la **pandilla** group of friends,
gang
el **pañuelo** handekerchief
el **Papa** Pope
el **papel** paper
el **par** pair; **sin par** unequaled,
without equal
para in order to; for
la **paradoja** paradox
paradójicamente paradoxi-
cally
el **paraíso** paradise
el **paralelismo** parallelism
parar to stop; **¿adónde
vamos a parar?** where will
it all end?
pardo gray; brown; drab
parecer (zc) to seem;
parecerse to resemble, to
be similar

parecido similar
la **pared** wall
la **pareja** pair, couple
parisiense pertaining or
referring to Paris
parlamentario parlia-
mentary
el **parlamento** parliament
Parnaso Parnassus, the
mountain where the
Muses live
paródico parodistic
el **párrafo** paragraph
la **parte** part; **todas partes**
everywhere; **por otra
parte** on the other hand
la **participación** participation
participar to participate
particular private; particular; peculiar
la **particularidad** peculiarity
el **particularismo** particular-
ism; individualism
el **partido** party
partir to leave; **a partir de** as
of; from (then) on
el **pasado** past; *adj.* past
pasajero fleeting
pasar to pass; to happen; to
spend (time)
el **pase** pass (*bullfighting*)
pasear to stroll; **pasear la
mirada** to extend one's
gaze
el **paseo** stroll, walk; **dar un
paseo** to take a stroll
el **pasillo** hall, passageway
la **pasión** passion
pasional passionate
pasivo passive
pasmado stunned
el **paso** one-act play
el, la **pasota** hippie
el **pastor** shepherd
pastoril pastoral
el **pasto** grass; pastureland
la **patria** homeland
el **patrimonio** patrimony
el, la **patriota** patriot
patriótico patriotic
el **patriotismo** patriotism
el **patrón (la patrona)** patron
saint
el **patrono (la patrona)**
employer
la **paz** peace
el **pecador (la pecadora)** sinner
la **peculiaridad** peculiarity

el **pecho** chest; breast
la **pedagogía** pedagogy, teaching
pedagógico pedagogical
el **pedazo** piece
pedir (i) to request
pelear to fight
el **pelele** stuffed dummy
la **película** movie
el **peligro** danger
peligroso dangerous
el **pelo** hair
la **pena** punishment; **pena de muerte** death penalty
penar to suffer
penetrar to penetrate
la **penitencia** penitence
el, la **penitente** penitent
el **pensador (la pensadora)** thinker
el **pensamiento** thought
pensar (ie) to think
la **peña** crag
el **peñón** steep, rugged hill of rocks; **Peñón de Gibraltar** Rock of Gibraltar
peor worse; worst
pequeña small
la **percepción** perception
perder (ie) to lose
la **perdición** downfall, loss
la **pérdida** loss
perdurable lasting
la **peregrinación** pilgrimage
perezoso lazy
la **perfección** perfection
perfecto perfect
el **perímetro** perimeter
el **periódico** newspaper
el, la **periodista** reporter, writer for a newspaper
periodístico pertaining to a newspaper
el **período** period
perjudicar to harm, to injure
la **perla** pearl
permanecer (zc) to remain
permanente permanent
el **permiso** permission
permitir to permit
perpetuo perpetual
el **perro** dog
la **persecución** persecution
perseguido followed; persecuted
la **persistencia** persistence
la **persona** person

el **personaje** (literary) character
la **personalidad** personality
el **personalismo** personalism
personalista personalist
la **perspectiva** perspective, point of view
el **perspectivismo** Ortega y Gasset's doctrine of point of view
pertenecer (zc) to belong
la **pesadilla** nightmare
pesar to weigh; **a pesar de** in spite of
la **peseta** monetary unit of Spain
el **pesimismo** pessimism
pesimista pessimistic
la **petición** request
el **peto** cotton blanket worn by horses in the bullfight
el **petróleo** petroleum
el, la **pianista** pianist
picar to stab, to prick
la **picardía** roguishness; *pl.* mischief, tricks
picaresco picaresque, roguish
el **pícaro (la pícara)** rogue
el **pico** peak; tip, corner
pictórico pictorial
el **pie** foot; **a pie** on foot
la **piedra** stone
la **pieza** piece; theatrical or musical work
el **pináculo** pinnacle
el **pincel** paintbrush
el **pino** pine (tree)
pintar to paint
el **pintor (la pintora)** painter; artist
pintoresco picturesque
la **pintura** painting
el **pirata** pirate
la **piratería** piracy
pisar to step on
el **placer** pleasure
plácido calm
plano flat
planear to plan
plantear to lay out, to set forth
el **planteamiento** statement, exposition
la **plata** silver
plateresco plateresque, pertaining to an ornate Sixteenth-century style

el **platero** silversmith
la **playa** beach
plegarse to bow down, to bend
pleno full
la **pluma** feather; pen
el **pluralismo** pluralism
la **población** population
el **poblador (la pobladora)** settler
pobre poor
la **pobreza** poverty
poco little; few; **poco a poco** little by little
poder (ue) to be able; **el poder** power
el **poderío** power, might, authority
poderoso powerful
el **poema** poem
la **poesía** poetry
el **poeta** poet
poético poetic
poetizar to make into poetry
la **policía** police force
el **polisón** bustle (*article of women's clothing in the 19th century*)
la **política** politics
político political
la **politización** growing political awareness
el **polvo** dust
polvoriento dusty
poner to put
la **popularidad** popularity
por for; by; through; per; along; **por ciento** percent; **por dentro** on the inside; **por eso** for that reason; **por fuera** on the outside; **por igual** equally; **por lo tanto** therefore; **por mucho que** no matter how much; **por otro lado** on the other hand; **por una parte** on the one hand; **por ventura** luckily
el **porcentaje** percentage
la **pornografía** pornography
pornográfico pornographic
porque because; **¿por qué?** why?
portarse to behave
el **portavoz** spokesman
portugués (portuguesa) Portuguese
el **porvenir** future

la **posada** inn; lodging; board-
inghouse
poseer to possess
la **posesión** possession
la **posibilidad** possibility
posible possible
la **posición** position
positivo positive
postergado postponed
posterior later; after
la **postguerra** postwar years
póstumo posthumous
la **postura** posture; attitude
el **pote** pot; **pote gallego**
Galician stew
la **potencia** power, force
el **precedente** precedent
el **precepto** precept, rule
el **precio** price
precioso beautiful
precisamente precisely,
exactly
precisar to specify
predeterminado prede-
termined
predicar to preach
predominante predominant
predominar to predominate
el **predominio** predominance
el **prefacio** preface
preferir (ie, i) to prefer; to
choose
el **pregonero** street vendor;
town crier
la **pregunta** question; **hacer
preguntas** to ask questions
preguntar to ask
la **prehistoria** prehistory
prehistórico prehistoric
el **premio** prize
la **prenda** (precious) personal
belonging
la **prensa** press
la **preocupación** worry
preocuparse to worry
la **preparación** preparation
preparar to prepare
la **presencia** presence
presenciar to behold
presentar to present
el **presente** present (time)
presidencial presidential
el **presidente (la presidenta)**
president
presidir to preside (over)
el **preso (la presa)** prisoner
prestado lent
el **prestigio** prestige

pretender to attempt
prevalecer (zc) to dominate,
to prevail
previamente previously
la **primavera** spring
primer (primero) first
primitivo primitive; primal
primogénito first-born
primordial fundamental
la **princesa** princess
el **principado** princedom; the
rank of prince
principalmente principally
el **príncipe** prince
el **principio** beginning; **a principios** at the beginning
la **prisión** prison
el **prisionero (la prisionera)**
prisoner
privado private
privilegiado privileged
el **privilegio** privilege
probablemente probably
probar (ue) to test; to try; to
prove
el **problema** problem
procedente originating
proceder to originate
la **procesión** procession
el **proceso** trail; process
la **proclamación** proclamation
proclamar to proclaim
prodemocrático in favor of
democracy
el **prodigio** prodigy, marvel
la **producción** production
producir (zc) to produce
el **producto** product
profesional professional
el **profesor (la profesora)** pro-
fessor, teacher
profundo deep, profound
el **programa** program
progresista progressive
el **progreso** progress
prohibir to prohibit, to
forbid
proletario proletarian,
working-class
prolífico prolific
la **promesa** promise
prometer to promise
prominente prominent
promover (ue) to promote,
to foster
promulgar to promulgate
pronosticar to predict
pronto soon, quickly

la **pronunciación** pronun-
ciation
el **pronunciamiento** (military)
uprising; coup
propiamente truly;
thoroughly
el **propietario (la propietaria)**
property owner
propio own; very, exact; **el
propio Franco** Franco
himself
proponerse to plan
la **proporción** proportion
propuesto *p.p.* of **proponer,**
proposed
la **prosa** prose
proseguir (i) to continue
la **prosperidad** prosperity
próspero prosperous
prostituido corrupt, prosti-
tuted
el, la **protagonista** protagonist
la **protección** protection
proteger (j) to protect
el **protegido (la protegida)**
favorite; *adj.* protected
la **protesta** protest
protestar to protest
protestante Protestant
proveer to supply
el **proverbio** proverb
la **provincia** province
provocar to provoke
próximo nearby
proyectar to show
el **proyecto** project
la **prueba** proof
el **pseudónimo** pseudonym
la **psicología** psychology
la **psique** psyche, soul
la **publicación** publication
publicar to publish
el **público** audience;
adj. public
el **pueblo** town; populace
el **puente** bridge
la **puerta** door, gate
el **puerto** port
pues well; then; because
puesto *p.p.* of **poner;** *n.* post,
job
púnico Punic, pertaining to
the wars between
Carthage and Rome
el **punto** point; **en punto**
exactly
la **puntualidad** punctuality

puntualizar to describe in detail
el **puñado** handful
el **puñal** knife, dagger
la **puñalada** stab wound; **matar a puñaladas** to stab to death
la **pupila** pupil (eyeball)
purificar to purify
puro pure

Q

quedar to be left; **quedarse** to stay
quejarse to complain
la **quema** burning
quemar to burn
querer (ie) to want; to love
quieto still, unmoving
el **quijotismo** Quixotism
la **quintaesencia** quintessence
quinto fifth
quitar to take away
quizás perhaps

R

la **rabia** anger, fury
el **racimo** bunch of grapes
la **raíz** root
la **rama** branch
el **rango** rank, category
rápidamente quickly
raptar to kidnap
el **rasgo** trace
la **raya** line
la **raza** race
la **razón** reason
la **reacción** reaction
reaccionar to react
reaccionario reactionary
la **reafirmación** reaffirmation
real real; royal
la **realeza** royalty
la **realidad** reality
el **realismo** realism
realista realistic; realist
realizar to bring about
rebajado lowered
rebelarse to rebel
rebelde rebellious
la **rebeldía** rebelliousness
la **rebelión** rebellion
recargado loaded
la **recepción** reception

recibir to receive
recién recently, newly
reciente recent
el **recinto** enclosure
recitar to recite
recoger to pick up
la **recompensa** recompense
la **reconciliación** reconciliation
reconciliar to reconcile
reconocer to recognize
la **reconquista** reconquest
reconstruir to reconstruct
recordar (ue) to remember
recorrer to go through, to traverse
recrear to recreate
el **recreo** recreation
el **rectángulo** rectangle
rectificar to rectify, to put right
recuperar to recover
el **recurso** resource; resort
rechazar to reject
el **redentor (la redentora)** redeemer; *adj.* redeeming
la **reducción** reduction
reducir to reduce
reemplazar to replace
la **reescritura** rewriting
la **referencia** reference
referirse (ie) to refer
refinado refined
reflejar to reflect
el **reflejo** reflection
la **reforma** reform
el **refrán** proverb, saying
la **regencia** regency
el, la **regente** regent
el **régimen** regime
el **regionalismo** regionalism
el **reglamento** list of regulations
regresar to return, to go (come) back
la **reina** queen
el **reinado** reign
reinar to reign
el **reino** kingdom, realm
reírse (de) to laugh (at)
reiterativo reiterative
la **revindicación** recovery; justification
la **relación** relation
relatar to tell, to relate
relativo relative
la **religiosidad** religiousness
religioso religious

la **reliquia** relic
el **reloj** clock; watch
el **remedio** remedy, solution
remoto remote
renacentista pertaining to the Renaissance
el **renacimiento** Renaissance
la **rendición** surrender
rendir (i) to surrender
el **renombre** renown, fame
la **renovación** renovation, renewal
renovador (renovadora) renewing, restoring
renovar to renew
la **renta** revenue
reorganizado reorganized
repartir to divide up
la **repetición** repetition
repetidamente repeatedly
repetir (i) to repeat
el **reportaje** report; article
reposado peaceful
reposar to rest
el **reposo** rest
la **represalia** reprisal
la **representación** representation, performance
el, la **representante** representative
representar to represent
representativo representative
la **represión** repression, oppression
represivo repressive
represor (represora) repressing, repressive
la **reproducción** reproduction
reproducir (zc) to reproduce
la **república** republic
republicano republican, supporter of a republic
la **reputación** reputation
requerir (ie, i) to require
rescatar to rescue; to ransom
el **resentimiento** resentment
reservado reserved
la **reserva** reserve
residir to reside; to lie
la **residencia** residence
la **resignación** resignation
la **resistencia** resistence
resistente resitent
resistir to resist
resolver (ue) to resolve
respectivo respective

el **respecto** respect, relation;
  con respecto a with
  respect to
el **respeto** respect, consideration
respirar to breathe
responder to respond
responsable responsible
la **responsabilidad** responsi-
  bility
la **restauración** restoration
restaurado restored
resto rest; remainder;
  pl. traces
la **restricción** restriction
resuelto *p.p.* of **resolver**
el **resultado** result
resultar to turn out to be
resumir to sum up
retirarse to retire; to go
  away
el **retiro** withdrawal, retreat
la **retórica** rhetoric
retórico rhetorical
retrasar to retard, to hold
  back
el, la **retratista** portrait painter
el **retrato** portrait
la **reunión** meeting
reunir to gather together, to
  assemble
revelador (reveladora)
  revealing
revelar to reveal
la **reverencia** reverence
reverencial reverential
la **revista** magazine
la **revolución** revolution
revolucionario revolu-
  tionary
el **rey** king; **los Reyes Católicos**
  the Catholic Monarchs
  (Ferdinand and Isabella)
rezar to pray
rico rich
el **ridículo** ridicule
la **rienda** rein
la **rigidez** rigidity
la **rima** rhyme; poem
el **rincón** corner
la **riña** quarrel
el **río** river
la **riqueza** wealth
rítmico rhythmic
el **ritmo** rhythm
el **rito** rite
la **rivalidad** rivalry
el **rizo** curl

robar to steal
el **robledal** oak grove
el **robo** theft
la **roca** rock
rodear to surround
rojo red
el **romance** ballad
el **romancero** collection of
  ballads
románico romanesque
romanizarse to become
  Romanized
romano Roman
el **romanticismo** romanticism
romántico romantic
romper to break
la **ropa** clothing
el **rostro** face
rozar to brush against
rubio blond
rudo coarse
el **ruedo** bullring
ruidoso noisy
la **ruina** ruin
la **ruptura** break, rupture
la **ruta** route
rutinario governed by
  routine

S

el **sábado** Saturday
saber to know; **a sabiendas**
  de knowing
sabio wise
Saboya Savoy
sacar to take out; to get
el **sacerdote** priest
el **sacramento** sacrament
la **sacristía** sacristy
la **saeta** arrow; a type of song
  improvised during Easter
  Week
sagaz sagacious, astute
sagrado holy
el **sainete** one-act farce
la **sala** living room; room
el **salario** salary
el **salero** charm, wit
la **salida** outlet
salir to leave, to go out
la **salud** health
el **saludo** greeting
salvaje savage; uncivilized
salvar to save
San (Santo) Saint
la **sangre** blood

sangriento bloody
el **santo** saint; *adj.* holy
saquear to sack
sarcástico sarcastic
la **sátira** satire
satírico satirical
satisfacer to satisfy
seco dry
secretamente secretly
el **secreto** secret
sectario sectarian, partisan
el **secuestro** kidnapping
la **seda** silk
sedentario sedentary
sefardita *m., f.* Sephardic
  (Jewish)
el **segador (la segadora)** reaper
seguir (i) to continue; to
  follow
según according to
segundo second
seguro sure
seleccionado chosen
selecto select
la **selva** jungle
selvático junglelike
la **semana** week; **Semana**
  Santa Easter week
semejante similar
la **semejanza** similarity
el **seminarista** seminarian,
  student of theology
semisalvaje semisavage
semita Semitic
el **senado** senate
el **senador (la senadora)**
  senator
sencillo simple
la **sensación** sensation
la **sensibilidad** sensibility,
  sensitivity
la **sensualidad** sensuality
sentarse (ie) to sit down
la **sentencia** sentence
el **sentido** sense
el **sentimiento** sentiment, feel-
  ing; sense
sentir (ie) to feel
la **seña** signal; sign; **señas de**
  identidad identifying
  marks
la **señal** sign
señalar to point out
el **señor** lord
la **señora** lady
la **separación** separation
separar to separate
el **separatismo** separatism

separatista separatist
septiembre September
séptimo seventh
ser to be; *n.* being
la **serenata** serenade
sereno serene
la **seriedad** seriousness
serio serious
el **servicio** service
servir (i) to serve; **servirse de** to use
el **seso** brain
severo severe
sevillano pertaining to Seville
el **sexo** sex
la **sexualidad** sexuality
siempre always
la **sierra** mountain range, mountains
el **siglo** century; **Siglo de Oro** Golden Age
el **significado** meaning
significar to mean, to signify
significativo significant
siguiente following
la **sílaba** syllable
el **silencio** silence
silenciosamente silently
simbolizar to symbolize
el **símbolo** symbol
la **similitud** similarity
la **simpatía** sympathy
simpático agreeable, pleasant
simpatizar to sympathize; to get along well
simplemente simply
sin without; **sin embargo** nevertheless
la **sinceridad** sincerity
sincero sincere, truthful
sindical of a trade or labor union
sindicalista syndicalist, of a trade or labor union; **anarcosindicalista** anarchosyndicalist
el **sindicato** labor union
la **sinfonía** symphony
sinfónico symphonic
sino but, rather; until, only; *n.* fate, destiny
la **síntesis** synthesis
sintetizar to synthesize
el **síntoma** symptom
siquiera at least, even; **ni siquiera** not even

el **sirviente (la sirvienta)** servant
el **sistema** system
el **sitio** place
la **situación** situation
situado situated, located
la **soberanía** sovereignty
sobre over, above; on, about
sobrehumano superhuman
sobrenatural supernatural
sobresaliente outstanding
sobresalir to stand out
sobrevivir to survive
la **sobrina** niece
el **sobrino** nephew
el **socialismo** socialism
socialista *m., f.* socialist
la **socialización** socialization
la **sociedad** society
la **sofisticación** sophistication
el **sol** sun
solamente only
el **soldado** soldier
la **soledad** solitude
solemne serious, solemn
soler (ue) to be accustomed to
la **solidez** solidity
sólido solid
solidificar to solidify
solitario solitary, lonely
solo alone; **a solas** by oneself
sólo *adv.* only, solely
soltar (ue) to release
soltero (soltera) unmarried
la **solución** solution
solucionar to solve
la **sombra** shadow; shade, ghost
el **sombrero** hat; **sombrero de tres picos** three-cornered hat
sombrío dark, somber
someter to subject; to subdue; **someterse** to submit
el **soneto** sonnet
el **sonido** sound
sonoro sonorous
sonriente smiling
la **sonrisa** smile
el **soñador (la soñadora)** dreamer
soñar (ue) to dream
soportar to put up with
sórdido squalid, miserable
sordo deaf
sorprendente surprising

sorprender to surprise
la **sorpresa** surprise
la **sospecha** suspicion
sospechar to suspect
la **sotileza** leader (fine fiber at the end of a fishing line)
subir to rise; to ascend; to get on
el **sujetivismo** subjectivism
subjetivo subjective
sublevarse to rebel
el **submarino** submarine
la **substancia** substance
el **subtítulo** subtitle
subversivo subversive
suceder to happen
la **sucesión** succession
sucesivamente successively
el **suceso** event
el **sucesor (la sucesora)** successor
sucumbir to succumb
sudamericano South American
sudoeste southwest
el **sudor** sweat
la **suegra** mother-in-law
el **suegro (la suegra)** parent-in-law; father-in-law
el **sueldo** salary
el **sueño** sleep; dream
suficiente enough, sufficient
el **sufragio** suffrage, the right to vote
el **sufrimiento** suffering
sufrir to suffer
sugerir (ie) to suggest
suicidarse to commit suicide
el **sujeto** subject; person
sumamente extremely
sumiso docile
superar to surpass
la **superficialidad** superficiality
la **superficie** surface
superior upper, superior
supersticioso superstitious
suponer to suppose
la **supremacía** sumpremacy
supremo supreme
la **supresión** suppression
suprimir to suppress, to get rid of
supuesto *p.p.* of **suponer;** supposed
sur south
el **sureño (la sureña)** southerner

surgir to spring, to arise
el **surrealismo** surrealism
surrealista *m., f.* surrealist
el **sustantivo** noun
sustituir (y) to substitute
el **susto** fright
sutil subtle

T

tácito tacit, unspoken
el **tahur (la tahura)** gambler
la **taifa** party, faction
tal such a(n)
el **talento** talent
tallado carved
el **tamaño** size
también also
tampoco neither, nor
tan so, as
el **tanque** tank
tanto so much, as much; **por
lo tanto** for this reason; *pl.*
so many, as many
tardar to take (time), to
delay
la **tarde** afternoon; *adj.* late
la **tasa** rate
taurino pertaining to bulls
and/or bullfighting
teatral theatrical
el **teatro** theater (where plays
are presented); drama
el **técnico** technician
la **tecnología** technology
technológico technological
el **tedio** tedium, boredom
la **teja** roof-tile
el **tejado** roof
el **tema** theme
el **temblor** trembling
temer to be afraid
la **temeridad** daring, boldness
temerosamente fearfully
el **temor** fear
el **temperamento** tempera-
ment
la **tempestad** tempest, storm
tempestuoso stormy
el **templo** temple, church
la **temporada** period of time
temporariamente tem-
porarily
temprano early
la **tenacidad** tenacity, stub-
bornness
la **tendencia** tendency

tener (ie) to have; **tener . . .
años** to be . . . years old;
tener en cuenta to take
into account; **tener que** to
have to; **tener que ver con**
to have to do with
el **teniente** lieutenant
tenso tense
la **tentación** temptation
teológico theological
la **teoría** theory
tercer (tercero) third
el **tercio** third (part)
terminar to end, to finish
el **término** term
la **terraza** terrace
el **terreno** parcel of land
terrestre earthly, terrestrial
el **territorio** territory
el **terrorismo** terrorism
el, la **terrorista** terrorist
la **tertulia** group of friends who
get together periodically
to talk
la **tesis** thesis
el **tesorero (la tesorera)**
treasurer
el **tesoro** treasure
el **testamento** testament
el, la **testigo** witness
el **texto** text
la **tía** aunt
tibio warm
el **tiempo** time; **hace mucho
tiempo** a long time ago; **a
tiempo** on time
tierno tender
la **tierra** earth, land
el **tío** uncle; *pl.* uncles; aunt(s)
and uncle(s)
el **tíovivo** merry-go-round
típico typical
el **tipo** type
tirar to throw
la **tiranía** tyranny
el **tirano (la tirana)** tyrant
el **tiro** shot; **a tiros** by shooting
titularse to be called
el **título** title
tocar to touch; to play
(music)
todavía still, yet
todo all; **todo el mundo**
everyone; **todo lo contrario** on the contrary; *pl.*
everyone; all; **todas partes**
everywhere
la **tolerancia** tolerance

tolerante tolerant
tolerar to tolerate
tomar to take; **tomar el sol**
to sunbathe
el **tono** tone
tonto foolish
torear to fight a bull
el **torero** bullfighter
el **toril** bull pen adjoining the
bullring
el **toro** bull
torpedeado torpedoed
la **torre** tower
la **tortura** torture
torturado tortured
la **totalidad** totality
totalitario totalitarian
totalizador (totalizadora)
total
totalmente totally
el **trabajador (la trabajadora)**
worker
trabajar to work
el **trabajo** work
la **tradición** tradition
tradicional traditional
tradicionalista tradition-
alist
la **traducción** translation
traducir (zc) to translate
traer to bring
la **tragedia** tragedy
trágico tragic
la **traición** treason
traicionado betrayed
el **traidor (la traidora)** traitor
el **traje** suit (*clothes*); **traje de
luces** bullfighter's outfit
la **trama** structure
la **trampa** trick
la **tranquilidad** tranquility
tranquilo calm
la **transformación** transfor-
mation
transformar to transform
la **transición** transition
transmitir to transmit
transparente transparent
transportar to transport
tras behind; after
trascendental transcen-
dental
trascender (ie) to transcend
trasladar to move
el **tratado** treaty; treatise
tratar to try; to be about; to
treat; **tratarse de** to be a
question of

el **través** slant; **a través de** through
la **travesura** prank, mischief
travieso mischievous
tremendamente tremendously
el **tremendismo** literary term referring to devices that shock and horrify
el **triángulo** triangle
la **tribu** tribe
el **trigo** wheat
tripulado crewed, manned
triste sad
la **tristeza** sorrow
triunfador (triunfadora) triumphant
triunfante in triumph
triunfar to triumph
el **triunfo** triumph
el **trono** throne
la **tropa** troops
el **trozo** piece
el **truco** trick
la **tubería** plumbing
tuerto one-eyed
el **tuétano** marrow
la **tumba** tomb
el **túnel** tunnel
turbulento turbulent
turco Turkish, pertaining to Turkey
el **turismo** tourism
el, la **turista** tourist
turístico tourist

U

últimamente lately, recently
último last, most recent
ultraderechista ultrarightist
ultraizquierdista ultraleftist
ultratradicionalista ultratraditionalist
único only; unique
la **unidad** unity
la **unificación** unification
unificar to unify
unir to unite
unitario unitary
universalmente universally
la **universidad** university; college
universitario pertaining to the university
el **universo** universe

urbano urban
usar to use
el **uso** use
utilizar to use, to utilize
utópico Utopian
la **uva** grape

V

la **vacación** vacation
la **vaca** cow
vacilar to vacilate
vacío empty
vagabundear to wander, to roam
vagabundo wanderer
valenciano pertaining or referring to Valencia
valer to be worth
valeroso courageous, valiant
valiente valiant, brave
valioso valuable
el **valor** courage; value
la **vanguardia** vanguard, avant-garde
vanguardista *m., f.* pertaining to the avant-garde
vano vain, empty
variar to vary
la **variedad** variety
varios various
el **varón** male
varonil manly
el **vasallo** vassel
vasco Basque
el **vascuence** Basque language
vasto vast
el **vecino (la vecina)** neighbor; *adj.* neighboring
la **vela** candle
velar to keep vigil
velazqueño pertaining or referring to Diego Velázquez, painter (1599–1660)
la **velocidad** speed
el **vencedor (la vencedora)** winner
vencer to win
vencido defeated
el **vendedor (la vendedora)** seller
venerado venerated, respected
vengador (vengadora) avenging
vengar to avenge

vengativo vengeful
venir (ie) to come
la **venta** inn
la **ventaja** advantage
la **ventana** window
el **ventero** innkeeper
la **ventura** fortune; chance
ver to see
la **veracidad** truthfulness
el **verano** summer
la **verbena** nighttime festival on the eve of a saint's day
el **verbo** verb
la **verdad** truth
verdadero true
verde green
verdoso greenish
la **verónica** a bullfighter's pass made by sweeping his cape over the face of the bull
la **versificación** versification
el **verso** verse, line of poetry; *pl.* poetry
vestido dressed
veterano seasoned, tried, experienced
la **vez** *pl.* **veces** time; **a veces** sometimes
la **vía** way; means
viajar to travel
el **viaje** trip, journey
vibrante vibrant, exciting
el **vicio** vice
el, la **víctima** victim
la **victoria** victory
victorioso victorious
la **vida** life
la **vidriera** stained-glass window
viejo old
el **viento** wind; **molino de viento** windmill
vigilar to watch, to be vigilant
vigoroso vigorous
la **vihuela** ancient type of guitar
el **villano (la villana)** peasant, villager
vinculado linked
el **vínculo** link, tie
la **violencia** violence
violento violent
el, la **violoncelista** cellist
la **virgen** virgin
viril virile
el **virreinato** viceroyalty

el **virrey** viceroy
la **virtud** virtue
el **virtuoso** virtuoso;
   adj. virtuous
el **visigodo** Visigoth
visigótico Visigothic
visionario visionary
la **visita** visit
visitar to visit
la **vista** view
visto *p.p.* of **ver**
la **viuda** widow
vivir to live
el **vocabulario** vocabulary
volante flying
volar (ue) to fly

el **volumen** volume, bulk
voluminoso voluminous
la **voluntad** will
el **voluntario (la voluntaria)**
   volunteer; *adj.* voluntary
la **voluptuosidad** voluptuous-
   ness, luxury
volver (ue) to return
la **votación** voting
el, la **votante** voter
votar to vote
el **voto** vote
la **voz** *pl.* **voces** voice
la **vuelta** return; **dar la vuelta**
   to take a walk
vuelto *p.p.* of **volver**

vuesa (old form of **vuestra**)
   your; **vuestra merced** your
   grace
vulgar ordinary

Y

y and
ya already
yacer (zc) to lie, to be
   stretched out

Z

zaragatero rowdy
la **zarzuela** comic light opera
la **zona** zone